새로운 장르
새로운 수필의 향연

새로운 장르
새로운 수필의 향연

이유식 수필집

수필과비평사

| 책을 내며 |

과연 새로운 수필은 없는 것일까?

그간 50여 년이 넘는 문단 생활에서 나는 그런 나름으로 비평활동 못지않게 수필 쪽에 제법 관심을 기울였다. 말하자면 이 두 장르가 곧 내 문학 활동의 양 날개가 된 셈이다. 자랑할 것은 못 되지만 수필집도 비평집에 버금갈 정도로 내 보았다.

특히 근년에는 비평 활동보다 수필 집필에 더 많은 시간을 할애했다. 이 과정에서 수필 작단의 지나친 동음반복적인 소재나 제재를 보며 '과연 새로운 수필은 없는 것일까?' 하고 꽤 고심도 해보았다. '궁여지통'이란 말이 있듯, 그런 여러 결과 중의 하나가 바로 이 책이 되어 오늘 이렇게나마 선을 보이게 된 것이다.

이 책에는 새로운 장르 개발이란 차원에서 써본 테마수필이 두 가지다. 그래서 외람스럽긴 하지만 제명을 〈새로운 장르, 새로운 수필의 향연〉이라 해본 것이다.

첫째 마당은 일종의 자연과 인문학의 융합수필이다. 현 시대의 주요 화두 중에 '통섭'이나 '융합'이란 말이 있음과 동시에 그런 실험이나 시도가 있는데도 막상 자연을 소재로 한 수필들을 보면 대개 과거 추수주의에 젖어 서정 일변도다. 그래서 자연의 서정적 요소와 인문학의 지적 요소를 적절히 융합 내지 결합시켜 본 글이 바로 이 첫째 마당이다. 진일보된 자연수필이라 해도 좋고, 아니면 '서정적 자연수필'과는 차별성이 있는 '지적 자연수필'이라 해도 좋을 듯 싶다. 기존의 자연수필도 변화가 있어야 한다는 것이 이런 글을 쓰게 된 배경이요, 그 시도였다고 할까.

둘째 마당은 근년에 내가 주창한 바 있는 '가계수필'에 관한 평론류의 글을 '여는 글'로 먼저 넣고, 그것을 새로운 장르로서 시험하고 실험해 본 글들이다. 일상 경험의 단순한 신변수필이나 생활수필보다는 과거 선조들의 삶의 모습을 수필로 재현해 봄으로써 마치 미국 작가 알렉스 헤일리가 〈뿌리〉란 작품을 통해 한 것처럼 뿌리의식을 일깨워 줌과 동시에 색다른 정보 제공도 되겠다 싶어 시도해 본 글들이다.

셋째 마당은 이제 내 나이도 나이인 만큼 고향, 가족, 종친회, 지난 시대의 문단 활동 등과 관련된 글만을 모아 보았는데 회고적 취향이 많다.

끝으로 독자 제현께서는 '처음의 시도구나.' 하고 곱게 보며, "첫술에 배 부르랴."란 격언을 위로로 삼아 주면 매우 고맙겠다. 그렇지만 욕심 하나는 제명 그대로 '새로운 장르, 새로운 수필의 향연'이 되었으면 하는 바람만은 버리고 싶지 않다. 많은 격려와 질정도 기대해 본다.

2016년 4월 대치동 청다헌에서

靑多 李淯植 글 남기다

| 차례 |

첫째 마당
자연과 인문학의 새로운 융합

둘째 마당

새로운 장르, '가계수필'의 실험

셋째 마당

정든 땅 언덕 위

첫째 마당

자연과 인문학의 새로운 융합

안개의 초상肖像

구름과 안개는 다 같이 물이란 씨앗에서 잉태된 수증기의 쌍생아다. 지표면에 있으면 안개가 되고, 하늘로 올라가면 구름이 된다. 안개가 보병이라면 구름은 하늘을 나는 파일럿이다.

포복하고 다니는 듯하는 이 안개는 그 어디에도 얼굴을 내민다. 땅에 있으면 땅안개가, 산에 있으면 산안개가, 강이나 호수에 있으면 강안개나 호수안개가 되고, 바다에 있으면 해무海霧가 된다. 그러나 진을 치고 있는 그 시간은 한정되어 있다. 새벽이나 이른 아침, 저녁이나 밤이다. 햇빛이란 강한 하늘의 적군이 쳐들어오면 이 지상군은 감쪽같이 사라진다.

안개는 자연이 창조해 내는 마성魔性을 지닌 여인이다. 때나 분위기 그리고 그 정황에 따라 마魔의 여신 같기도 하고, 요정 같기도 하며, 이승에 한을 품고 헤매고 있는 원혼이나 원귀 같기도 하다. 또 이승의 사람으로 보면 청상과부나 가슴을 풀어헤치고 나다니는 미친 여자와도 같다.

그러기에 걸치고 있는 그 의상의 실루엣도 다양하게 보인다. 여신으로 보이면 흰 나이트 가운이나 속살이 내비치는 듯한 시스루룩(see-through look)으로, 요정으로 보이면 어깨에 걸치고 있는 얇은 속옷 슬립이나 슈미즈로, 혹여 말괄량이 요정으로 보이면 역시 얇은 란제리를 연상하리라. 원귀나 미친 여자라면 질질 끌고 있는 흰 치맛자락이, 청상과부라면 얼굴을 반쯤 가리고 있는 흰 너울이 각각 떠오를 것이다.

또 안개가 몰려 들어오거나 물러나며 내는 소리는 참 괴기하고 요상하다. 여신이나 요정의 입김 소리 같기도 하고, 청상과부의 한숨 같기도 하고, 원귀나 미친 여자의 흐느낌이나 낼름거리는 혓바닥 소리 같기도 하다.

안개는 늘 매일 아침이나 저녁으로 우리가 볼 수 있었기에, 예로부터 다른 자연현상처럼 우리의 언어생활에서 비유어로 제법 쓰여 왔고 쓰이고 있다. 어떤 사실을 숨기기 위해 교묘한 술책을 부리는 경우라면 '안개 피우지 말라.'이고, 어떤 사실의 그 비밀이 밝혀지지 않고 그저 유야무야되었을 때라면 '안개 속에 묻히다.'이고, 있는 듯하다 사라지면 '안개처럼 사라지다.'이다. 방향을 잡지 못하고 우왕좌왕하면 '안개 속을 헤매다.'이고 또 속담에 '안개 낀 날 소 찾듯'이란 말도 있다. 심지어 '안개 정국政局'이란 말도 신문을 종종 장식해 왔지 않았던가.

안개는 인간생활에 큰 덕은 주지 못한다. 산천초목에 수분을 제공해주는 덕은 베푸나 오히려 해가 더 많다. 지난날 걷기에만 거의 의존하던 이른바 도보문화 시대에는 산길을 가다 안개를 만나면 자칫 길을 잃을 수 있었고, 현대에는 교통사고의 주범이 되기도 한다. 그야말로 사람들을 황천길로 끌고가는 저승차사요 현대판 요괴다. 그러고 보니 물론 먼 지나간 시절 추억의 영화이긴 하지만 원명이 〈워털루 브리지(Waterloo Bridge)〉라는 〈애수哀愁〉가 문득 떠오른다. 〈올드 랭 사인〉의 아름다운 선율과 비극적인 라스트 신으로 만인의 가슴을 뭉클하게 했던 영화다. 1차대전에 휘말린 런던을 무대로 하여 한 청년 장교와 미모의 발레리나와의 너무나도 슬픈 사랑 이야기다. 그들이 운명적으로 처음 만난 곳이 바로 런던역 부근의 워털루 다리였고, 또 이룰 수 없는 사랑에 대한 가슴 아픈 회한에 이끌려 여주인공이 다시 찾아온 곳이 바로 추억의 그 다리였다. 그러나 요괴 같은 짙은 안개가 낀 그 다리 위를 실성한 여인처럼 걷다가 밀려오는 자동차에 치여 목숨을 잃고 만 그 이야기. 그 비극적인 라스트 신은 아직도 내 기억 속에 생생히 살아있다.

또 안개는 산업사회의 공장 굴뚝에서 나오는 매연과 찹쌀궁합 엿방석이 되어 스모그(smog)로 변해 그 피해가 이만저만이 아니다. 그리고 스모그는 아닐지라도 도시의 안개는 미세 오염물질과 결합되어 있어 안개가 낀 새벽이나 이른 아침에 걷기나 달리기 하는 것은 곧 굴뚝 속을 걷거나 달리는 것이라고 경고도 해주고 있다.

지난날의 안개와 오늘의 안개에는 큰 차이가 있다. 그 초상이 많이 변했다. 싱싱한 방년 19세의 처녀 모습이 바로 지난날의 초상이었다면, 오늘날은 주름진 노파의 모습이다.

나는 지금 이렇게 안개의 초상을 하나 하나 그려 보고 있다. 문득 안개와 관련 있는 과거의 기억이 떠오른다. 1964년도에 발표된 작가 김승옥의 〈무진기행霧津紀行〉을 청춘 특유의 감상적 감수성을 투사시켜 가며 읽었다. 그리고 그 3년 후에 그 작품을 원작으로 한 김수용 감독의 영화 〈안개〉도 보았고, 또 이봉조가 작곡하고 정훈희가 불렀던 동명의 주제가 〈안개〉도 부르곤 했던 기억이다.

그때 내 나이 갓 30을 바라보는 나이였으니 그래도 청춘시절이었다. 이 '안개'에 감염되어 명색이 문사라고 더러 또래의 젊은 글쟁이들과 니나노판에 어울리면 비감 어린 음색을 흉내내며 "나 홀로 걸어가는/ 안개만이 자욱한 이 거리/ …생각하면 무엇하나/ 지나간 추억~."으로 시작되는 그 노래 〈안개〉를 부르곤 했던 추억이다. 소설과 그 영화의 주인공들을 떠올리며 뭔지도 모를 막연한 청춘의 애상哀想을, 청춘의 애수哀愁를, 청춘의 애련哀憐을 그 노래에 실어 달래고 풀어내 보기도 했다. 아니 또 있다. 바로 그 다음 해에 나온 배호의 히트곡 "사랑이라면 하지 말 것을/ 처음 그 순간 만나던 날부터/ 괴로운 시련 그칠 줄 몰라~."로 시작되는 〈안개 속에 가버린 사랑〉도 내 청춘의 가슴앓이를 쓰다듬어 준 노래였다.

그런데 그 추억, 그 기억들이 이젠 먼 세월 저편의 안개 속에서 가물거리고만 있다.

이슬의 수사학修辭學

이슬은 자연이 선물해 준 보석이다. 수정이며 진주다. 이 중 풀잎이나 싸리꽃, 연잎이나 거미줄에 맺혀 아침 햇살을 받고 있는 아침 이슬이야말로 수정처럼 영롱하다. 하양, 노랑, 빨강, 자주 등으로 빛을 발하는 그 이슬은 그 얼마나 아름다운가. 자연이 걸어준 이어링이요, 목걸이이며, 손목걸이요, 물방울의 살아 있는 예술이요, 설치미술이다.

이슬은 이런 아름다움만이 아니다. 유용하고 유익한 점도 있다. 산천초목에 생기를 돌게 하고, 가을 곡식을 영글게도 하고 있다. 또 있다. 시골에서 백로에 콩잎에 내린 이슬은 속병에 좋다고 아침 일찍 밭에 나가 이슬을 받아오는 사람들도 더러 보았다.

지난날 어린 시절, 시골에서 아침에, 소 꼴을 먹이러 다니면서 수없이 보았던 이 이슬들이 지금 마치 환등이 비추어 주듯 내 눈앞에서 반짝반짝 빛나고 있다. 이런 경험이 있기에 중고교 시절, 정지용의 시 〈향수〉를 읽으면서 '흙에서 자란 내 마음/ 파아란 하늘빛이 그립어/ 함부로 쏜 화살을 찾으러/ 풀섶 이슬에 함추름 휘적시든 곳'쯤에 가서는 이 시의 화자가 바로 내 자신인 양 감회에 젖어 보기도 했다. 이뿐이 아니다. '울려고 내가 왔던가 웃으려고 왔던가/ 비린내 나는 부둣가에 이슬 맺은 백일홍~'으로 시작되는 유행가 〈선창〉을 어른들이 즐겨 부르는 것을 더러 들었기에, 마치 그 흉내라도 내듯 혼자서 공부를 하는 둥 마는 둥 노닥거리며 흥얼거려 볼 때에는 고향집 화단의 백일홍을 연상도 해보았다.

그리고 좀 세월이 지나 1960년대 전후, 학보병으로 군대생활을 할 때, 어느 밤시간 문득 고향의 할머니나 어머니가 생각나면 '가랑잎이 휘날리는 전선의 달밤/ 소리 없이 내리는 이슬도 차가운데~'로 시작되는 〈전선야곡〉을 혼자서 역시 흥얼거려 보며 울컥 치솟는 고향 그리움의 심사를 달래도 보았다.

아니 또 있다. 30대의 장년시절에는 1970년 초 양희은이 가수로 데뷔한 노래 〈아침이슬〉도 즐겨 불렀다. '긴 밤 지새우고 풀잎마다 맺힌/ 진주보다 더 고운 아침이슬~'로 시작되는 이 노래가 금지곡이 되기 이전이다. 내가 시골에서 늘 보던 것이라 친근감도 있을 뿐만 아니라 누구나 살다 보면 서러움과 시련이 있기 마련이겠지만 특히 인생 초년생으로 타향인 이곳 외지 서울생활에서 느낀 여러 심회를 실어 내 삶의 결연한 의지를 담아내 볼 수 있는 내용이라 더러 애창도 해보았다고나 할까.

이슬과 나는 이런 인연과 사연이 있기에 이슬을 더욱 좋아하고 사랑했다. 그렇지만 이제는 어느새 나이를 먹다 보니 이슬의 아름다움 쪽보다는 그 인생론을 먼저 생각해 볼 나이가 되었다. 우리의 선인들은 자연현상이나 자연사물을 보고 인생을 곧잘 은유적으로 명상해 보지 않았던가. 정처없이 떠가는 구름을 보고 인생의 표랑성이나 잠시성을, 바람에 힘없이 흔들리고 있는 갈대를 보고 인간의 나약성을, 뿌리 없이 떠다니는 부평초를 보고 인생의 근원적인 불안정성을, 떨어지는 낙엽을 보고 인생의 허무성을 각각 생각도 해 보거나 시를 읊어보기도 했다. 이에 이슬도 마찬가지다. 해가 나면 곧 없어지는 아침이슬을 보고 덧없고 허망한 인생을 결부시켜 '인생조로人生朝露'니 '초로인생草露人生'이라 하지 않았던가. 이제는 이런 생각을 나도 더욱 절감하고 있다.

여기서 이슬의 이런 숙명성을 생각하다 보니 문득 나팔꽃도 연상된다. 둘은 영어로 보면 숙명이기나 한듯 비슷한 이름의 쌍생아요, 피 다른 이복형제가 아닌가. 영어로 나팔꽃은 Morning glory이고, 아침이슬은 Morning dew이니 '모닝'을 공유하는 이체동형이다. 나팔꽃이 새벽에 봉오리가 열리고 오전 9시경에 활짝 피었다가 강한 햇살을 받기만 하면 금방 시들어 버리듯, 이슬도 역시 마찬가지다. 그래서 나팔꽃의 꽃말이 '덧없는 사랑'이라면, 이슬의 은유도 인생의 무상이요 덧없음이 아닌가.

이에 대해 나이를 별반 의식하지 않을 젊은이라면 몰라도, 나는 그렇지 않다고 큰소리 칠 자가 과연 얼마나 되겠는가. 어차피 인간의 숙명이요 인간생명의 한계일진대. 인생의 희로애락을 다 경험해 보고 살 만큼 살아본 사람이라면, 당연히 이 불변의 진리 앞에서는 겸손을 배우리라 본다. 노자老子 선생의 흉내를 내보면 누구나 물 흐르는 대로, 세월이 흘러 가는 대로 마음을 비우고 천명이나 기다리며 겸허히 살아야 하리라 보며, 이런 생각은 곧 근년부터 내가 가지고 있는 생각이기도 하다. 그러고 보면 이슬은 인생의 말없는 교사도 된다.

그래서 내가 알고 있는 인문학적 교양지식에서 이런 이슬과 관련 있을 수 있는 노래집을 생각하다 보니, 우선 일본 고대의 최고 노래집인 ≪만요수(萬葉集)≫가 먼저 떠오른다. 약 4,500여 수 중 이슬의 언급이 나오는 노래가 그마나 108수다. 자연물과 이슬이 행복하게 어울려 있는 미학적 관점에서 언급되고 있는 경우도 있고 또 이슬을 통해 인간의 삶을 비추어 보며 사랑, 눈물, 외로움, 괴로움, 죽음과 덧없음을 노래하고도 있다.

아무튼 이슬이 비록 단명과 덧없음의 대명사가 되어 있다 할지라도 아름답지 않다고 말할 사람은 아무도 없다. 상큼하고 청순해 보인다. 그래서 이 단어가 작명에도 선호되어 여아나 아가씨들의 이름에서도 빛을 내고 있다. 이뿐이 아니다. 전설의 동물 유니콘이 이슬을 먹고 산다는 말이 있듯, 술꾼들을 유혹하기 위해 술이름에도 참이슬, 아침이슬이 서로 경쟁을 벌이고 있는 세상이다.

오늘 내가 이런 이슬 이야기를 이렇게 늘어놓다 보니, 문득 시골 고향의 옛시절로 돌아가고픈 생각도 든다. 그러나 마음뿐. 내친 김에 서울에 사는 몇 안 되는 손쉬운 고향의 죽마고우들이나 불러 모아 참이슬이건 아침이슬이건 술이나 한잔 들며 회포나 한번 풀어

볼까 한다. 어차피 우리의 인생이 짧은 것이고 그나마 이슬처럼 영롱한 어느 한순간이라도 있거나 있었다면, 그것을 서럽고 찬란한 자위로 삼을 도리밖에 없지 않겠는가. 설사 없다 할지라도 어쩔 수도 없는 일이 아니겠는가.

문득 모파상의 장편 ≪여자의 일생≫ 중 끝부분이 생각난다. 주인공 잔느가 온갖 세상 풍파를 다 겪고 어느덧 반백의 할머니가 되어 손녀를 안고 있는 그 앞에서 하녀 로잘리가 "마님, 따지고 보면 사람의 한평생이란 남들이 생각하는 것처럼 즐거운 것도 불행한 것도 아니로군요."라고 한 말이 명답일 수도 있다. 또 아니면 "세상 살이가 다 그런 것이야."가 바로 명답 중의 명답일 수도 있으리라.

구름에 인생을 그려본다

구름은 국적도 없고 비자도 없이, 정처없이 떠다니는 방랑자요 여행객이며, 자유주의자요, 무정부주의자다. 지상의 삶이 그 무엇에서건 구속당해야만 하는 인간들은 저 구름의 자유를 그 얼마나 부러워했던가.

구름은 변용의 천재요 조화자며, 물의 딸이요 비의 어머니다. 영국시인 셸리가 〈구름〉이라는 시에서 노래했듯 하늘이 길러주는 유아乳兒다.

구름은 신의 예복이요 옷자락이며, 두루마기요 도포며, 허리띠요 모자다. 그런가 하면 무욕주의자로서 떠다니다 자기 몸이 무거워진다 싶으면 금방 비를 뿌린다.

구름은 참으로 변화무쌍하다. 희고 가느다란 줄무늬 모양의 새털구름, 조개껍데기나 비늘 모양의 조개구름과 비늘구름, 장막처럼 펼쳐져 있는 털층구름, 어지럽게 흩어져 있는 조각구름, 산봉우리에 걸려 있는 삿갓구름 등을 비롯하여 면사포구름, 두루마리구름,

꽃구름, 실구름, 양떼구름, 뭉게구름 등등 참으로 그 종류나 모양새도 많고도 많다.

이런 하늘의 구름에는 인생의 축도가 있다. 그 모습에서 우리는 인생의 은유를 읽고 있다. 살다보면 운이 좋아 꽃구름도 만나기도 하고 운이 나빠 먹구름이나 비구름도 만나며, 맑은 날의 새털구름이나 뭉게구름도 만난다. 그래서 웃기도 하고 울기도 하며, 탈기도 하고 안심도 하고 기뻐하기도 한다.

구름은 일기예보의 관상대다. 농부들은 구름 가장자리가 미친 듯 춤을 추면 폭풍이, 또 일몰 후 불꽃같은 구름이 피어오르면 가뭄이 올까봐 걱정이 태산이었고, 뭉게구름을 보거나 구름이 북쪽으로 날거나, 산에 띠구름이라도 걸리면 맑음의 징조라 하여 안심을 했다. 비를 기다리는 마음에서라면 안달도 났다. 오랜 가뭄 끝에 양떼구름, 털층구름, 조개구름을 보면 비 올 전조라 하여 하늘의 선물인 양 고마워했고, 먹구름이나 소나기구름이 몰려오면 깨춤을 추기도 했다.

구름은 예부터 시인 묵객들에게 많은 사랑을 받아 왔다. 물 위의 부평초인 양 떠도는 구름을 '부운'浮雲이라 하며 인생이나 세상살이의 덧없음을 명상해 보기도 했다. 서산대사의 〈뜬구름 같은 인생〉이란 한시의 한 구절이 문득 생각난다. 사람이 태어나고 죽는 것은 한 조각의 뜬구름이 나타났다가 없어지는 것 같다고 읊지 않았던가. 아니 또 김만중의 ≪구운몽≫도 생각난다. 뜬구름 같은 남가일몽이 또 인생이 아니던가.

늦은 석양의 오후다. 열린 창문으로 서쪽하늘을 바라본다. 구름이 무심히 흘러간다. 그동안 살아오면서 내 인생에 드리워졌던 갖가지 구름도 그려본다. 어차피 '부운'이 아니던가. 담배연기를 한 모금 쭈욱 빨아 구름처럼 내뿜어 보며 다시 한번 서쪽하늘을 바라본다.

노을의 의장意匠

노을은 아름답다. 그 모양, 맵시, 빛깔 등은 자연의 선물이요 그 의장이다. 거기서 느껴지는 느낌이나 정서는 문학비평의 용어를 대입해 보면 객관적 상관물이다.

하늘에 펼쳐진 장관 중에 무지개가 제일이라면, 그 다음이 노을이다. 무지개가 빗방울과 햇빛이 연출해 낸 예술이라면, 노을은 구름과 햇빛이 연출해 낸 예술이다.

뭐니 해도 해 질 녘의 노을은 아침 노을보다 훨씬 더 아름답다. 그래서 시인 박목월도 그의 시 〈나그네〉에서 그 자연 배경의 하나로 그것을 이끌어 넣었다. "강나루 건너서 밀밭 길을 // 구름에 달 가듯이/ 가는 나그네// 길은 외줄기/ 남도南道 삼백리// 술 익는 마을마다/ 타는 저녁놀 // 구름에 달 가듯이/ 가는 나그네"라고 노래했다.

이럴듯 노을은 어떻게 보면 황혼, 석양, 일몰, 낙조의 시간대를 더욱 아름답게 장식해 주는 멋진 자연 의상의 액세서리다. 또 아니면 장렬히 숨을 거두고 있는 해를 위해서라면 꽃상여 같기도 하고, 만장輓章 같기도 하다. 또 아니면 해가 밤의 여신인 달을 만나러 가는 꽃길의 카펫 같기도 하다.

노을은 하늘 관상대의 일기예보 예보관 역할도 한다. 저녁 노을이 보이면 다음 날 날씨가 맑고, 아침 노을이 보이면 오후에 날씨가 흐려진다는 예표요, 날씨점을 쳐보는 산대가 된다. 특히 지난날 농경문화 시대에서는 사람들의 마음을 쥐락펴락했다. 어떤 일을 바로 내일 앞두고 저녁 노을을 보면 안심을 했고, 아침 노을을 보면 오늘 있을 일을 생각해 약간은 탈기도 했다.

이것만이 아니다. 노을은 보면 얼마 있지 않아 곧 어둠이 내리기에 길을 떠난 길손에겐 갈길을 재촉케 하는 하늘의 신호등이요 꽃시계도 된다.

노을은 이런저런 사정으로 많은 관심의 대상이요 관심의 표적이 되었는지라, 각 지방마다의 사투리가 생겨나 좋이 십여 가지가 넘는다. 우선 내 어릴 때, 놀 또는 북새라고 불렀던 기억이 새삼 떠오른다.

노을은 그 정서적 환기력을 보아 종말을 예비하고 예표도 하기에 좀 쓸쓸하고 처연해 비극미 같은 것도 느껴진다. 공원의 벤치에 혼자 앉아 물끄러미 석양의 노을을 무료히 바라보고 있는 주름진 얼굴의 실버세대들을 한번 상상해 보라. 아직은 건강하지만 인생을 살 만큼 살았기에 문득 석양의 노을에서 이제 앞으로 살아갈 여명의 나이를 점쳐보며 나의 죽음도 저 지는 해처럼 찬란한 죽음을 맞이했으면 그 얼마나 좋을까 하고 한숨 어린 상상도 해 보는 분들도 제법 있으리라. 또 불치의 병에 걸린 환자가 석양의 병원 뜰에 나와 앉아 한가닥 삶의 기라도 받아보려는듯 노을을 무심히 바라보며 해바라기 하는 모습도 상상해 보라. 이 모두 그 얼마나 쓸쓸하고 처연해 보이는가.

결국 이런 정서적 호응이나 유사 발상에서 얻어진 문화 코드를 한번 찾아 보자. 우선 소설 제목에서 찾아 보면 뭐니 해도 작가 김원일의 장편 ≪노을≫을 들 수도 있을 것이다. 또 그림으로 말하면 노르웨이의 표현주의 화가 뭉크의 그 유명한 세계적인 명화 〈절규〉를 들 수도 있으리라. ≪노을≫은 8 · 15해방 이후부터 6 · 25전쟁까지의 이른바 해방공간에서 있었던 좌우 이념적 대립을 다룬 작품이다. 크게 보면 이 제목은 회화적 상상력으로 유추해 본 민족 비극의 상징적 아우라(Aura)로 인유引喩된 제목이다. 그리고 뭉크의 1893년도 작품인 〈절규〉는 그림 속의 주인공이 다리 난간에 기대어 공포와 불안에 떨고 있는 일그러진 모습으로 나오는데 바로 그 하늘의 배경이 핏빛 저녁 노을이다. 표현주의 작가라서 그런지 유난히 그런 채색이 강조된 듯한 그 노을에는 일말의 인간 실존의 근원적 비극성의 색조色調나 정조情操가 깔려 있다. 이처럼 소설에서도, 그림에서도 이러 할진대 물론 시인들이 쓴 시에서야 말해 무엇하겠는가.

아무튼 저녁 노을은 눈을 즐겁게해 주기도 하지만 인생을 명상케 해보도록 하는 소재요 질료며 또 순간의 느낌이나 정서를 이입시켜 볼 수 있는 등가물의 객관적 상관물로서 예나 지금이나 한없는 사랑을 많이 받아 왔고 받고 있다.

노을은 비록 쓸쓸함의 색조나 애잔함의 정조가 깔려 있긴 하지만 역시 아름다운 자연의 선물이다. 그러기에 뭐니 해도 젊은 세대라면 나이 많은 실버세대와는 달리 먼 훗날 미래의 아름다운 인생의 피날레라는 자기 암시를 하며, 그 꿈을 이루기 위해 더욱 열심히 노력해야 되리라.

무지개를 예찬하며

무지개는 하늘의 선물이요, 물방울과 빛의 합작품이요, 빛의 프리즘이다. 비 온 뒤 하늘이란 광활한 무대에서 연출되는 자연의 축제다. 햇빛이 신랑이라면, 무지개는 곱게 차려 입고 혼례청에 선 신부다.

무지개는 하느님의 왕관이요, 머리띠며, 목에 두른 머플러요, 손에 든 노리개다. 아니 자연의 설치미술이요 그 전람이다. 자연의 '미스 진'이 무지개라면, 노을은 '미스 선'이다. 구름이 산문이라면. 무지개는 시다. 수많은 자연현상 중 인간이나 인간사회에 그 어떤 해도 끼치지 않는 것이 바로 무지개다. 비나 바람과는 달리 언제나 우리의 눈과 마음을 즐겁게 해준다.

문득 구약 창세기 '노아의 홍수' 편에 나오는 무지개가 떠오른다. 40주야 내리던 지루한 장맛비가 비로소 그쳐 방주에서 나와 땅에 첫발을 내디딜 무렵, 하나님이 노아에게 다시는 이런 제2의 홍수가 지지 않게 하겠다는 징표로 무지개를 구름 사이로 보이게 해주겠다는 그 언약이야말로 곧 미래 희망의 상징적 가시물이 아니었던가. 그후 노아의 가족들은 그 무지개를 보았을 때 그 얼마나 기쁘고 즐거워 환호성을 지르며 어깨춤을 추고 또 추었을까.

이 무지개의 영어 레인보우(rainbow)가 바로 레인(비)과 보우(활)의 합성어라면, 우리말의 무지개는 '물'과 '지게'의 합성어 '물지게'에서 나온 말이다. 이때 '지게'는 곧 '지게문'의 준말로서 마루나 부엌에서 방으로 드나드는 무지개 모양의 외짝문을 말한다. 그 외형의 연상에서 이 말이 나왔으니 그 명명이 참 재미 있다. 사람들은 이 문을 선호하여 주요 성곽이나 사찰의 출입구 통로에 이른바 홍례문을 장식인 양 설치했다. 국보 1호인 숭례문, 낙산사, 광화문의 홍례문이 바로 그 좋은 예다.

무지개는 동서양을 막론하고 지상의 인간들에겐 무한한 상상력을 키워주었고 또 손에 잡힐 듯 가깝고도 먼 동경의 대상이 되기도 했다. 일찍이 19세기 영국 낭만주의 시인 윌리엄 워즈워스는 그 유명한 시 〈내 가슴은 뛰누나(My heart leaps up)〉에서 '하늘의 무지개 바라보면/ 내 가슴은 뛰누나/ 나 어려서 그러하였고/ 어른이 된 지금도 그러하니/ 내 늙어서도 그러할지니'라고 사뭇 감동적인 어조로 노래하기도 했다.

문득 나의 초등학교 시절이 생각난다. 처음 배운 무지개 일곱 색을 차례대로 외우느라 하학길에서 마치 친구와 경합을 벌이기라도 하듯 '빨주노초파남보'를 주문처럼 외우고 다닌 기억이다.

그런데 그 후 많은 세월이 지난 뒤 이 일곱 색은 가시 광선일

뿐 맨 윗쪽 빨간색 외곽과 맨 아래쪽 보라색 외곽에 또 다른 비가시 광선을 각각 호위병처럼 거느리고 있다는 사실을 처음 알았다. 육안으로 본 사실과 과학적 사실에는 너무나 큰 차이가 있음에 놀라고 놀랐다. 뿐만 아니라 지구를 벗어나 하늘 높이 성층권에서 보면 무지개는 반원이 아니라 사실은 원형이란 것도 알게 되어 더욱 놀랐다. 땅 위에 살고 있는 인간들이 사물을 보고 관찰하는 덴 한계가 있구나 하고 절감도 해보았다.

어느 민족이나 부족에서건 간에 많은 신화와 전설 그리고 설화가 무지개로부터 잉태되었다. 북유럽의 신화와 그리스의 신화를 보면 무지개는 하늘과 땅을 연결하는 통로로서 신에 의해 만들어진다고 믿었다. 동남아시아 원시부족들은 신령이 다니는 사닥다리로 보면서 특히 아침 무지개는 신령이 자고 나서 아침 물을 마시러 내려오는 것으로 보았다. 우리나라에선 선녀들이 무지개 타고 하늘에서 깊은 산 물 맑은 계곡으로 목욕하러 내려온다고 믿었다. 또 무지개가 선 곳을 가서 파보면 금은보화가 묻혀 있다는 각 나라의 각가지 전설도 많다. 아일랜드인들은 금시계가, 그리스인들은 금열쇠가, 노르웨이인들은 금으로 된 병과 스푼이 각각 숨겨져 있다고 믿었다.

그리고 그 모양새에서 연상하여 고대 중국인, 오스트레일리아 원주민, 일부 아프리카 원주민 그리고 아메리카의 원주민은 아름다운 물뱀으로 보기도 했다. 또 일부 아메리카 원주민은 칼을 연상해 보았는가 하면, 고대 중국인들은 '천궁天弓'이라 부르며 하늘에 걸린 활로 보았고, 역시 비슷한 연상으로 영국인들은 레인보우라 하며 비가 만든 활로 보았던 것이다.

무지개는 참 영롱하고 아름답다. 그러기에 곧장 언어생활에서도 비유어로도 잘 쓰인다. 다리도 '무지개 다리'며, 물고기도 '무지개 송어'가 있고, 떡도 '무지개 떡'이며, 문양도 '무지개 문양'이요, 모양도 '무지개꼴'이며, 구름도 '무지개 구름'이다.

또 민간신앙이나 민속 차원에서 어떤 일을 도모하려고 하거나 막 시작하려는 때에 우연히도 무지개가 뜨면 길조라고 한없이 기뻐하기도 했다. 장가나 시집가는 날, 아이가 태어나는 날, 무지개가 뜨면 좋은 징조요 하늘의 축복이라며 그 얼마나 흡족해 마지 않았던가. 태몽도 무지개라면 길몽이라 좋아들 했다. 또 행운과도 연관이 있다. 그래서 북미 체로키 인디언은 '그대 어깨 위로 늘 무지개가 뜨게'라는 말로 축복의 인사를 나누었다. 이와 유사한 발상에서 ≪채털리 부인의 사랑≫을 쓴 D.H.로렌스도 ≪무지개≫란 작품의 마지막 부분에다 여주인공이 무지개를 쳐다보는 장면을 상징적으로 넣어보기도 했다. 헤어짐에 따른 사랑의 고통 그리고 그 애인과의 사이에서 생긴 아기의 유산으로 인한 산후 고통, 그로부터 완전히 벗어난 어느 날 아침, 맑게 갠 하늘에 걸린 무지개를 보며 앞날에 대한 희망을 찾게 된다는 장면이다.

그리고 또 무지개는 이렇게 행운과 희망에 대한 기대의 징표가 되기에 바로 그 이름에서 따와 나라 이름을 별칭으로 부르고도 있다. 남아공은 바로 적도 부근이라 겨울인데도 아침 저녁으로 내리는 비로 자주 무지개를 볼 수 있어 외국인들이 '무지개 나라'라고 부르고 있으며, 몽골인들은 우리나라를 이와는 좀 다른 함의含意로 역시 '솔롱고스' 즉 '무지개 나라'라고 부른다 하지 않는가. 일단 그 연원은 접어두고 특히 몽골인들에게 우리나라가 아름다운 동경의 나라로 비치고 있으니 미상불 기분은 좋은 일이다. 그렇지만 이 무지개의 두 다리가 남과 북으로 뻗어 그 언젠가 하루 빨리 남북 통일이 되는 그날이 와 명실상부한 '무지개 나라'가 되었으면 그 얼마나 좋으랴.

또 이런 이야기와는 사뭇 달리 언젠가 지구상에 나타날 '무지개 전사戰士'라는 예언적인 말을 나는 듣고도 있다. 우리와 인종학적으로 피가 같은 북미 인디언들은 바다 건너온 백인들에 의해 역사에 유례가 없는 4백여 년간을 심한 고초를 당해 왔고 또 그들의 땅과 자연도 심히 훼손 당했다. 그러기에 그들은 같은 인디언 부족인 크리(Cree)족의 전설을 바탕으로 언젠가 다가오는 시대에는 지난날 그들의 조상들이 그랬던 것처럼 자연 환경을 살리며 모든 지구의 인간들이 조화롭고 평화롭게 살 수 있는 날이 오리라고 신앙처럼 믿고 또 믿고 있다. 옛 조상들의 죽은 영혼이 희다, 붉다라는 피부색을 떠나 환생하여 바로 그런 일을 감당하게 될 사람들이 곧 '무지개 전사'라는 것이다. 가만히 생각해 보면 아이러니컬하게도 현대문명이 디스토피아의 세계로 위험 질주를 하고 있는 듯한 이 환경위기의 시대에, 이런 '무지개 전사'들의 출현은 비단 북미 인디언이나 환경론자들만의 꿈이 아니라 어쩌면 모든 인류의 꿈일 수도 있지 않겠는가.

무지개는 예나 지금이나 상상력의 원천이요 동경의 대상인 것만은 불변의 사실이요 진실이다. 소망의 원천이요 소망을 이입시켜 보는 꿈의 대체물이다. 특히 자라나는 젊은 세대라면 간혹 한 번씩 무지개를 바라보며 미래의 꿈을 키워도 볼 일이다.

이런 맥락에서 먼 지난 시절을 한번 상상해 본다. 헐벗고 가난했던 아일랜드인이나 그리스인들 그리고 노르웨이인들이라면 무지개가 있는 곳을 한번 찾아가 금붙이를 얻을 수만 있다면 그 얼마나 좋을까 하고 상상도 했으리라. 또 지상에서 압제자들로부터 고통받았던 힘없는 무지렁이 민초들은 무지개를 보며 문득 이 세상을 벗어나 무지개나 타고 하늘나라로 한번 올라가 보았으면 하는 몽상도 해보았으리라. 또 가난으로 장가를 들지 못한 우리 백의의 나무꾼들은 서산에 걸린 무지개를 보고 무지개 타고 목욕하러 내려온 선녀라도 한번 만났으면 원도 한도 없으리라, 속으로 자문자답도 했으리라.

아니 또 있다. 대장부의 웅지를 품으며 '백두산석 마도진/ 두만강수 음마무/ 남아일세 미평국/ 후세수칭 대장부'라고 읊었던 남이 장군이 북방 두만강변에 떠있는 무지개를 보고 문득 하늘의 활 '천궁'이 떠올라 그것을 손에 쥐고 세상을 크게 한 번 평정이나 해보았으면 하는 생각도 품어 보았으리라. 또 가까이는 이육사가 〈절정〉이란 시의 마지막 행에서 어쩔 수 없는 일제 하의 겨울 같은 가혹한 상황이기에, 역설이지만 눈이나 감고 '겨울은 강철로 된 무지갠가

보다'라고 서러운 자위도 했다.

무지개는 역시 아름답고 기이하고 기묘하다. 만약 이 지상에 무지개가 없었다면 그 얼마나 삭막하고 삭막했을까. 예술이 자연의 모방이라면, 바로 그 정점에 무지개가 있다.

다시 써보는 '백설부白雪賦'

김진섭의 수필 〈백설부〉를 고등학교 때 처음 접했다. 교과서에 나와 있는 글이라 시험공부를 위해 읽고 또 읽었다. 명상적 요소에다 마치 눈 내리는 속도인 양 느린 만연체로 서정적 톤을 깐 눈 예찬의 명수필임에는 틀림없다. 벌써 60여 년이 지난 일이다. 그 작품을 다시 찾아 읽어 보았다. 60여 년이 지났으니 호기심에 나도 수필을 쓰는 사람이라 한번 리모델링을 하고픈 충동을 느꼈다. 그래서 그 작품에는 없는 여러 자료나 물감으로 덧칠을 해볼까 한다.

눈은 우선 청천聽川의 표현대로 '겨울이 겨울다운 서정시抒情詩'다. 한들한들 경쾌히 춤추며 내려오는 모습은 '윤무輪舞'요 '난무亂舞'다.

눈은 백색의 의상을 입은 순결주의자요 평화주의자며, 자유주의자다. 지상의 온갖 모습을 일시에 덮어주는 흰 이불이다. 흰 가운을 입은 성직자요, 먼 미지의 나라에서 내려오는 듯한 그 모습은 하늘 춤을 추는 천사다. 거기에는 또 백의를 사랑했던 우리 조상들의 혼이 스미어 있어, 그 백의를 늘 보아왔던 우리 선조들은 문득 돌아가신 할아버지나 아버지의 흰 옷자락을 연상도 해보았으리라. 또 역으로 오늘을 사는 이 산업사회의 우리에게는 지상의 오염을 경고하는 경고장도 되고, 그 오염을 소리 없이 조상해 주는 문상객도 된다.

눈은 온갖 잡다한 생각을 품고 있는 지상의 인간들에게 잠시라도 깨끗함을 일깨워주는 교사요, 마음의 평화를 갖게 해 주거나 마음을 위무하는 전도사다. 내려서 쌓인 눈은 지나간 흔적을 남게해 주는 도장밥이다. 모래밭의 자국이 불량품이라면, 눈자국은 특등 합격품이다.

눈은 농민들에게는 필요시 비의 대용이 되고, 땅속에 잠자고 있는 해충들을 박멸해 주는 자연 제충제 역할도 한다. 겨울 논밭에 겨울눈이 내리면 내년 농사가 잘된다고 좋아들 했다. 아이들은 아이들대로 눈사람을 만들고 눈썰매도 타고 눈싸움도 하며 추위도 모르고 즐거워했다. 자연이 준 건강한 놀잇감이었다. 유소년 시절의 천진난만했던 그 정경이 지금 눈앞에 어른거린다. 어쩌면 사라져가는 이런 민속놀이 풍속을 살려보기 위한 안간힘의 축제가 바로 '눈축제'가 아닌가도 싶다.

눈 중에서도 특별히 기다리고 기다려지는 눈이 있다. 첫눈이 그렇다. 원래 인간생활에서도 '첫'자가 붙는 일이란 중요 관심의 표적이 아닐 수는 없다. 그러나 여러 자연현상 중 첫눈은 더더욱 그렇다. 첫눈이 오면 그 눈은 우리의 마음속에 내장되어 있는 감성의 건반을 두드려 주기에 누구나 마음이 조금은 들뜬다. 어디론가 정처 없이 눈을 맞으며 눈길을 걷고 싶고, 사랑하는 연인이 있다면 데이트를 하고 싶은 충동이 불쑥 일어 그런 일을 도모하기도 한다. 그리고 세월이 지나 첫눈이 내리면, 가끔 잊었던 기억도 나게 해주니 어쩌면 그 눈은 기억 속의 하얀 이정표도 되고 또 그 기억의 추억 속으로 빠져들게 하는 랜드 마크가 된다. 이러기에 많은 노래와 시의 소재가 됨은 물론 영화도 만들어진다. 거기엔 감성이나 정서의 공동 체험이나 공감대 같은 주요 문법이 들어 있기 때문이다. 얄밉게도 이런 심리를 상업적으로 이용해 첫눈 이벤트까지 벌이고 있는 세상도 되었다.

또 크리스마스의 눈은 어떤가. 눈 오지 않는 크리스마스는 정말 삭막해 김빠진 맥주다. 뭐니 해도 크리스마스의 분위기를 살려주고 무드를 고조시켜주며 경건한 마음까지 일게 해주는 것이 바로 이 눈이 아닌가. 상상해 보라. 성탄절 전야에 조용히 가족들끼리 모여 앉아 경건한 마음으로 부르는 찬송가 〈고요한 밤, 거룩한 밤〉은 말할 것도 없고, '나는 꿈을 꾸네, 흰눈 내린 크리스마스를~'로 시작되는 〈화이트 크리스마스〉와 '흰 눈 사이로 썰매를 타고~'로 시작되는 〈징글 벨〉과 같은 캐롤송을 부른다고 하자. 바깥에 흰 눈이 소리없이 내린다면 그 얼마나 더 큰 축복인가.

눈의 이름은 비에 견줄만 하지는 않지만 그래도 그 이름이 제법 많다. 가랑눈, 가루눈, 싸락눈은 다 알지만 폭설을 소나기눈이라고도 한다. 더 챙겨 보면 쌓인 정도에 따라 겨우 발자국이 날 정도의 얇게 내린 자국눈, 살짝 깔린 살눈, 한 자 정도로 쌓인 잣눈, 사람

키 높이 한 길에서 따온 길눈이 있다. 또 밤에 몰래 내리면 도둑눈이요, 아무도 밟고 지나지 않아 숫처녀 같다면 숫눈이다.

눈은 비나 물처럼 문학에서 자주 이용되는 소재다. 시에서는 정서적 등가물이나 은유 그리고 상징으로 자주 이용된다. 김광균은 〈설야雪夜〉에서 그리움과 슬픔의 등가물로, 이육사는 〈광야廣野〉에서 일제 강점기 하의 탄압의 은유로, 김수영은 〈눈〉에서 살아 있는 순결한 양심의 상징으로 보았다.

이에 반해 소설에서는 결정적인 중요 장면의 배경으로 자주 이용된다. 특히 러시아문학은 공간지리적 배경도 배경이긴 하지만, 눈 배경을 빼고는 작품 완성이 안 될 정도이다. 톨스토이의 ≪부활復活≫이나 ≪안나 카레리나≫를 생각해 보라. 또 보리스 파스테르나크의 ≪닥터 지바고≫를 생각해 보라. 이 중 러시아 혁명기에 한 인간의 비극적 사랑을 그린 ≪닥터 지바고≫는 춥고 광막한 설원의 설경이 그 사랑의 비극성을 더욱 고조시켜주지 않았던가. 아내 아닌 사랑하는 여인 라라를 살리기 위해 어쩔 수 없이 자기는 혼자 남고, 그녀를 마차에 태워 보내며 흰 눈이 쌓인 설원을 하염없이 바라보고 서 있는 지바고의 눈에서 나는 한없는 쓸쓸함과 말못할 비통함 그리고 자괴감을 읽었던 기억을 지금도 잊을 수 없다. 또 하나의 예가 있다. 폭설로도 유명한 일본 혼슈의 중북부에 있는 니카타 지방이 배경이 된 가와바타 야스나리의 그 유명한 ≪설국雪國≫이다. 스토리보다도 이 소설을 제목 그대로 명실상부하게 이 소설답게 만든 것이 바로 눈이란 서정적 배경이다. 지금도 나는 그 설경들이 바로 눈 앞에 펼쳐져 있는 듯한 착각을 느끼고 있다.

눈은 참 아름답고 좋은 것이다. 간혹 인간들에게 설해雪害를 입히긴 하지만 장점이 더 많다. 풍수해에 비하면 아주 양반 중의 양반이다. 이런 눈도 지구 온난화의 기상이변으로 좀체 보기 힘든 세상이 점점 되어 가고 있다. 행여라도 머지않아 '찬란한 슬픔의 봄'이 아닌 '찬란한 슬픔의 눈'을 기다려야 할 시대가 더 빨리 오지 않을까 두렵다. 아니 북극과 남극, 알래스카와 알프스 그리고 히말라야의 만년설은 물론, 대륙의 한가운데 더 높이 솟아 태고의 신비인 양 만년설을 자랑한다던 아프리카 킬리만자로와 남미 안데스 그리고 일본 후지산의 만년설도 못 볼 날도 그리 멀지 않았다고 하지 않았던가. 그것도 못내 걱정이다.

그래, 내 다음 세대 어디쯤에 가서, 혹시라도 누가 나의 이 '백설부'와 같은 예찬 내용이 아니라 애도사 같은 것을 쓰게 될지 않을까도 싶어 두려운 마음도 든다. 아름다운 지구를 살리고 또 아름다운 눈을 위해 우리 지구의 문명인들은 자연과 상생할 수 있는 길이 어디에 있으며, 어떻게 해야 되느냐를 깊이 깊이 생각해야 하리라 본다.

바람, 바람, 바람의 넋

우리는 한순간이라도 '바람'을 마시지 않으면 숨이 끊어진다. 바람이 있기에 숨을 쉬고 숨을 쉬기에 우리는 산다. 아주 단순한 이치지만 그 어느 곳에서건 이 공짜의 바람이 있기에 우리는 그 소중함을 잊고 산다. 가만히 생각해 보면 어떤 주어진 시간에 물이나 불 더 나아가 먹는 것은 없어도 살 수 있겠지만, 바람이 없다면 이 세상은 곧바로 하직이 아닌가.

그래서 오늘은 이 '바람' 때문에 말 그대로 '생각바람'이 들어 '바람의 넋'들을 불러 모아 여러 생각들을 '춤바람'처럼 한바탕 신풀이를 펼쳐볼까 한다.

바람은 지구의 호흡이고 숨이며 우리 생명의 은인이다. 지구란 병원에서 대주는 산소 호흡기다. 아니 우리 인간만이 아니다. 무생물이 아닌 모든 생명체의 산소 호흡기다. 아니 땅도 바람을 마시고 숨을 쉬지 않는가.

바람결에는 태고의 음성이 있고, 그 소리에는 자연의 원초음악이 있다. 밝고 경쾌한 장조長調가 있는가 하면, 어둡고 슬픈 듯한 단조短調 그리고 장단조가 있다. 그리하여 어떨 때는 실내악이 되고 또 어떨 때는 거대한 교향악이 된다. 쌩하고 불고 있는 겨울의 골목바람에는 어딘가 단조의 애조哀調가 깃들어 있고, 돌개바람(회오리바람), 센바람, 큰바람, 노대바람, 왕바람, 싹쓸바람에는 교향악의 합주 소리가 들어있지 않는가.

바람은 구름처럼 국경이 없는 사해주의자요 자유인이며, 그야말로 '바람 부는 대로' 떠다니는 방랑자요 유랑객이다. 심심할 땐 길이나 골목길의 무보수 청소원이 되기도 하고, 바다와 강, 산천초목을 춤추게 하는 춤선생이 되기도 하고, 초목의 씨앗을 실어다 여기저기 뿌려주는 농부가 되기도 하고, 이 꽃에서 저 꽃으로 꽃가루를 날라다 주는 중매쟁이가 된다. 또 있다. 지표면의 안개를 걷어내는 몰이꾼이 되고, 서리를 없애주는 건조기 역할도 한다. 그뿐만 아니라 날개가 달린 생물체나 인공물인 비행기도 바람이 없다면 '물 밖에 나온 고기'처럼 공중을 날지 못하는 형국이 아닌가.

바람은 볼 수 없고 만질 수는 없어 때론 유령처럼 느껴질 때도 있지만, 그 손과 품은 삼라만상을 어루만져주고 안아주는 왕초 애무주의자다. 이런 애무주의자도 한번 성이 났다 하면, 인간으로서는 속수무책일 수밖에 없는 파괴주의자로 변신한다. 나무가 뽑히고 집이나 시설물을 망가트리는 노대바람이 그렇고, 한 등급 더 올라가면 왕바람이 그렇다. 아니 또 마지막 한 등급 더 오르면, '인간들아 한번 보아라.'는 듯 거만한 태풍이란 싹쓸바람도 위풍당당히 나타난다.

그런데 싹쓸바람이라면 남서부 태평양에서 노상 머리를 내미는 이 태풍만이 아니다. 대서양 서부에서 발생하는 허리케인, 그리고 대서양에 원적을 두고 때때로 미국 중남부를 쑥대밭을 만드는 소용돌이바람 토네이도도 악명이 높다. 바람이란 이 자연현상의 극과 극의 모습에서 우리 인간은 한없는 나약함과 무력함을 느낀다.

인간은 악한 바람이건 선한 바람이건 언제나 바람을 안고 살아야 하기에, 수많은 종류의 바람 이름이 생겨났다. 불어오는 방향이나 불어오는 곳 또 그 세기의 정도에 따른 각가지 이름은 열외로 하더라도 각가지 무역풍과 각가지 계절풍도 있다. 심지어 좁은 틈이나 구멍으로 들어오는 몹시 차고 세찬 황소바람에다, 지난날에는 가마 타고 가면서 얼굴 내밀고 쐬는 가맛바람도 있었다.

이 수많은 이름들을 보며 참으로 신기하게 느낀 것은 투박한 한문투의 이름 대신 순수한 우리말로 된 이름이 많은 것에 나는 놀라고 놀라고 있다. 참 예쁘고 감칠맛 나는 이름 앞에 나는 그야말로 '바람이 들고' '바람이 났다'고나 할까. 봄 동풍의 샛바람, 가을 서풍의 하늬바람 또는 갈바람, 여름 남풍의 마파람, 겨울 북풍의 된바람 또는 높바람이나 높새바람이 그렇다. 그런가 하면 바람의 세기에 따른 실바람이나 산들바람은 그렇다 하더라도 나뭇잎이 살랑거린다는 남실바람, 종잇장이 난다는 건들바람 등이 나를 감탄케 하고 있다.

이는 농부나 어부와 같은 일반 서민들이 일상에서 늘 접해야 하는 것이 바람이었기에, '필요는 발명의 어머니'란 말이 있듯 자연스럽게 굳어진 우리말임은 사실이다. 아니 이런 이름 이외에도 더 생각해 보니 고추바람도 있고, 꽃샘바람도 있으며, 좀 살벌하긴 하지만 칼바람도 있다.

그뿐만 아니다. 바람은 속담이나 관용구로서도 일반 언어 생활에서 무소불위의 힘을 발휘하고 있다. 기후현상 중에서 바람만큼 그 위력을 발휘하고 있는 것이 없다. 엇비슷하게 따르고 있는 말이 있다면 '물'이다. 여기서 그것을 증명해 보이려면 한이 없다. 우선 속담이나 관용구 중 몇 가지 예로서만 그런 점을 상기만 해보자. 내가 이미 이 글 속에서 일부러 끌어온 서너 가지 관용구는 제외하더라도, 어느 누가 '바람을 잡고', '바람을 넣고', '바람을 일으켜' '간에 바람이 들어' '바람 쐬러 나왔다.'고 말한다면, 바로 그런 말이 좋은 예다. 또 속담을 보면 다 아는 속담이지만, "바람 앞의 등불", "바람 가는 데 구름 간다.", "바람도 올바람이 낫다." "높은 나무에는 바람이 세다." 등도 있다.

그러나 더욱 특이한 현상은 어떤 정도가 지나치다 싶을 때, 그 사실의 대상어인 명사 뒤에 '바람'이란 단어만 붙이면 안 통하는 말이 없다는 우리말 특유의 언어 관행이다. '춤바람' '투기바람' '돈바람' '선거바람' '치맛바람' '곗바람' '한류바람' 등등이 있지 않는가. 심지어 '먹자 바람' '놀자 바람'이란 용례도 있는 것으로 보아 그런 예를 대려면 밤이 샐 정도다. 내가 좀 알고 있는 영어와 비교하면 영어에는 아예 그런 용례는 없을 뿐만 아니라, 관용구나 속담도

인색하다 싶을 정도로 그런 예가 거의 없다.

여기서 더 나아가 보면 바람은 문학적으로도 그 상징성이나 은유성이 많은 소재나 제재가 되었고 되고 있다. 웬만한 시인치고는 이런 것은 물론 시적 장치의 배경으로서도 즐겨 이용해 왔다. 상징적 허무성, 불안성, 맹목성, 저돌성 등은 말할 것도 없지만, 각자 나름의 은유성도 찾아내 최대로 의미부여를 하려는 노력도 보였다. 시적 장치의 배경이라면 문득 영국 낭만주의파 시인이었던 P.B.셸리의 시 〈서풍에 부치는 노래〉가 떠오른다. 그 유명한 그의 명구 '겨울이 오면 봄도 멀지 않으리'가 바로 맨 끝구절인데, 그는 이 시에서 가을의 서풍을 자기의 자유로운 여러 생각을 기도하듯 호소해 보는 대상을 삼기도 했다.

그러면 시인들은 이렇다고 보면 일반 다른 사람들은 과연 어떠했을까. 인생을 살아 오면서 각자 나름으로 분명히 주어진 상황에 따라 바람의 인생론적 은유를 떠올려 보았을 것이다. 순풍을 만났다고 좋아도 했을 것이고, 역풍을 만났다고 잠 못이루는 고민도 했을 것이고 또 어떤 사람은 돌풍이나 광풍을 만났다고 자기 운명의 한계가 바로 이것이구나 생각하며 길고 긴 한숨도 쉬고 또 쉬었으리라. 이 모두는 좋건 궂건 '바람, 바람, 바람의 넋' 탓이 아닌가 싶다.

지금 내 귀에는 또 다른 바람 소리 하나가 들려온다. 영국의 19세기 작가 에밀리 브론테가 쓴 소설 ≪폭풍의 언덕≫에 나오는 바람 소리다. 주인공 히스클리프와 캐서린이 이 세상에서 맺지 못한 원한의 그 사랑을 풀기 위해 다시 원혼이 되어, 그 황량했던 요크셔의 '폭풍의 언덕'에서 밤낮으로 쌩하게 불어대던 그 바람과 함께 '바람의 넋'이라도 되어 나타나는지가 몹시 궁금도 하다.

명상 속에 비친 달의 파노라마

우주 공간에는 이 지구가 속해 있는 태양계의 해만이 아니라 무수한 태양이 있다. 그러나 이 지구 중심의 해를 아버지라 한다면, 그 셋째 아들이 바로 지구다. 그리고 그 셋째 아들의 유일한 딸이 달이다. 해는 대가족이고, 지구는 부녀간만의 핵가족이다.

해가 지구의 낮을 만들어주는 원자로 같은 큰 화경火鏡이라면, 달은 밤을 밝혀주는 등불이요, 램프다. 만약 이 지상에 달이 없다고 가정해 보면, 달이야말로 효녀 중의 효녀라는 것을 알게 된다.

달은 숨은 별을 찾아나서는 술래잡기 놀이의 술래요, 지상의 사람들은 그 구경꾼이다. 또 달은 가면놀이의 각시탈이다.

해와 지구가 아버지와 아들 관계로 남성이라면, 달은 여성이다. 이는 곧 지구에 사는 인간들의 거의 공통적인 발상이요, 생각이다. 그리스 신화에서 나오는 달의 여신 아르테미스(Artemis)가 로마신화에서는 다이애나(Diana)가 되고, 또 그리스 신화의 셀레네(Selene)도 로마신화에서는 루나(Luna)가 된다. 이집트에는 달의 여신으로 떠받드는 이시스(Isis)가 있고, 에스키모는 이갈루크(Igaluk)가 있다. 중국으로 보면 달의 월궁에 항아姮娥라는 선녀가 살고 있으며, 우리의 구전 전래설화에는 범에 쫓긴 두 남매가 나무 위에 올라가 하늘에서 내려온 줄을 타고 하늘로 올라가 남자아이는 해가 되고 여자아이는 달이 되었다는 이야기가 있다. 달빛은 강렬한 햇빛을 쏟아내는 해에 비하면, 한없이 부드럽고 우리를 어루만져준다. 그래서 베토벤이 〈월광곡〉을 작곡했는지도 모른다. 결국 달을 여성으로 보는 의인법이란 것도 알고 보면 이에서 근거하고 있다.

우리의 전승문화와 민속은 바로 달의 문화다. 아주 옛시절 이집트인이나 멕시코의 마야인이나 아즈텍인, 페루의 잉카인, 그리고 북아메리카의 원주민들이 외경의 해를 숭배하고 찬양했던 것과는 달리, 우리 조상들은 달을 안고 살며 달을 찬미했다. 심지어 달점도 쳤다. 세시풍속도 이와 밀접한 관련이 있다. 정월 대보름날의 달맞이, 달집 짓기와 태우기, 우물에 떠 있는 달을 떠먹으면 아기를 갖게 된다는 속신의 용알 떠먹기 등은 물론, 정월 대보름과 추석 한가위 밤의 강강수월래 춤과 노래는 뭐니 해도 달의 축제다. 또 양력이 아니라 음력의 달력 위주로 살았기에 농가의 행사를 다달이 규정해 놓은 이른바 월령月令도 달의 운행에 따라 맞추져 있다. 그래서 「농가월령가」도 태어났다.

그런가 하면 지명이나 지난날의 여자 이름에는 물론 문사의 아호에도 '달 월月'자가 유난히 많이 들어가 있다. 가령 이름에만 한정해 보면 월선月仙, 월희月姬, 월순月順, 월자月子, 월임月任 등등은 많았는데, 해를 은유하는 '날 일日'자가 들어 있는 이름은 거의 없지 않았던가.

또 신랑감이나 신붓감을 구하고 있는 미혼 남녀가 달꿈을 꾸었다면, 좋은 배필을 만날 수 있는 길조라고 한량 없이 마음이 부풀었다. 태몽도 달이면 좋아들 했다. 달이 품안으로 들어오거나 공중에서 영롱하게 빛나는 꿈이라면, 달덩이 같은 건강한 아기를 얻거나 나중에 훌륭한 인물이 되겠다고 해몽하면서 웃음꽃이 활짝 피었다.

또 예부터 달은 많은 시인 묵객의 시의 좋은 소재나 배경 그리고 은유였다. 저 멀리로는 신라의 향가 〈찬기파랑가〉를 시작으로 하여, 고려가요, 시조, 민요에 이르기까지 곳곳에 달이 얼굴을 내밀었고 달빛이 드리워져 있다. 아니 유행가만 봐도 1960년대부터 비록 태양에게 그 자리를 물려주긴 했지만 50년대까지만 해도 달과 관련 있는 노래가 많았다.

달은 마성魔性을 지니고 있다. 보름이 가까워지면 신경이 극도로 예민해져 정신착란을 일으키는 환자가 많이 생긴다 하며 또 정신병자도 그 발작이 심해진다고 한다. 그리고 특히 여자의 생리도 달의 리듬에 맞추어져 있다 하니 참 신통한 일이 아닐 수 없다. 지구는 삼분의 이가 물이고, 우리 인체도 그와 꼭 같은 비율로 되어 있다. 달의 인력에 의해 밀물과 썰물 현상이 생기듯 우리 인체도 그 영향을 직간접으로 받는다니 역시 묘하다. 아무튼 달은 마성이 있다. 정서적으로나 생리적으로나 이런저런 영향을 준다.

그리고 둥근 달의 표면에 나타나 있는 무늬를 보고 각 민족마다 상상해 보았던 그 상상도 재미 있다. 우리나라에서는 중국의 영향을 받아서 계수나무가 있고 그 밑에서 옥토끼가 떡방아를 찧고 있다고 보았고, 인도, 아시아 내륙지방, 일본, 중앙 아메리카 등지에서도 중국이나 우리와 같이 토끼가 살고 있다고 보았다. 북유라시아나 북아메리카 북서해안 그리고 오키나와 등지 사람들은 물 긷는 사람의 모습으로 보았고, 인도네시아나 폴리네시아 등지 사람들은 베 짜는 여인으로 각각 보기도 했다.

그런데 이런 달 표면의 무늬 모양만의 상상만 있는 것은 아니다. 무늬를 떠나 둥근 달 전체를 보며 대리 보상체험도 할 수 있었다. 어느 나라 사람이건 사흘 굶은 사람이라면 빵을, 돈이 궁한 사람이라면 황금 덩어리를, 고향에 계신 어머니나 아내 등을 그 정황에 따라 각각 다르게 연상도 해보았으리라.

달은 참 변화무쌍하다. 과학적으로야 지구 그림자에 의해서라지만 때에 따라 그때그때 얼굴이 달라지니 변용의 달인이다. 가면놀이와도 같다. 우선 뜨는 달을 보자. 초하루경의 초승달, 초닷새경의 조각달, 이레와 여드레경의 상현의 반달, 드디어 만월의 보름달이 동산 위에 두둥실 뜬다. 지는 달은 그 반대다. 이지러지기 시작해 하현의 반달, 조각달, 그믐달이 된다. 어쩌면 이 과정은 배턴 터치의 릴레이와도 같다. 뜨는 달은 결승선을 향해 앞으로 달려 나갔다가 보름달이 되고, 지는 달은 그 배턴을 다시 받아 그 반대로 되돌아 와 그믐달이 되는 격이 아닌가.

그리고 이런 변화무쌍한 달의 모습을 두고 명상가들은 삼라만상이나 인생의 철리를 명상해 보기도 했다. 뜨는 달, 지는 달을 보며 있음과 없어짐이나 흥망성쇠를 읽었다. '달도 차면 기운다.'는 이치와 교훈이다.

그런데 이 변화무쌍한 달 중에서 초승달과 그믐달을 두고 보면 그 이름도 재미있다. 갈고리, 손톱 끝 모양 또 눈썹을 닮았다 해서 다 같이 갈고리달, 손톱달, 눈썹달이라 하지 않았던가. 그래서 서정주 시인은 그의 시 〈동천冬天〉에서 "우리 님의 고운 눈썹"과 눈썹달인 초승달의 이미지를 결합시켜 그야말로 겨울 추운 밤하늘에 걸어도 두어 짧은 명시란 칭송을 듣기도 했다. 또 악처를 만나 노상 얼굴을 손톱에 할퀴었던 사람이 있다면, 손톱달인 그믐달을 보면서는 그 지긋지긋한 마누라의 손톱도 연상했으리라.

달은 밤을 밝혀주는 등불로서만이 아니라 달이 주연이 되고 해가 조연이 되어 인력에 의한 조수 간만으로 밀물과 썰물을 만들어 주니 어민들에게는 더없이 좋은 효녀 중의 효녀가 아닐 수 없다.

달은 밤달이 주인공이지만 낮달도 있다. 어른들에게는 밤달이 사랑을 받지만 어린이들에게는 낮달이 좋다. 윤극영의 〈반달〉과 윤석중의 〈낮에 나온 반달〉이 동요로서 어린이의 상상력을 극대화시켜주었기에 더욱 사랑을 받는다. 두 노랫말에 나오는 '쪽배'나 '쪽박'의 연상에서 천민난만한 생각도 마음껏 펼치지 않았겠는가. 반달에는 상현의 반달과 하현의 반달이 있다. 윤석중의 〈반달〉은 하현인지 상현인지 그 어떤 정보도 나타나 있지 않지만, 윤극영의

〈반달〉은 노랫말의 앞뒤 정황상의 정보로 미루어 상현의 반달이다.

나는 지금 마치 달타령하듯 떠오르고 있는 이 생각 저 생각들을 마치 파노라마식으로 내비춰보고 있다. 잠시 창밖의 달을 쳐다본다. 내 동심의 달 속에는 계수나무가 있고 토끼도 있다. 그런데 오늘의 달에는 그것 대신 말라버린 흔적의 바다, 고지대, 수많은 운석 구덩이로 된 월면 사진이 내 시야를 가로막고 있다.

과학은 정말 좋은 것일까, 수천년, 수백년 동안 신비로만 여겨졌던 일들이 하나 하나 벗겨지니 경의라기보다는 오히려 너무 삭막해진다. 더욱이 핵전쟁을 운위하고 있는 세상이 되고 보니 과학의 유토피아 세계는커녕 거꾸로 디스토피아 세계로 향하는 것이 아닌가도 싶다.

문득 한 사람이 생각난다. 19세기 말에 태어나서 과학이 보다 더 발달한 20세기를 살았던 헝가리 출신의 철학자며 미학자요 문예 이론가인 죄르지 루카치다. 그의 어느 책 서문에서 "나침반이 아니라 별을 보고 항해 했던 시절이 더 행복했다."고 한 말이 떠오른다.

어쩌면 나도 이 사람처럼 주어진 상황이나 정도에는 물론 차이야 있겠지만, 초첨단으로 발달해 가고 있는 현대 과학문명에 대해 저항감은 느끼고 있다. 그래서 토끼가 떡방아 찧고 있던 그 시절이 그립고 또 동심의 그 시절로 돌아가고픈 노스텔지어도 있다. 이를 두고 누가 나이 먹어감에 따른 반작용에서 나온 동심의 회귀본능이라 할지도 모르겠다. 문득 소설 ≪바람과 함께 사라지다≫ 속의 앙큼한 귀염둥이 주인공 스칼렛 오하라가 '내일은 또다른 새로운 시작의 날이야.'라고 했던 말이 떠오른다. 그렇다면 나도 그 정답을 내일 밤에 다시 한번 생각해 볼 참이다.

해, 해, 해의 문화학

해야 솟아라, 해야 솟아라, 말갛게 씻은 얼굴 고운 해야 솟아라. 산 너머 산 너머서 어둠을 살라 먹고, 산 너머서 밤새도록 어둠을 살라 먹고, 이글이글 앳된 얼굴 고운 해야 솟아라.

너무나도 잘 알려진 박두진의 시 〈해〉의 제1 연이다. 민족 광명을 상징하는 8·15 해방에 대한 소망과 희망을 힘차고 장중하게 노래한 해의 찬미요, 찬가이다.

해는 참으로 위대하다. 지구로 보면 천지창조 중 지고至高의 선물이요 축복이다. 우리 인간에게 빛을 주고 또 만물이 생명을 받고 생명을 유지한다. 또 과학적으로 보아 아무리 현대과학이 핵융합이 어쩌고 저쩌고 하지만 그 원형이, 그 원조가 바로 해가 아닌가. 그 원조를 흉내내 보고자 하는 인간의 오만한 노력이야말로 문자 그대로 구우일모九牛一毛라 중천의 해는 비웃고 있는지도 모른다.

해를 생각해 보면 천문학적 숫자라는 말을 다시 한번 실감한다.

나이가 46억 년에다 지구 크기의 109배, 지구에서 거리가 1억 5천만 km에다 거기서 나온 빛이 1초에 지구를 7곱 바퀴 반을 돌고 있다니 입이 쩍 벌어진다. 우주에는 수많은 태양계의 태양이 있다지만 그것은 천문학자들에게나 맡길 일이다.

우리 지구에서 보는 태양 그리고 그 태양계를 인간 사회의 가족 문화적 견지에서 한번 보자. 태양계 중심에서는 '붙박이별'이란 칭호의 해가 아버지 자격으로 부동의 자세로 떡 버티고 앉아 9홉 개의 행성 아들을 거느리고 있다.

그 첫째가 수성, 둘째 금성, 셋째 지구, 넷째 화성 그리고 아홉째 막내가 제나이다. 나의 중고등 시절에는 이 막내가 명왕성이었는데 소행성이라 퇴출당하고, 대신 제나가 새로운 아들로 가족 족보에 입적되었다. 그리고 이 아들들은 각자의 딸인 위성을 거느리고 있으니 많은 손녀를 두고 있는 셈이다. 달은 꼭 지구의 달만이 아니라 이들도 달인 것이다. 공교롭게도 첫째와 둘째인 수성과 금성에는 달이 없으니 손녀가 없는 셈이고, 그 다음 셋째인 지구가 달 하나로 시작하여 화성 2, 목성 63, 토성 47, 천왕성 27, 해왕성 13 식으로 손녀가 우글우글하다.

가만히 생각해 보면 해의 셋째인 우리 지구는 정말 축복받은 행성이다. 목성으로 시작되는 그 다섯 번째 이하의 아래 동생 형제들이 기체로 된 하늘하늘한 같은 옷을 입고 있지만, 이와는 달리 지구, 화성까지 포함된 위 4형제는 이른바 지구형 행성이라 해서 철갑옷 같은 단단한 고체형 겉옷을 걸치고 있다. 여기에 유일하게 지구가 밤을 밝혀주는 달을 거느리고도 있다는 것은 물론 생명체가 살기에 최적 최상의 거리에서 태어났기에 다른 형이나 아우의 집과는 달리 유일하게 우리 인간이 살고 있다 싶다. 공교롭게도 이 달이 해보다는 400배 작고 지구에 400배 가까운 거리에 있다니 참 오묘하지 않은가. 첫째인 수성은 말할 것 없고, 둘째인 금성은 너무 뜨겁고, 바로 밑 동생 넷째 화성은 불이란 이름과는 달리 너무 추워서 그 어떤 생명체도 살 수 없는 곳이 아닌가.

이런 해와 그 해의 가계도를 다시 한번 생각해 보면 해야 말로 최상의 제왕으로서 그 위대성을 뽐내고 있다. 그러기에 그 옛날 까마득한 고대사회로 갈수록 그 정도의 차이일 뿐 자연숭배, 자연종교적 차원에서 태양을 숭배하지 않은 민족이나 나라가 없다지 않은가. 고대 이집트인들은 태양신을 믿었고, 그리하여 왕을 '위대한 태양신'이란 뜻으로 '파라오'라고 부르며, 살아 있는 태양신의 화신 아니면 아들로 여겼다. 중앙 아메리카 멕시코 등지의 마야인, 남미 페루 등지의 잉카인들도 태양을 숭배했는데, 특히 지금도 페루의 태양제는 남미의 3대 축제 중의 하나가 되어 있다. 그리고 마야인들의 후예로서 멕시코 중앙고원에 살며 인신공의로 사람의 심장을 떼내어 태양에 바쳤던 아즈텍인들도 태양을 숭배했다. 인도의 힌두교도 태양을 숭배했다. 그들에겐 요샛말로 '차스 페스티벌'이란 게 있다. '수르야 뿌자'라고 더 많이 알려져 있는데 이는 곧 태양 숭배란 뜻이다. 이 기간 동안에는 떠오르는 해, 지는 해를 향해 물, 우유, 과일 등을 바치면서 감사드리고 축복을 기원한다. 태양 숭배란 옛 전통의 계승이요, 그 유습이다. 페르시아인들은 태양 숭배 종교인 미트라도 믿었고, 그 영향으로 중세 이란에서는 태양 축제도 있었다.

이에는 중국이나 일본은 물론 우리나라도 예외는 아니었다. 고대 중국의 왕인 천자가 이른 아침에 신하들을 데리고 아침에 동문 밖으로 나가 떠오른 태양을 향해 절을 했다는 기록이 은나라 때의 갑골문자에 보이고 있다 하며, 이러한 아침 의식이 행해지는 특정 장소를 뜻 그대로 '조정朝廷'이라 했다 한다. 그리고 후에 왕이 머물며 정사를 논하는 곳이란 뜻으로 쓰이게 되었다 하며 또 예부터 중국인들은 태양의 붉은색을 신성한 색이라 여겨 귀신이나 액을 막아 주는 색이라 믿었다 한다. 일본의 고대 신화에서는 태양의 신 아마테라스(天照)를 숭배했으며, 그런 숭배의 유습이 해와 그 방사광이 뻗어나 있는 욱일기旭日旗와 히노마루라는 국기인 일장기日章旗에도 전승되어 있다. 우리나라의 경우는 옛 기록에 더러 태양을 신성시 해온 기록은 보이고 있으나, 원래 우리의 문화는 태양의 문화라기보다는 달 중심의 문화였다. 세시풍속에 종교적, 민속적 태양숭배의 흔적은 거의 없다. 있다면 '연오랑세오녀 설화'와 관련 있는, 지금의 영일만인 영일현의 지명설화에 보이는 해맞이 제례의식 정도이다.

그리고 북아메리카의 일부 원주민 사회에서도 태양 숭배의 흔적도 있다. 이른바 '태양춤'이다. 아라파호족, 사이엔족, 오클라라 수우족 사이에서 광범위하게 발전했던 춤이다. 보통 각 부족이 1년에 한 번 7월 초여름에 태양으로부터 영적 에너지와 통찰력을 얻고자 한 춤이었다. 이 춤은 중간 중간에 멈추어 잠깐씩 쉬긴 하지만 며칠 동안 밤낮으로 계속되었다. 이 기간 동안 서약을 수행하거나 어떤 영적 힘을 구하고자 할 때엔 아무것도 먹지 않고 마시지도 않았다. 열광에 빠져 기진맥진한 상태에서 끝이 나는데, 일부 부족 사이에서는 자기를 고문하거나 몸에 상처를 내는 의식을 치르기도 했다.

그런데 아무리 현대가 과학의 시대라지만 그 시대엔 그 시대의 문화가 있다. 지금까지 알아본 각 민족이나 부족들의 태양 숭배나 태양 경외사상을 너무 원시적이라 탓할 처지는 아니다. 그 시대는 그 시대 나름의 문화적 상대주의도 있는 법이고, 또 문화나 문명 발전의 거울쯤으로 생각하며 그것은 인정되어야만 할 것이다.

지금이란 현재의 시점에서 생각해 봐도 태양만큼 위대한 힘을 가진 것은 그 아무것도 없다. 태양이 우리 인간에게 그리고 모든 생명체에게 무한정 에너지를 공짜로 제공해 주고 있다. 늘 위험을 안고 있는 원자력 발전소 대신 태양 에너지로만 살 수 있는 세상이 온다면 핵 발전의 위험성이나 그리고 기타의 공해로부터 그 얼마나 자유로울 수 있겠는가 싶기도 하다. 또 우리의 건강을 별도로 지켜 주지 않은가. 특히 이른 아침 해맞이 체조라든가, 인도의 요가식 운동이 생기와 활기를 북돋아 주는 심신 단련의 좋은 운동이 아닌가. 또 근년에 대대적으로 시작된 포항 호미곶 해맞이 축전을 비롯해 강릉 정동진, 울산 간절곶, 여수 항일함, 해남 땅끝마을, 지리산 천왕봉 등에서 행해지는 새해 첫날 해맞이 행사는 나들이 구경 겸 그야말로 새해를 맞는 새로운 각오를 할 수 있게 하는 태양과의 굳건한 약속의 기회도 되고 있지 않은가.

만세 만세 태양 만만세다. 그래서 "오, 맑은 햇빛 너 참 아름답구나."로 시작되는 이태리 가곡 〈오 솔레 미오〉(오, 나의 태양이여)도 흥얼거려 본다.

별나라에로의 산보散步

밤하늘의 별을 쳐다보면 누구나 시인이 된다. 누구나 동화작가도 된다. 그래서 수많은 전설과 수많은 신화가 태어났는지도 모른다. 머리를 하늘로 두고 있는 인간들이기에 그것은 상상력의 원천이 되고 동화의 나라가 된다.

모래알처럼 흩어져 있는 이 별은 현재 별자리 수만 해도 88개나 된다고 하며, 육안으로 확인된 별의 개수도 약 5,000개가 된다 하니 실질적인 그 숫자 세기는 무한대요, 무한정이다.

이 무한대의 별이야말로 천구天球의 하느님이 우리 인간들에게 선물한 하늘의 꽃밭이요, 보석이며, 다이야몬드며, 또 다르게는 하나님의 장기판이요, 바둑판이다. 달이 밤하늘의 램프라면, 별은 마치 크리스마스 트리의 장식용 알전구처럼 반짝거린다.

나는 유소년 시절, 시골에서 자랐다. 여름밤 또래의 베잠방이 꼬마친구들과 풀밭에 드러누워 과연 '나의 별'은 어디에 숨어 있을까 실없는 상상도 하며 혹시라도 별똥이 떨어지는 광경을 보는 밤이면, 하도 신기해서 큰 소리로 '저~기 별이 똥 싼다.'고 짓궂게 소리소리 질러도 보며, 그 똥이 과연 어디에 떨어질까 하고 뜬금 없는 상상의 날개도 달아 보았다. 또 전광석화처럼 떨어져 내리는 순간, 소원을 말하면 이루어진다는 말도 들었기에 철없는 말도 구시렁거려 보았다.

사실은 '별똥별'이란 이 말이 우리나라 고유의 말이란 것을 안 것은 한참 세월이 지난 뒤였다. 한문으로 유성流星이며, 영어로 Shooting Star 또는 Falling Star인데, 왜 '별똥별'이 되었는지 그 이유도 짐작은 갔다. 지난날 농경사회에서 노상 보고 접할 수 있었던 것이 바로 똥이었기에 '아는 것만큼 보인다.'는 말이 있듯, 곧바로 똥이 연상되어 '별똥별'이 되었구나, 라고 해석하며 혼자서 깨달음의 즐거움도 느껴 보았다. 그 연장선에서 잇똥, 귓똥, 불똥도 생각하며 무슨 대단한 국어학자라도 된 양 쾌재도 불렀다.

또 사람의 수명과 길흉화복을 관장하고 있다는 북두칠성과 칠월 칠석이면 견우와 직녀가 은하수 위에 놓인 오작교에서 1년에 한 번씩 애타게 만난다는 이야기도 익히 들으며 자랐다. 철없는 어린 시절이라 노상 잠에 취해 있지는 못했지만, 할머니가 새벽이면 장독대 위에다 정화수 떠놓고 칠성님께 공 빈다는 이야기를 어머니를 통해 들으며 그것이 곧 부모의 마음이란 걸 어렴풋이 짐작도 했다. 그 얼마나 아름답고 갸륵하고 정겨운 광경인가. 비록 시대 차이야 있지만 요즘으로 보면 그것이 곧 교회의 새벽기도와 다를 바 없지 않는가. 아니 자식들의 장래를 그저 돈으로 때우고 돈이면 다 된다는 이 물신시대에서 보면 그 얼마나 고귀하고 고귀해 보이는가. 그러기에 훗날 6 · 25 전쟁 중에 나온 유호 작사 신세영 노래 〈전선야곡〉을 군대생활 중에, 또는 제대 후에 부를 때면, 2절쯤에 "정안수 떠놓고서 이 아들의 공 비는/ 어머님의 흰머리가 눈부시어 울었소~." 부분에서 나도 모르게 가슴이 뭉클해지는 경험을 많이도 해보았다. 또 이보다 앞서 여름철 소 먹이러 다니면서 혹시라도 칠월칠석에 비가 뿌리면 이별이 서러워 내리는 눈물이라 들었기에 철모르는 소년이었지만 안타까운 마음도 살짝 품어도 보았다.

그리고 더 커서 중고교의 청소년 시절에 늘 듣고 자랐던 별이나 별자리라면, 바로 북극성, 십자성, 샛별, 노인성, 사조성 등이다. 북극성은 거의 자리 이동이 없는 붙박이별로 비교적 밝은 별로서 나침반이 없던 옛 시절부터 항해자나 또는 먼 길을 떠나는 나그네의 길잡이가 된다는 사실을 알고 인간 지혜에 감탄도 했다. 중학시절 방학 때 고향에 돌아가 밤시간이면 그 별을 일부러 찾아내 별별 상상도 해보았다. 십자성은 말 그대로 별 4개 +자 모양의 별인데 이역 땅 보르네오에서 고향과 어머니를 그리워 하는 노래 〈고향만리〉를 통해서 알게 되었다. 이 노래는 1948년도에 현인이 불렀던 노래다. "남쪽 나라 십자성은 어머님 얼굴~."로 시작되는 노래라 1950년대 하숙방에서 고향의 어머니가 생각나면 간혹 흥얼거려 본 노래다. 나중에 안 사실이지만 남십자성만 있는 것이 아니라 이에 대비되는 북십자성이 있는 것도 알게 되었다.

샛별은 고등학교 시절 옛시조를 공부하며 알게 되었다. 부지런히

일하는 즐거움을 읊은 것인데 "샛별 지자 종달이 떴다/ 호미 메고 사립 나니~."로 시작하는 이 시조에서 이 별이 곧 금성이란 것을 처음 알았다. 이 금성은 지구에서 볼 때 해, 달, 그 다음 세 번째 밝은 별로 새벽 동녘에 뜨고 한문으로 계명성啓明星이라 부르는 것도 알게 되었다. 이 별이 저녁 서쪽에 가 있으면 농삿일을 마치고 집으로 돌아와 개에게 밥을 주며 바라볼 수 있기에 개밥바라기별 또는 한문으로 태백성太白星이라 하는 사실은 세월이 한참 지난 뒤에 알았다. 노인성과 사조성에 관한 이야기는 여름철 마을의 노인들이 정자나무 밑에 모여 앉아 나누는 이야기를 엿듣고 알았다. 눈에 드물게 띄는 노인성은 보기만 해도 무병장수한다고도 했고, 사조성이란 북두칠성 뒤에 가려져 있어 죽음의 순간에만 간혹 볼 수 있는 전설의 별이라 했다. 속으로 죽을 날이 가까운 노인들이라 역시 장수타령이나 죽음타령을 하는구나도 싶었는데, 이제 보니 어느새 내 나이도 내일 모래면 팔순이 된다 싶으니 참 세월이 속절없다 싶다.

대학시절에는 문학 청년으로서 그리스 로마 신화를 공부하면서 지금껏 내가 아는 별이나 별자리와는 아주 판이한 이름들을 접하게 되었다. 작은 곰, 큰 곰, 전갈, 사자, 황소, 양, 염소, 기린, 여우, 독수리, 백조, 용, 뱀, 도마뱀, 고래 등등의 별자리를 알면서 극히 예외인 일부를 제외하고 하늘은 온통 동물원인 양 느껴졌고, 또 한편 오리온자리와 거문고자리의 이야기를 읽으면서 애절한 사랑담에 심취했고, 페르세우스자리와 안드로메다자리의 이야기를 읽으면서는 그 용감한 무용담에도 가슴 뛰었다. 나도 한번이라도 그런 사랑담이나 무용담의 주인공이 되어 봤으면 하는 몽상도 해봤다.

오리온자리의 오리온은 거인 사냥꾼으로 달의 여신 아르테미스를 사랑하다 그것이 화가 되어 죽임을 당하여 비록 그 자리의 별이 되긴 했지만 그 얼마나 비극적 황홀의 낭만인가. 거문고자리의 오르페우스는 음악의 신이 아니던가. 사랑하는 아내가 죽자 아내를 오매불망 잊지 못해 찾으려 저승으로 가 그의 신묘한 하프 연주 솜씨 덕의 보상으로 아내를 데리고 나오다가, 저승을 벗어날 때까지는 절대 뒤를 돌아보지 말라는 약속을 어긴 탓에 영원히 아내를 잃고 그 슬픔으로 죽자 그 하프가 하늘로 올라가 거문고 자리가 되지 않았던가. 슬프고도 슬픈 사랑의 애화요, 애사다. 페르세우스자리의 페르세우스와 안드로메다자리의 안드로메다는 원래 남편과 아내 사이다. 천마 페가수스를 타고 다니는 영웅 페르세우스는 위기에 처해 있는 에티오피아의 공주 안드로메다의 미모에 혹해 그녀를 구출해내 결혼하게 되었다는 무용담이 아니던가.

그리고 제우스는 아무리 전지전능한 신들의 제왕이라 할지라도 바람둥이란 생각도 해봤다. 사나이로서 양념 같은 바람기가 아니라 습관적 중독이란 생각도 들었다. 그런 예가 바로 황소자리와 백조자리 이야기다. 하얀 소로 변신한 제우스가 아내 헤라 몰래 페니키아의 공주 에우로파를 유혹하여 아내로 맞이했다는 황소자리 이야기와 또 백조로 변신해서는 아름다운 스파르타의 왕비 레다를 유혹해 역시 아내로 삼았다는 백조자리 이야기가 그 전형적인 이야기였다.

별들은 참 아름답다. 인간들에게 무한한 상상력을 키워주었고 지구의 새로운 미지의 세계를 발견하고자 한 그 한계의 끝에 우주로 향할 수 있는 원동력이었고 목표물이었다. 그리고 신성하고 위대해 보인다. 그러기에 각 나라마다 그 뜻하는 의미나 상징성이 물론 차이야 있지만, 나라별 국기를 보면 무려 67개국 국기에 별이 들어가 있으며, 무려 269개의 크고 작은 별을 따다 심어놓아 반짝거리고 있지 않는가. 만약 그 국기들을 큰 운동장에 모아 한꺼번에 펼쳐놓으면 흡사 하늘의 별밭을 떼어다 심어놓은 격이 아니겠는가. 각 국가별 평균으로 보면 4개의 별이지만, 그중에서도 연방의 주를 상징하는 50개의 미국 국기가 별 많기로는 단연 톱이다. 그 다음이 22개 주와 연방의 별을 합쳐 23개인 브라질 국기다. 그리고 국기의 대부분의 별이 흰 별인데 유별나게도 공산사회 건설을 상징한다는 붉은 별이 들어가 있는 나라는 중국, 러시아, 베트남, 북한 등이라 그 이념의 상징을 바로 국기에서도 읽을 수 있다. 그리고 국가의 지리적 특징으로 붉은 별의 뉴질랜드, 흰 별의 솔로몬제도, 사모아, 오스트레일리아, 파푸아뉴기니 등은 남십자성에서 따왔다.

그뿐만 아니라, 높고 권위가 있다는 의미에서 장군의 별도 어느 나라건 별이며, 각계 각층에서 뛰어난 사람도 '스타'라고 부르며, 악세서리도 별 디자인 장식품이 각광받고도 있다.

별들은 참 신비하다. 신비하기에 그 주술력을 믿는 점성술도 태어났다. 현대 천문학의 모태다. 고대 바빌로니아에서 시작된 이 원시 천문학이 이집트, 인도 그리고 "별을 보고 점을 치는 페르시아 왕자~."란 우리나라 유행가 노랫말에도 나오듯 페르시아와 중동지역 등지로 확산되어 나갔다. 별을 보고 아기 예수의 탄생을 알리기 위해 지금의 아라비아 아니면 당시의 페르시아쯤 되는 동방에서 왔다는 신약, 마태복음의 그 동방박사들도 결국 알고 보면 당시의 점성술사다. 중국이나 우리나라도 예외는 아니었다. 황제들이나 왕에게 천재지변이나 전쟁, 왕국의 안위를 예측하고 예언하는 그들을 각 나라마다 일찍부터 고용했다. 요샛말로 하면 그들이 곧 천문지리박사다.

별은 참 유용하다. 노자가 물의 7가지 덕을 말했듯 그 흉내를 내보면 서너 가지는 된다.

첫째, 나침반이 없었던 고대인들에게 망망대해에서는 나침반이 된 것은 말할 것도 없다. 그후 약 천 년 전, 북대서양을 건너 최초로 아메리카 대륙에 상륙한 바이킹족, 그리고 인류 최초로 세계일주를 한 마젤란, 최초의 북극 탐험을 한 노르웨이의 난센이나 영국의 윌리엄 패리, 최초의 남극 탐험을 한 노르웨이의 아문센도 나침반이나 해도가 있었다 할지라도 별자리의 안내는 크게 받았을 것이다.

둘째, 지금은 애니미즘의 정령숭배라고 비웃을지 모르지만 지난날 우리 조상들은 북두칠성이나 그 남쪽에 있는 세 쌍의 별 삼태성三台星에게 공을 빌고 소원도 빌며 답답한 심정을 하소하며 풀기도 했으니, 그 결과의 영험이야 따질 일이 아니라 일단은 마치 문진問診의 말없는 정신과 의사 역할을 똑똑히 한 것만은 사실이다. 또 옛날 민담이나 고소설에서 더러 나오듯 혹시 자식이 귀해 빌고 빌어 점지 받은 아기가 등이나 팔뚝에 박힌 점이 북두칠성이나 삼태성을 닮았다면, 앞으로 무병장수에다 장수나 정승이 될 재목감이라며 희희낙락도 했다.

셋째, 예나 지금이나 감정이입의 대상물이 되어 웃고 울고 화내 보는 거울로도 삼았고, 또 정서 표출의 등가물로 이용되고 있으며, 밤의 서정적 배경으로도 이용된다. 아이나 어른이나 기분이 좋을 때라면 별이 웃고 있는 것처럼 보일 것이고, 슬플 때라면 눈물을 머금고 있거나 흘리고 있는 것으로, 화가 났을 때라면 씩씩거리며 분통을 터트리고 있다고 보일 것이다. 그 한 예가 방정환의 동요 〈형제별〉이 아니겠는가. "날 저무는 하늘에 별이 삼형제/ 반짝반짝 정답게 지내이더니/ 웬일인지 별 하나 보이지 않고/ 남은 별이 둘이서 눈물 흘린다." 그야말로 기쁨과 슬픔이 동시적으로 교차하고 있는 노래이다.

그리고 달이 고향의 어머님 얼굴의 대체물이 되고 동시에 고향에의 그리움을 표현해 보는 정서적 등가물이 되듯, 별도 역시 그렇다. '하늘과 바람과 별'의 시인이라고도 지칭할 수 있는 순정의 시인 윤동주는 〈별 헤는 밤〉이란 시에서 가을밤 하늘의 별을 헤아려 보며 "별 하나에 쓸쓸함과/ 별 하나에 동경과/ 별 하나에 시와/ 별 하나에 어머니, 어머니"라 불러 보며 자기의 심경을 실어보고 있다.

역시 그가 사숙했던 라이나 마리아 릴케도 〈두이노의 비가悲歌〉 중 제10가歌에서 여러 별에게 그 모양새에 알맞는 이름을 자기 나름으로 붙여주며, 특히 남쪽 하늘에 있는 별자리 하나를 두고 "순결하고 맑게 빛나는 M/ 그것은 어머니(Mutter)를 의미하도다"라고 읊조렸다. 뭐니 해도 별은 어머니에 대한 자유연상이 가장 강한 자력성을 띠고 있음은 동서를 구별할 여지가 없다. 앞에서도 잠깐 언급한 바 있는 유행가 〈고향만리〉에서 남십자성을 바라보며 어머니 얼굴을 떠올려도 보았고, 또 현실생활에서도 그런 예는 너무나 많다. 가령 베트남 전쟁 당시 파월병사의 수기에서 그곳 밤에 잘 볼 수 있는 남십자성을 언급하면서 고향과 어머니의 그리움을 거의 하나같이 적고 있었다는 사실만 봐도 그렇다.

별이 서정적 밤 배경이 된 작품의 경우라면, 프랑스 작가 알퐁스 도데의 명단편 〈별〉을 들지 않을 수 없다. 목동인 주인공이 주인집 딸을 사랑한다는 얼개 속에 밤하늘의 별과 청춘의 낭만적인 서정을 한 폭의 수채화를 그리듯 그려준 작품이 바로 이 작품이다. 그나마 젊은 시절, 마치 내가 주인공이 된 양 감동하며 황홀해 했던 기억을 지금도 잊을 수가 없다.

자, 이젠 산보를 마치기로 하자. 과학이 최고도로 발달되어 가고 있는 지금도 우주의 별들은 신비하고 신기하다. 영원한 불가사의다. 우리의 태양계가 속해 있는 이른바 '우리 은하'의 탐험도 알고 보면, 태평양 한가운데 떠있는 한 점 조각배요, 구우일모九牛一毛인데, 하물며 외계 은하의 탐험은 '은하철도 999'를 타고 우주여행이나 유람을 할 수 있는 시대가 오지 않는 이상, 설사 인류 역사가 끝날 때까지라도 겨우 한강 한바닥에서 모래 한 알 건져올리는 격에 지나지 않지 않겠느냐는 생각도 든다.

어쩌면 우주의 별들은 인간 능력의 한계를 미리 알고 비웃고 있을지도 모른다. 과학의 메시아니즘만 너무 신봉한다면, 언젠가 우리 인류가 성경 속의 바벨탑 비극 같은 또 다른 새로운 슬픈 비극을 맞지나 않을까 싶어 미리 걱정도 된다.

하늘은 인간 상상력 투영의 보고寶庫

밤낮으로 하늘을 이고 사는 우리 인간은 늘 하늘을 쳐다본다. 이 하늘을 두고 중국인들은 천天, 공空, 천공天空, 황천皇天이라 하고, 일본인들은 천天, 공空, 대공大空이라 하고, 우리는 하늘이라 한다. 때때로 천계天界, 천상계天上界, 범계梵界, 범천梵天이라 불리고 있는 이 하늘은 인간이 살고 있는 땅의 거푸집이요, 각가지 자연현상이 연출되는 무대다. 해와 달의 집이요 무수한 별들이 뛰노는 운동장이다. 우선 하늘과 인간과의 관계는 별도로 하고 하늘은 나는 새들에겐 손바닥 운동장이나 비행장이 된다.

보라. 낮하늘과 밤하늘을 한번 보라. 낮하늘에는 해가 대왕이 되어 행차할 때 때때로 무지개, 노을, 구름이 깃발을 들어주고, 밤하늘에는 달이 여왕이 되어 나들이할 때 사뿐히 즈려 밟고 지나가라고 별들이 꽃을 뿌려 꽃밭을 이루어 주고, 은하수가 강 길을 열어준다. 그리하여 이 하늘이 천친무구한 어린이들에게는 가히 꿈의 궁전이 되고 동화의 나라가 된다.

그리고 높고 푸른 하늘의 색깔은 또 그 얼마나 아름다운가. 나는 색 중에 푸른색을 더욱 좋아한다. 그중에서도 하늘의 푸른색을 제일 좋아한다. 그 다음이 소나무의 푸른색이다. 그래서 나의 아호도 청다靑多다. 그러기에 한때는 천자문 첫 머리에 나오는 '천지현황天地玄黃'이란 뜻 구성에 실망도 했다. "하늘은 거무스름하고 땅은 누렇다."라니 정말 마음에 들지 않았다. 뜻 구성의 별도 철학적 풀이는 열외로 하고, 우선 '천지청황天地靑黃'이라면 얼마나 좋았을까. 하늘과 땅이 온통 푸름과 누른 황금빛으로 덮여 있다고 되어 있다면 그 얼마나 싱싱하고 희망적인가.

뭐니해도 하늘은 예부터 어느 부족, 어느 민족에게서건 신성하게 여겨져 경외敬畏나 경천敬天의 대상이며 그 표적이었다. 신화와 전설, 민속적 신앙이나 원시종교 그리고 이른바 고등종교에 있어서 인간의 상상력이 투영되어 있다는 보고가 있다. 초자연적인 절대자가 사는 곳, 천사가 살고, 신선이 살며, 영혼이 살고 있는 곳으로 설정되어 있다. 그리스 신화에는 '찬란한 하늘'이란 뜻의 최고신 제우스가, 로마신화에는 주피터가, 이집트신화에는 천공의 신 누트(NUT)가, 우리의 단군신화에는 환인桓因이, 우리의 민속신앙에는 하늘님이, 힌두교에서는 창조신으로 '둘도 없는 유일자'란 뜻의 브라흐마(브라마/브라흐만)가, 수메르나 바빌로니아 신화에는 하늘의 최고신 아누(ANU)가 각각 살고 있다. 유교나 도교에서는 천제天帝나 옥황상제가, 불교에서는 제석천왕이나 극락정토의 아미타불이, 유대교에서는 하느님 야훼가, 기독교에서는 하나님 여호와(여

호봐)가, 고대 페르시아 조로아스터교에서는 창조신 아후라 마즈다가 각각 거하고 있는 곳이다. 우리의 단군신화를 기초로 한 이른바 민족종교에서는 큰 울타리라는 뜻인 한울님이나 씩씩하고 큰 얼이란 뜻의 한얼님이 각각 사시는 곳이다.

이렇게 이름을 나열해 놓고 보니 참으로 그 이름이 다양하고 다채롭다. 특히 유일신만 신봉하는 종교의 견지에서 보면 그 하느님의 이름이나 호칭은 서로 다르긴 하지만 크게 보아 이칭 동일인이라 봄이 가장 합리적이리라. 본체나 본질은 꼭 같은데 민족마다 종교마다 그들 나름으로 옷을 입히고 화장을 해 그들 나름으로 이름을 부여한 것에 불과할 뿐이라는 것이 곧 나의 생각이다. 만약 이 글을 읽는 어느 누가 그가 태어난 곳이 이곳 한국이 아니고 다른 나라라고 가정해 보자. 분명 그 이름이 달라져 있지 않겠는가. 같은 이치로 보아 상상해 보건대 만약 각 나라 각 종교의 최고신 콘테스트를 한번 열었다고 가정해 보자. 한 사람 한 사람 이름을 호명해서 무대에 세워보자. 결국은 이름만 다를 뿐 동일인이 화장을 달리하고 의상만 다르게 갈아 입고 나온 격이 되지 않겠는가. 그것이 곧 종교의 동일성의 보편적 원리다. 원래 종교의 궁극적 목표는 창조주 하느님을 믿으며 이 세상에서 선행을 쌓고 악행을 멀리하며 악덕을 쌓지 말자는 것이 아닌가. 여기에 각 종교마다 브랜드 이름만 다르고 표장만 달리해 우리 인간에게 최고의 형이상학을 공급해 주는 것이 바로 종교의 본질이요, 본령이다.

아무튼 이런 종교의 신들이 설정되고 투영되어 있는 하늘은 위대하고 신성하며 영성靈性을 지녔다. 그리고 종교인이건 아니건 본능적으로 하늘을 경외하고, 또 때론 두렵게도 생각하며, 더 나아가서는 자기 운명을 좌지우지할 수 있는 존재로 보았던 것이다.

그런 맥락에서 가령 우리의 일상의 언어생활에서 하늘이란 말이 어떻게 침윤되어 있는지도 무척 흥미로운 일이다. 축복을 내리는 하늘일 때는 "하늘은 스스로 돕는 자를 돕는다.", '하늘이 주신 복' '하늘이 내린 능력'이라 했고, 내 힘 밖의 운명이라 싶을 때는 '하늘에 맡기'거나 '하늘의 뜻'으로 여겼다. 징벌을 내리고, 내릴 수 있는 하늘이라는 뜻에서 '하늘이 무섭지 않느냐.' '하늘이 겁도 나지 않느냐.' '하늘이 용서치 않을 것이다.' '하늘이 노하다.' '하늘의 벌'이라고 말해 왔다. 양심의 거울로서 하늘일 때에는 '하늘이 내려다보고 있다.' '하늘에 맹세코'이다. 또 전지全知의 하늘일 때는 '하늘만이 안다.'이고, 답답할 때라면 하늘에 빌고, 심지어 만사가 뜻대로 안 될 때는 '하늘을 원망'도 했다.

그런데 영성과 관련된 이런 하늘만도 아니다. 물리적 공간이란 하늘의 개념이 비유에서 너무나 많이 쓰이고도 있다. 소용없거나 무모한 일을 할 때 '하늘에 침뱉기' '하늘 보고 주먹질하기' '손으로 하늘 가리기' '하늘의 별 따기' '하늘 대고 키재기'가 아니었던가. 그 정도가 매우 크거나 높을 때는 '하늘 높은 줄 모른다.' '하늘에 닿다.' '하늘을 찌른다.' '하늘만큼'이다. 또 요지부동의 확고한 결단이나 결의를 나타낼 때는 '하늘이 두 조각이 나더라도'이고, 최악의 경우에 걸어보는 최상 최선의 희망적 기대는 "하늘이 무너져도 솟아날 구멍은 있다."이다.

이렇게 볼 때 영성의 하늘이 되었건 물리적 하늘이 되었건, 이런 유추 발상의 하늘은 우리 인간생활에 있어서 내 존재의 한계나 감사와 체관을 가르쳐 주는 큰 스승도 되고, 양심의 거울이거나 불가지의 어쩔 수 없는 운명이란 힘도 되며, 조신과 경계 그리고 능력의 한계를 일깨워주거나, 용기와 희망 그리고 자위와 위안을 갖도록 하는 큰 교사도 된다. 그러고 보면 뭐니뭐니 해도 하늘이야말로 인생의 글자 없는 최고 최상, 아니 지고至高의 큰 교과서다. 과연 그 어떤 수신 교과서가 이런 힘을 발휘할 수 있겠는가. 그야말로 '하늘만큼'이다. 감히 말하건대 하늘이야말로 지붕 없는 무비無比 무량無良의 영성 종합대학이요, 교회요, 사원이다.

가끔씩 높고 드넓은 푸른 하늘을 한번씩 쳐다보자. 기쁠 때나 슬플 때나 좌절해 있거나 절망에 빠져 있을 때 하늘의 말에 귀기울여 보자. 그 기쁨이나 슬픔을 같이 나눌 수 있고, 좌절과 절망을 극복하거나 초극할 수 있는 하늘의 마음 길이 열리리라 본다. 때론 생각의 올바른 결정적인 변화나 인생의 올바른 결정적인 전환이란 행운도 영접할 수 있다.

문득 '전환'이란 말이 나오다 보니 지난날 읽었던 톨스토이의 ≪전쟁과 평화≫에서 이와 연관 있는 장면들이 떠오른다. 러시아 귀족 가문 출신으로 이 소설의 가장 주요한 인물 중의 한 사람인 안드레이 볼콘스키 공작의 경우다. 그는 나폴레옹이 러시아를 침공하고자 전쟁을 일으켰을 때 아내가 초산이라 임신 고통을 받자 시골집으로 내려보내고 전선으로 향한다. 애국심이 앞섰다기보다는 오히려 출세의 기회로 삼기 위해서였다. 그는 평소 나폴레옹을 선망하였고, 그를 모방해서라도 언젠가는 그와 같은 명예를 얻고자 했다. 그래서 참전한 체코슬로바키아의 아우스테리츠 전투에서 병사들이 앞다투어 도망을 치지만 장교로서 큰 전공도 세워 영웅이 되어 출세코자 군기를 들고 용감히 적진으로 돌진한다. 순간 그만 총을 맞아 부상을 당하여 쓰러진다. 정신을 차리고 눈을 떠 보는 순간, 마치 살아 있게 한 하늘의 축복인 양 맑고 푸르게 펼쳐진 드높은 하늘이 눈에 들어왔다. 하늘을 바라보며 "어째서 지금까지 저 높은 장엄한 하늘을 내가 볼 수 없었을까? 지금이나마 이 사실을 알게 되어 너무 기쁘다."고 생각해 보는 그는 하늘에 비해 자기가 너무 보잘것없는 인간임을 확인한다. 그리고 출세주의나 영웅주의에 현혹되었던 자기 인생에 대해 새로운 눈을 뜬다. 바로 그런 순간 그가 그렇게도 선망하던 나폴레옹이 드디어 그 앞에 모습을 드러낸다. 그 모습을 본 그는 마상馬上의 나폴레옹도 결국은 영웅이 아니라 단지 전쟁광일뿐 정말 하찮은 한 인간에 불과하다는 생각으로 바뀐다.

비록 소설 속에 나오는 이야기이지만 이 부분은 살아가는 우리 인생의 상징적인 이야기일 수 있다. 무심코 보고 지나가는 하늘이지만 때론 자기 변화나 생각이나 가치관의 또 다른 변화의 선물을 받을 수 있다는 이야기다.

다시 한번 더 말하건대 우리 모두 가끔씩 하늘을 보자. 광대무변한 자연의 순수한 하늘로 마음과 영혼의 세탁도 한번 해보자. 명상도 해보자. 최고의 이성과 지성이 투영되어 있고 거기에 영성이 내재되어 있는 하늘의 형이상학도 음미해 보자. 초와 깃털로 된 날개를 달고 무모하게 하늘의 권위에 도전하다 그만 초가 녹아 바다에 떨어져 죽었다는 그리스 신화 속의 그 이카루스의 비극을, 그리고 또 성경 속 바벨탑의 그 교훈도 겸허히 생각도 해보자. 갈대와 같은 한 인간으로서 하늘의 음성도 들어보자. 나는 지금 설교나 설법을 해보겠다는 마음은 추호도 없고 또 그럴 자격도 없다. '신은 죽었다.' '신은 없다.' '종교는 아편이다.'라는 말이 단지 자기의 생각을 펴기 위한 방법론적 가설이나 수사修辭에 지나지 않는다는 사실을 깨달은 지는 이미 오래다. 우리 모두 보다 더 맑고 푸르게 또 당당히 그리고 마치 윤동주의 시에서 처럼 "하늘을 우러러 한 점 부끄러움 없"는 삶을 살아가도록 노력도 해보자. 그것이 곧 예매해 둔 이른바 천국이나 극락의 입장권도 되지 않겠는가.

비, 비, 비의 데카메론

비는 삼라만상의 건반을 두드려주는 연주자요, 그 소리는 음악이다. 봄비, 가을비, 겨울비가 실내악이라면, 여름비는 교향악이요, 군악이다. 여기에 천둥은 북소리가 되고, 번개는 심벌즈가 된다. 또 비에는 리듬이 있어 마치 춤곡인 양 들려 우리의 대중가요에도 〈비의 블루스〉, 〈비의 탱고〉란 노래도 탄생된 것이다.

물이 증조 할머니요, 수증기가 할머니요, 구름이 어머니라면, 비는 그 딸이다. 또 역순환으로 보면 비는 물의 어머니도 된다. 비는 하늘의 사정射精이요 구름의 분비물이다.

비는 땅으로 보면 스프링클러의 분무다. 링거 주사액이 되고 산천초목의 젖이 된다. 효녀 중 효녀다. 더 나아가 보면, 지상의 먼지나 때를 씻어주는 세탁기요 청소부다. 또 있다. 비 온 뒤 자연의 모습을 더 한층 맑고 청신케 해주는 세안수요 클렌징이다. 비 온 후 하늘을 보라. 그 얼마나 맑은가. 비 온 후 산천초목을 보라. 그 얼마나 생기가 돌고 청신해 보이는가. 실로 효녀 중의 상효녀다.

특히 농경사회의 우리 조상들은 하늘과 비에 늘 의존해 살았기에, 마치 에스키모인들이 항상 접하는 것이 눈이라 그 이름이 많듯이, 비의 이름이 다양하고 많다. 저 멀리로는 우리 민족이 해양민족이나 유목민이 아니었고, 또 근대 산업국가도 아니었기에 오로지 농사에만 전적으로 의존했던 결과이다.

계절별로 내리는 비의 이름은 그렇다 하더라도 그 이름에 정말 어울리는구나 싶은 또 다른 이름들이 재미가 있다. 봄에는 비가 오면 할 일이 많아지므로 일비, 여름에는 비가 오면 낮잠을 자기에 안성맞춤이라 잠비, 가을걷이가 끝나고 비가 오면 떡을 해먹으며 여유롭게 쉴 수도 있어 떡비, 겨울에는 농한기라 술을 마시며 놀기 좋기에 술비가 된다. 빗줄기 모양이나 굵기에 따라 안개비, 는개, 가루비, 꽃비, 이슬비, 실비, 가랑비, 보슬비, 부슬비, 싸락비, 주룩비, 채찍비, 장대비, 작달비, 땅을 다지는 데 쓰이는 달구 같은 쇳덩이처럼 거세게 내리꽂는 달구비, 억수가 있고, 천둥소리와 함께 내리는 우레비도 있다. 내리는 시간이나 기간에 따라 도둑비, 해비, 한참 내리다가 잠시 그친 웃비, 여우비, 소나기, 장맛비가 있다.

특히 여우비에는 내 유소년 시절의 추억이 어리어 있다. 구름 사이로 햇빛이 나는 맑은 날인데도 잠깐 뿌리다 마치 여우가 꼬리를 감추듯 금방 사라지는 이 비를 두고 소 먹이던 시절, 단발머리 또래의 소녀들을 일부러 골려도 줄 겸 '호랑이 장가간다.'고 혼자 아니면 어울려서 고래고래 소리를 내질렀던 추억이다. 그 소년, 그 소녀들은 장가 들고 시집가서 지금 어디에 살고, 어떻게 되었을까.

아니 직접 농사와도 관련 있는 또 다른 이름도 많이 있다. 못자리하기에 알맞은 낙종물, 모낼 무렵 한목에 내린 목비, 모를 다 낼 만큼 흡족한 못비 그리고 모종하기에 알맞는 모종비가 있고, 갈수기에 내리는 단비, 약비, 꿀비도 있다.

아무튼 비는 농사와 직접적이며 결정적인 연관이 있기에 우리 조상들은 비를 기다리며, 비 올 징조를 읽고 날씨점을 쳐보는 지혜를 보이기도 했다. 아침 무지개나 아침 노을을 보거나, 서산에 구름이 걸리거나, 햇무리나 달무리가 나타나거나, 동풍이 불거나 별이 낮게 보이면 비 올 징조라고 좋아들 했다. 제비, 갈매기, 잠자리가 낮게 날거나, 연기가 집 밖으로 잘 빠져나가지 않거나, 갓난애가 칭얼대고 또 소금이 눅눅해지면 이것도 바로 비 올 징조라고 생각했다. 또 청개구리가 울거나 물고기가 물 위로 뛰어 오르거나 연못이나 내에 거품이 많이 일면 역시 그렇게 생각했다. 그리하여 이런 날씨점에 때맞추어 기다리고 기다리던 비가 내리면 단비, 약비, 꿀비, 자우慈雨라고 어깨춤을 쳤다. 그래도 비가 내리지 않으면 애가 타서 비를 내리게 해달라고 기우제祈雨祭도 지냈다.

그런데 이런 비는 문학에 있어서도 자주 그리고 가장 많이 이용되는 자연현상 중의 하나다. 음울이나 불행, 비극의 은유나 상징 아니면 그 은유적 장치나 배경으로 또 추억을 이끌어내 주는 매개물로, 더 나아가면 소설에서는 불행을 예고하는 복선伏線으로도 이용된다. 더 하나 보태보면 '비에 젖은 욕정'이란 말이 있듯 인간의 원시적 욕정도 암시한다.

그런 예를 들어본다. 1950년대의 대표 작가 중의 한 사람이었던 손창섭의 작품에는 비 내리는 장면이 유별히 자주 나온다. 이는 곧 작중인물의 삶의 허무와 절망감을 간접 설명해 주는 상징이었다. 이와 같은 예는 어니스트 헤밍웨이의 ≪무기여 잘 있거라≫에서도 나타난다. 주인공이 애인과 헤어지는 밤, 군대가 후퇴할 때, 그리고 애인 캐더린과 사별하고 병원에서 호텔로 돌아오는 마지막 장면 등에는 늘 비가 내리고 있었다. 말하자면 침통한 분위기나 불행 그리고 비극의 은유요 상징이었다. 소설 속의 복선이라면 현진건의 〈운수 좋은 날〉이 생각난다. 첫 장면에 비가 추적추적 내리고 있는데 결국 끝에 나오는 인력거꾼 김첨지 아내의 죽음을 예고하는 복선이었다. 성적 욕정의 상징적 은유로는 김유정의 〈소나기〉에서 나오는데, 남녀 정사 장면에 맞추어 밖에서는 세차게 비 내리는 장면이 나온다. 외국 작품으로는 서머싯 몸의 〈비〉다. 장편 아닌 중편 정도이지만 전편을 통해 열두 번 비에 대한 언급이 나오는데, 인간의 원시적 욕정을 상징한 비이다. 그리고 추억을 이끌어 내는 매개로서의 비는 시나 소설에서 자주 보이고도 있지만 특히 대중가요에서는 마치 어느 가사에서 나오듯 "조용히 비가 내리면 그 사람 생각이 나네." 식이 작사의 공식 비슷한 불문률이 되어 있다.

비는 이렇게 유용하고 장점만 있는 것이 아니다. 너무나 많은 비가 내려 대수大水나 홍수가 나면 그 어떤 자연현상보다도 극심한 자연재해를 입히는 원흉이 된다. 그런 홍수의 파괴성이나 위력을 일찍부터 경험한 고대 바벨론인의 창조설화인 '에누마 엘리쉬', 수메르인의 홍수설화로 왕 이름을 딴 '길가메시 서사시', 그리고 이와 유사한 구약 창세기의 노아의 홍수 이야기 등등이 탄생된 것이다. 그리고 우리나라에서는 홍수에 관한 지명전설이 다른 전설보다 월등히 많다는 것도 결국 홍수의 위력을 은연중 나타내 준 경우라 본다. 정말 필요할 때와 필요치 않을 때를 가려 비가 와 준다면 오죽이나 좋을까 싶지만 역시 비는 비의 마음이고 하늘의 뜻이라 어쩔 도리가 없는 일이 아닌가 싶다.

물, 물, 물 타령

나는 지금 목이 달라 물타령을 하는 것이 아니다. 물이 사실은 소중하고 귀중한데 마치 공기처럼 흔하고 흔하다 보니 그 소중함을 방기하고 있다 싶어 이 생각 저 생각을 늘어놓아 보자는 뜻이다.

정말 호랑이 담배 피우던 시절이다. 기원전 6세기경, 그리스에 철학자 탈레스라는 사람이 있었다. 그는 처음으로 만물의 근원이 '물'이라 했다. 그 이후 철학자에 따라 어떤 사람은 공기다, 또 어떤 사람은 불이다 라고 설왕설래하다가 이런 일원론을 5세기경에 엠페토클레스라는 사람이 종합하여 '4원소'설을 내놓았다. 물, 불, 공기, 흙이 곧 그 4원소다.

그 후 플라톤과 그 제자 아리스토텔레스도 일단은 이 설을 인정하며 좀 구체적으로 진일보시켰다. 또 그 후로도 이 설은 거의 변함없이 수용되었다. 이는 엄밀한 과학적 진실이 아닌 오류라 할지라도 상상력의 세계에서만은 충분한 진실을 확보하고 있다.

그래서 20세기에 들어와서는 프랑스에서 철학자요, 문예이론가인 가스통 바슐라르 같은 사람도 나타난다. 그는 이런 건조한 물질관에다 이른바 '물질적 상상력'이란 옷을 입혀 혼과 윤활유를 집어넣었다. 그것이 말하자면 '이미지의 4원소론'인데, 그것을 바탕으로 하여 그는 그 정신적, 문학적 문법이랄 수 있는 시학詩學을 창출해 냈다.

그러고 보면 물은 철학적 사유나 문학적 사유의 질료가 된다. 또 모든 생명의 필수 원소이다. 어린애 잠꼬대 같지만 중요하고 중요하다. 화학적으로는 단순히 산소와 수소의 결합물이지만 마법사나 마술사가 따로 없다. 많은 명상가들이 물의 모양, 성질, 속성 등을 두고 생각해 보았고, 인생의 은유나 교훈도 도출해 보았다. 문인들도 역시 마찬가지다. 나도 이 대열에 한번 끼여본다. 후렴구가 되어도 좋고, 남의 이야기를 빌린 것이라도 좋고, 혹시나 물에 관한 신곡 발표와도 같은 부분이라도 끼인다면 더더욱 좋다.

자, 그럼 타령으로 들어보기로 하자. 흙이 온상이라면, 물은 산천초목을 있게 하는 모태요 양수며, 산천초목을 자라게 하는 정액이다. 흙이 몸이요, 살이라면 물은 그 체액이요, 피다.

우리 몸의 3분의 2가 물로 되어 있는 것과 지구의 3분의 2가 물로 되어 있다는 이 우연 같은 사실 앞에 누구나 그 신묘함에 감탄하리라. 다소 폭력적인 아전인수라고 할는지 모르겠지만 지구나 우리 몸이 물을 함유하고 있거나 또 흐르게 하거나 또 내보내는 이치나 구조는 서로 엇비슷하다. 샘과 개천과 호수가 있고 나아가 강과 바다가 있고 또 크게는 지표면에 수분이 있듯, 우리 몸에도 이에 상응하는 모든 것이 거의 비장되어 있다. 머리에는 눈물샘, 콧물샘, 침샘이 있지 않는가. 호수 같은 두 눈의 눈물샘에서는 눈물이 흐르고, 두 골짜기의 콧물샘에서는 계류처럼 콧물이 흐르고, 또 지표의 수분처럼 몸의 땀샘에서 나오는 땀도 있다. 오장육부에서는 바위 틈에서 졸졸 새어나오는 물 같은 분비액이 나오고 있으며, 많은 핏줄에서는 실개천이나 강과 바다처럼 피가 흐르고 있다. 지구와 인체의 이런 유사성의 상응이나 조응을 생각해 보고 있는 나는 지금 무척 즐겁다.

물은 변신의 천재다. 차갑게 하면 얼음으로, 열을 받으면 다시 물이나 수증기가 되고, 이 수증기가 다시 대기 속에서 응결되면, 구름이나 안개 그리고 비, 눈, 우박, 서리, 이슬로 변하여 모태회기처럼 땅으로 내려오는 순환을 거듭한다. 액체에서 고체나 기체로, 고체에서 액체로, 기체에서 액체로 바뀌니 그 이치가 절묘하고 신기도 하다. 때론 기후를 좌지우지하기도 하고 또 그 변화에 나름으로의 역할도 한다.

물은 적응의 명수다. 고여 있거나 흘러드는 장소에 따라 호숫물, 저수지물, 강물, 바닷물, 지하수가 되니 그 삶이 한없이 자유롭다. 공기보다야 못하지만 몸을 두고 있는 곳이 바로 주소지다. 그리고 모든 물의 원적지야 있겠지만 크게 보아 대부분 물의 최종 주소지는 바다가 된다.

땅이 부성이라면, 물은 모성이요 어머니다. 어루만져주고 모든 생물체에 수분이란 젖을 공급한다. 공교로운 현상이 하나 있다. 우리 말 '물'이 M자로 시작하듯 여러 나라의 어머니란 단어가 'M'자로 시작하고 있다는 사실도 신기하다. 라틴어 Mater, 영어 Mother, 독어 Mutter, 불어 Mere 스페인어 Madre 등이 우연의 일치일지는 모르겠지만 아무튼 나는 이 현상에서 물의 모성을 더욱 확인하고 있다. '물'의 'ㅁ'자 시작이 곧 어머니나 엄마에 나오는 'ㅁ'자를 공유하고 있지 않는가.

물은 혈액형으로 보면 O형이다 물과 물은 말할 것 없지만 물과 흙, 물과 공기는 참 궁합이 잘 맞는다. 단, 물과 불은 상극이면서 상생도 한다. 불이 물을 만나면 죽지만, 물이 불의 열을 받으면 수증기가 되니 바로 상생의 조화가 있지 않는가. 그런데 이 4원소 아닌 물질인 기름과는 원천적으로 궁합이 맞지 않아 말그대로 물과 기름과의 관계다.

생각해 보면 이런저런 물의 좋은 성질이나 속성을 일찍 간파한 기원전 6세기경에 살았다는 노자老子가 이른바 '수유칠덕水有七德'을 설파한 일은 참 잘한 일이다. 그 아득한 옛날에 이런 점을 관찰하고 삶의 전범으로 삼으라고 한 그 혜안과 해석력이 놀랍고도 놀랍다. 1) 낮은 곳으로 흐름(겸손) 2) 막히면 돌아감(지혜) 3) 구정물도 받아줌(포용력) 4) 어떤 그릇에도 담김(융통성) 5) 바위도 뚫어내는 끊임없는 노력(인내와 끈기) 6) 폭포처럼 투신하는 자세 (용기) 7) 유유히 흘러 들어 큰 바다를 이룸(큰뜻)이라는 이 물의 교훈이야말로 이 세상의 우리 모두에겐 좌우명이 되고도 남을 일이다.

그렇지만 나는 여기에다 한 가지를 더 보태어 이유식 표 '수유팔

덕水有八德'을 만들고도 싶다. 높고 낮음이 없는 수평의 그 평등성이다.

자, 이제는 타령을 그만 접을까 한다. 대신 거의 같은 시대에 동서양에 살면서 물의 중요성을 최초로 주장한 탈레스 사부님과 물에서 인생론적 교훈을 따온 노자 사부님께 감사하단 마음으로 그 시대의 물맛과 이 시대의 물맛이 어떻게 달라졌는지 묻고도 싶어 물이나 한 잔 올릴까 한다. 거의 각 나라마다 수질오염이 심각해져 마실 물이 부족해 가고 있다고 부랴부랴 '세계 물의 날'을 정해 놓고 있는 오늘이라 과연 무슨 소리, 무슨 말을 들을지가 몹시 궁금도 하다.

바다 이야기 오디세이

지구의 3분지 2가 바다로 둘러싸여 있으니 바다야말로 육지란 태아의 양수요 보호막이며 허리띠다. 바다는 하늘과 땅과 더불어 3형제의 자리에 있다. 그러나 그 성질은 각기 달라 바다는 액체, 땅은 고체, 하늘은 기체로 말하자면 3체의 각기 다른 메뉴가 차려진 하느님의 밥상이다. 바다는 육지 물의 종착역이 되고 시발역이 된다. 천지 사방의 물이 만나 악수하는 광장이 되고 그 광장에서 서로 몸을 섞어 다시 최종 먼 여행을 떠난다.

이런 바다는 크게 보아 육지의 형제 간이긴 하지만 그 깊이에 따라 촌수를 말해 보면, 육지와 바로 가까이 붙어 있는 연안에는 4촌 대륙붕이 있고, 그 경사면에는 6촌 심해가 있으며, 그 다음 가장 깊은 곳에 8촌 해연海淵이 있고 또 그곳의 더 깊은 곳에 온통 검은 의상을 걸친 채 사람들 그 누구의 접근도 허용치 않고 어둠 속에서 시위하듯 위풍당당히 침묵 속에 버티고 서 있는 해구海溝가 있다. 이런 해구가 25~27개가 있다 하는데, 그중 가장 깊은 곳이

태평양 괌 근처 바다 밑에 있는 마리아나 해구다. 9천 미터 가깝다고 자랑하고 있는 그 에베레스트 산도 당장 집어삼키고도 남을 정도라니 놀랄 정도를 넘어 가히 공포감도 든다.

바다는 아무리 형제간일지라도 마치 쌍둥이처럼 육지와 너무 많이 닮았다. 고저가 있고, 평야처럼 평평한 곳도 있고, 등뼈 같은 긴 산맥이 있고 거기에 최고봉의 산이 있으며, 수중 산호섬과 화산도 있고, 육지의 길 같은 해류의 길도 있다. 그리고 육지와 경쟁하듯 물고기는 말할 것도 없지만 육지의 풀인 해조류를 비롯하여 포유류, 파충류, 갑각류, 바닷새 등이 살고 있다. 기화요초의 꽃밭도 있다.

거기엔 조류의 음악이 있다. 흔히 우리는 '깊은 바다처럼 조용하다.' 하지만 한번 성을 내면 걷잡을 수가 없다. 남서부 태평양의 태풍, 서부 대서양의 허리케인, 인도양의 사이클론이 불어와 부채를 한번 부치면 자연 앞에 거만을 떨던 인간들도 당장 숨을 죽인다.

바다는 깊이 경쟁은 있으나 높이 경쟁은 없다. 오대양 그 어디를 보아도 평평해 이른바 평등사회의 원형이다. 물론 바다에도 생존을 위한 최소의 약육강식은 있지만 인간사회에서 처럼 그런 살벌한 경쟁은 없다. 여성으로 의인화되어 있듯 얌전하고 평화롭다.

바다는 수많은 신화와 전설이 잉태된 고장이요 고향이다. 그래서 인류 최초의 대서사시 전후편인 〈일리아드〉와 〈오디세이〉가 바다를 배경으로 하여 탄생도 되었다. 대학시절 밤새워 가며 〈일리아드〉를 읽으며 트로이 대 그리스 사이의 전쟁도 결국은 여자 하나 때문에 벌어진 일이라 싶어 여자란 때론 남성에게 요물도 된다는 사실을 처음 알았다. 〈일리아드〉는 한마디로 납치 당해간 여자 찾아오기 전쟁이 아니던가. 스파르타의 왕 메네라우스는 절세의 미인 헬레네를 아내로 두고 있었다. 어느 날 바다 건너 트로이 왕자 파리스가 방문했다가 그만 그의 미색에 홀랑 빠져 왕이 사냥을 나간 틈을 이용해 자기 나라로 납치해 갔고 결국 그것이 화근이 되어 두 나라 사이에 전쟁이 났으니 '여자 찾아오기' 전쟁이 아니고 무엇이겠는가. 또 '아킬레스 발꿈치'(Heel of Achilles)란 말의 유래도 알게 되었다. 그리스 연합군의 영웅 아킬레스는 그의 몸 중 발꿈치를 제외하고는 불사신이었다. 이 비밀을 알아낸 트로이의 왕자가 성 안에서 성 밖에서 시위를 하던 아킬레스의 발꿈치를 겨냥해 죽였는데, 이에 '아킬레스의 발꿈치'란 말에서 '최대의 유일한 약점'이란 말이 나온 것이다. 또 전쟁의 승리에는 반드시 지략가가 있어야 한다는 것을 ≪삼국지≫를 읽고 이미 알고 있었지만 그리스 속국의 왕으로 그리스 연합군에 참전한 이타카 섬의 왕 오디세우스의 거대한 목마 작전을 읽으며 그 지혜에 감탄도 했다. 10여 년간 난공불락의 트로이 성도 이 작전으로 무너져내리고 마는 것을 보며 ≪삼국지≫ 적벽대전에 나오는 '때마침 동남풍'을 이용한 화공火攻작전을 연상도 해봤다.

그리고 바다 위 10년간 표류하고 유랑하는 영웅 오디세우스의 귀향편인 〈오디세이〉는 그 뜻이 '긴 방랑'인데 여기서 '페네로프의 직물(Penelop' Web)'이란 말의 유래도 알게 되었다. 페네로프는 오디세우스의 아내요 왕비다. 전쟁터에 간 남편을 끝까지 기다린 정숙한 아내로서 열부다. 남편을 기다리는 동안 많은 구혼자가 나타나 온갖 말로 회유한다. 그러나 오로지 남편이 돌아오기만을 기다리는 일념뿐이라 외부적으로 어떤 핑계나 구실이 필요해 시아버지의 수의를 다 짜게 되면 결혼하겠다는 구실을 댔다. 낮에는 베를 짜고 밤만 되면 도로 풀어버린 일을 반복했는데 여기서 '끊임없이 일은 하지만 어떤 뚜렷한 결과가 없다.'는 말이 되었다는 것을 알고는 한 문학 청년의 지식 축적에 또 하나의 도움이 되었다고 기뻐했던 일이 바로 엊그제 같다.

이것만이 아니다. 명색이 영문과 학생이라 이른바 바다소설이랄 수 있는 스위프트의 ≪걸리버 여행기≫, 헤밍웨이의 ≪노인과 바다≫, 허만 멜빌의 ≪백경≫을 읽고 많은 것을 느껴도 보았다. ≪걸리버 여행기≫를 통해서는 판타지 소설의 진면목을 보았고, ≪노인과 바다≫를 통해서는 추상적으로 보아 인생의 모든 노력이 결국은 이렇다 할 큰 실익은 없지만 삶의 본능에 충실하며 그 어떤 난관도 극복하는 한 노인의 강인한 불패정신의 현주소를 알게 되었다. 흰고래 ≪모비딕≫을 통해서는 그 고래에게 한쪽 다리를 잃은 에이하브 선장의 복수심의 화신 같은 그 집념을 확인할 수 있었다.

아니 또 있다. 어렸을 때 할머니 무릎을 베고 누워 ≪심청전≫도 들었다. 어린 나이에 효녀가 무엇인지를 생각하면서 소르르 잠들면서 바다를 보지 못한 산골의 소년으로서 용궁 꿈도 꾸어보았다. 그후 나이가 들어 고전소설을 읽으며 다시 ≪심청전≫을 만났다.

주인공 '심청'이란 작명이 참 근사하다 싶었다. '갈라앉을 심沈'에다 '맑을 청淸'이니 그 얼마나 작품 배경이나 내용과 딱 어울리는가 싶어 그 이야기를 지어낸 분의 작명 머리에 감탄도 했다. 또 그런 생각이 계기가 되어 다른 고전소설의 경우도 생각해 보았다. ≪홍부전≫의 홍부는 그 내용대로 끝에 가서는 홍하는 사람이 되고 또 고전소설의 바람쟁이 중에는 공교롭게 이씨조선 시대라서 그런지 가령 이도령, 이춘풍처럼 이씨 성을 가진 사람들이 의외로 많이 나오고 반대로 좀 악하거나 고약한 사람 중에는 변학도, 변강쇠처럼 변卞씨가 제법 있다는 것을 두루 살펴본 계기도 되었다. 또 중학교 시절에는 ≪아라비안 나이트≫에 나오는 뱃사공 신드밧드의 모험을 읽으며 무한한 바다의 환상적 상상력도 키워 보았다.

그리고 역사적으로 보면 바다를 잘 이용한 해양민족이 한때나마 바다를 누비며 세계를 제패한 적도 있다. 먼저 바이킹족이 떠오른다. 덴마크, 노르웨이, 스웨덴 등 스칸디나비아지역의 이 부족은 8세기 말에서 11세기 초에 걸쳐 이른바 해양 노마드인으로서 선수와 선미에 용 조각을 단 이름하여 '드래곤 보트'를 타고 유럽, 러시아 등을 누비며 사람들의 간담을 서늘하게 해주었다. 그리고 신대륙의 발견은 콜럼버스라고 하지만 사실은 놀랍게도 이 바이킹이 500년 앞서 있다. 약 천 년 전에 캐나다 래브라도 반도에 가장 먼저 도착했고, 그 다음 얼마 지나 곧 캐나다의 뉴파운드랜드에 도착하지만 2, 3년 생활은 했지만 영구 정착은 않고 돌아가버렸다. 이런 바이킹 이후는 에스파냐, 포루투갈 그리고 대영제국이 바다를 자기

집 안방 처럼 마음껏 누볐다.

바다는 말이 없다. 바다에 의존해 살아오며 목숨을 잃은 무수한 혼령들을 조류의 노래가 위령곡인 양 들리고, 철썩이는 파도가 위령제의 북소리나 징소리로 대신 하는 듯싶을 뿐이다. 그리고 바다 위에 새겨진 정복자들의 이야기는 흔적도 없는 대신 종이책에서나 남아 있구나 싶다. 우리 인류가 바라는 것은 오로지 하늘에도 평화, 땅에도 평화, 바다에도 영원한 평화가 깃들기를 바랄 뿐이다. 문득 왕년의 유행가 가사가 떠오른다. "파도여 슬퍼 말아라 파도여 춤을 추어라/ 끝없는 몸부림에 파도여 파도여 서러워 마라."

땅, 땅, 땅에 얽힌 여러 이야기들

땅, 땅, 땅이라고 하고 보니 얼핏 어떤 독자들은 이 무슨 총소리냐고 할 것도 같다. 아니다. 우리가 매일 딛고 다니는 땅에 관한, 땅에 얽힌 이야기를 그야말로 땅, 땅 치듯 소리 한번 내보자는 뜻이다.

땅은 인간을 포함해 모든 생명체의 위대한 어머니다. 하늘이 형이상학이라면, 땅은 형이하학이다. 인간은 마치 나무가 하늘을 향해 가지는 뻗고 땅에 뿌리를 내리고 살듯, 하늘에다 머리를 두고 가끔씩 올려다보기도 하고, 땅을 딛고 살며 땅을 내려본다. 땅은 모든 생명의 자궁이요 요람이며 온상이다. 땅이 몸이요 몸의 피부라면, 흙은 속살이요 수분 저장고다.

그래서 인류 최초의 4대 문명이란 것도 사실은 강을 끼고 땅에서 태어난 땅의 문명이다. 익히 아다시피 티그리스와 유프라테스의 두 강을 끼고 발달했기에 '두 강 사이'란 뜻의 그 유역의 메소포타미아 문명, 중국 황하강 중하류지역의 황하문명, 인더스강 유역의 인더

스문명, 나일강 하류의 이집트문명이 아니었던가. 곧 바로 이들 문명 발달의 기본 조건이 비옥한 땅이 아니던가. 농경문화의 최초의 승리요 최초의 문명들이다. 수천 년을 내려온 이런 농경문화가 이른바 산업혁명 이후 석탄문명, 공업화 시대의 석유문명과 전기문명, 그 다음 지금의 지식정보사회의 전자문명시대로 가속적으로 바뀌어 왔다.

그러나 옛날이나 지금도 인간의 땅의 소유욕이나 집착은 큰 변화가 없다. 개인도 그렇고 지배자들은 말할 것도 없었다. 국토분쟁이란 것도 알고 보면 다 이 땅의 소유욕 때문이다. 정복자들의 영토확장은 말할 것 없고 이른바 식민지 정책이란 것도 다 땅의 소유와 지배욕 때문이 아닌가. 봉건사회의 영주들도 결국은 땅의 소유자요 땅부자이며, 지난날 우리나라에서 공신 등에 내려 어느 한 고을의 조세를 개인이 받아서 쓰게 한 '식읍食邑'이란 제도도 땅의 소유와 권리를 부여했던 관행이었고, 근대사회의 지주계급이란 것도 땅부자를 지칭하는 말이 아닌가.

그런데 뭐니 뭐니 해도 인류사회의 가장 큰 비극은 전쟁이다. 종교전쟁, 경제전쟁이란 말이 있긴 하지만 대부분의 전쟁은 땅따먹기다. 그중 가장 많은 땅을 따먹은 나라를 우리는 제국이라 부르고 있다. 이런 제국은 고대에서부터 현대에 이르기까지 인류 역사상 30여 개가 넘는다. 그 얼마나 많은 전쟁이 있었으며 그 얼마나 많은 희생과 비극을 치렀겠는가. 이것이 곧 땅이 갖는 양면성이다. 땅이 삶의 터전은 되지만 분쟁이나 전쟁을 유발시키는 원인 제공이 되고 있다. 인류의 역사는 온통 이 땅따먹기의 왕초들로 말미암아 전쟁으로 점철되어 있다. 우리의 역사만 해도 그렇다. 수나라의 침입, 삼국정립시대의 싸움, 후삼국의 싸움, 몽고의 침입, 청나라의 침입, 일본의 침입, 6·25에 이르기까지 가히 전쟁의 역사였다.

나는 지금 인간이 갖고 있는 이 땅따먹기 욕심의 한 아이러니를 생각해 보고 있다. 누구나 빈손으로 태어났다가 죽으면 두세 평 땅에 묻히는데 그 많은 제국의 땅을 소유했던 알렉산더와 칭기즈칸의 죽음을 떠올려본다. 알렉산더는 33세에 12년간 정복전쟁에 나서 거의 외지로만 다니다가 아라비아 정복 계획을 세우고 있던 중에 그만 병으로 생을 마감한다. 그곳이 바로 고향땅이나 모국의 땅이 아닌 바빌론이다. 칭기즈칸도 마찬가지다. 지금의 중국 북부 지역에 있었던 서하西夏왕국을 정복하러 갔다가 죽었다. 두 사람 다 땅 욕심이 욕심을 불러 역마살로 편안하고 평안한 모국땅에서 죽지 못하고 객사하고 말았지 않은가. 한 개인으로는 제국 건설이 영광일는지 모르겠지만 피정복인들에게는 얼마나 불행한 일이며 또 한 개인으로 보아서도 쓸쓸한 일이 아닐 수 없다.

또 하나 생각나는 일이 있다. 수천 년을 조상 대대로 이어 받아 살아왔던 땅을 신대륙으로 건너온 유럽인들에게 결국은 고스란히 빼앗긴 북미 아메리카 원주민의 경우다. 같은 아메리카 원주민이지만 멕시코, 과테말라, 유카탄 반도 등지의 마야인들은 그 옛날 왕국을 세워 찬란한 마야문명을 누렸고, 그후의 아즈텍인들도 비록 에스파냐의 코르테스 군대에게 망하긴 했지만 단명이나마 왕국은 이루고 살았으며, 페루의 잉카인들도 역시 에스파냐의 피사로 군대에게 망하긴 했으나 오래도록 왕국을 이루어 잉카문명을 누리고 살았다.

그런데 오로지 북미 원주민들만은 예외적으로 유사 이래로 왕국의 형태도 없이 추장이 이끄는 부족 공동체로만 살았다. 어쩌면 그들은 교활하고 이기심 많고 물욕에 눈이 어두웠던 백인들에 비해 가장 선량하게 산 사람들이다. 자연의 순리에 맞추어 자연의 일부로서 서로 나누어 주고받아 가며 절대 과다한 욕심을 부리지 않고 공동체 생활을 한 사람들이다. 순수히 하늘의 위대한 정령 '와칸탕카'를 믿고 땅과 대지를 신성한 어머니나 어머니 품으로 생각하며 그들의 땅에는 그 어떤 소유개념의 경계 표시나 그 어떤 줄도 쳐놓지 않았다. 백인들이 만든 영화나 또 그들이 쓴 책에서 그들을 악독한 사람들로 묘사한 것은 오로지 백인 우월주의에서 나온 것에 불과하다. 회의도 원형으로 둘러 앉아 민주적으로 했기에 백인들이 뒤에 미합중국 헌법을 만들 때 참고도 했다.

그리고 그들처럼 자연친화적인 삶을 살았던 종족도 없다. 가령 사람 이름만 보아도 또 달력의 월별 이름만 보아도 그렇다. 무슨 거창한 뜻의 이름들이 아니라 대개 자연에서 따왔다. 그 뜻을 보면 '붉은구름' '푸른 천둥' '검은 달' '서 있는 바위' '차는 곰' '앉은 소' '짤막소' '미친 말' '흰말' '외로운 늑대' '까마귀발' '느린 거북' '큰 나무' '작은 버드나무' '오솔길' 등등으로 되어 있다. 달력도 1월, 2월이 아니라 각 부족이 처한 자연환경이나 자연의 순리 그리고 계절의 조건에서 따와 불렀다. 가령 봄, 여름, 가을, 겨울에 해당하는 달을 보면, 3월을 '마음을 움직이게 하는 달'(체로키족), '개구리의 달'(오마하족), '바람이 속삭이는 달'(호피족), 7월을 '사슴이 뿔을 가는 달'(카이오와족), '산딸기 익는 달'(수우족), '옥수수 익는 달'(체로키족), 10월을 '시냇물이 얼어붙는 달'(샤이엔족), '양식을 갈무리하는 달'(아파치족), '잎이 떨어지는 달'(수우족), '큰 밤 따는 달'(크리크족), 12월을 '늑대가 달리는 달'(샤이엔족), '칠면조 잔치 벌이는 달'(포타와토미족), '첫 눈발이 땅에 닿는 달'(체로키족) 등으로 되어 있다.

그런데 그만 이런 순수한 종족들이 1492년에 콜럼버스가 이 땅을 발견한 이후 유럽의 백인들이 총을 들고 속속 들이닥쳐 대격변이 일어났다. 그간 크고 작은 전투에서 수없는 인디언이 죽어갔다. 드디어 인디언 이주법이 1830년부터 시행되자 체로키족을 비롯한 여러 부족이 정든 고향땅을 등진 채 강제로 오클라호마로 도보 이주길에 오른다. 너무나 먼 이주길이라 '눈물의 길(TRAIL OF TEARS)'이라 불릴 정도로 배고픔과 병으로 수없는 사람들이 죽어갔고 또 산 사람은 산 사람대로 죽을 고생을 했다. 그리고 1948년에서 55년까지 약 7년간 캘리포니아 에서 금광이 속속 발견되자 이 소식을 듣고 국내외 백인들이 이른바 '골드 러시(Gold Rush)'를 이루어 구름떼 처럼 몰려들었고 또 얼마 지나 그 여세로 1860년부터 서부개척시대가 열리자 곳곳에서 인디언들은 애꿎게도 생활 터전에서 내몰림을 당하고 죽어도 갔다. 그런 여파로 1866년에는 이른바 인디언보호구역이 설정되어 강제 이주도 있었다. 또 설상가상으로 1874년부터 1881년에 걸쳐 장장 7년간 미합중국 육군이 합법을 내세운 인디언과의 전쟁에서 대학살도 당했다.

이런 불안과 비극의 시기에 뜻밖에도 한 구세주도 나타난다. 그가 바로 파이우트족 출신의 워보카였다. 그는 원래 자기 부족 중에서 이름난 주술사였다. 1889년 어느 날 하느님의 환상을 보며 계시를 받아 인디언 전통의 삶의 방식에 기독교 교리를 결합시켜 신흥종교를 만든다. 그는 2년 안에 죽은 조상들의 영혼이 다시 살아날 수 있게 하고, 백인들에 의해 거의 멸종되다시피한 수우족의 주 생활원인 들소 떼들을 대평원에 다시 들어차게 하려면 '망령의 춤(GHOST DANCE)'을 추어야 한다고 그들의 지역에서 신들린 사람처럼 설파했다. 이미 수많은 전투에서 부족들이 죽어갔고 설상가상으로 백인들에 의해 수우족의 땅이 조각 조각 나 있어 이렇다 할 삶의 희망도 보이지 않던 차에 그것은 문자 그대로 하늘의 복음이었다. 더욱이 호전적인 그들인지라 새 시대를 맞이할 수 있다는 이런 믿음이 백인에 대한 최후의 복수도 되리라 생각하여 열광했다. 이렇게 하여 곧 수우족뿐만 아니라 서부의 여러 부족사회로 비록 짧고 짧은 기간이었지만 요원의 불길처럼 번져나간 일도 일어났다. 문득 시대도 비슷하고 또 착취당하고 있는 민초들에게 유불선을 결합해 삶의 용기와 희망을 불어넣어 주었던 우리의 동학운동과 비슷하단 생각도 든다.

드디어 1890년에 인디언 멸망사의 마지막 페이지를 피로 물들인 그 악명 높은 '운디드 니(Wounded Knee)의 학살사건' 으로 수백 년간 지속되어온 원주민 인디언과 백인들의 전쟁은 끝난다. 운디드 니는 사우스다코다 주의 남서부 운디드니 강가 언덕 이름이다. 여기서 12월 말에 수우족 350명이 야영을 하고 있었는데 어떤 조그마한 일이 빌미가 되어 남녀, 어린이 300여 명이 거의 몰살되다 싶은 일이 일어났던 것이다.

그리고 그후 1세기가 훨씬 지난 지금, 그들의 후손들은 미국 전역 300여 개소가 넘는 보호구역에서 희망 없는 삶을 살고 있다. 이름만 그럴듯하게 보호구역, 보호소이지만 사실은 격리 유폐구역이요 창살없는 감옥이나 다름없다고 그들은 생각하고 있다. 실없은 상상이지만 그들에게 어느 한 주를 뚝 떼어 주든지 또 아니면 원 땅주인 대접을 최대로 해 그 주를 미국 내의 독립 국가로 만들어 주었으면 얼마나 좋았을까도 싶다.

생각해 보면 이런 선량한 원주민들을 자기 땅에서 자유롭게 살도록 하지 않고 인디언보호구역을 만들어 수용하고 있는 일이야말로 역사상 그 유례가 없는 땅먹기, 땅빼앗기의 전형이다. 정복한 땅들도 세월이 지나고 보면 그 원주인들인 민족이나 국가에 되돌려지기 마련인데, 북미원주민들이야말로 영원히 자기 땅을 잃어버린 사람들이 되고 말았다. 외지에서 들어온 사람들이 안방을 차지한 격이라 후세 사가들은 과연 무어라 말할 것인지 몹시 궁금도 하다. 그들은 저 멀리 선사시대에 얼어붙은 베링 해나 시베리아를 통해 건너간 우리와 같은 몽골로이드 계라서 그런지 그 생김이나 기타 모습이 우리와 너무 많이 닮아 바로 형제나 친척 같은 생각이 든다.

이쯤에서 이런 역사의 한 아이러니를 소개해 본다. 알다시피 사우스 다코다의 러시모어 산에는 미국 역대 대통령 조지 워싱턴, 토마스 제퍼슨, 링컨, 시어도어 루즈벨트의 큰바위 얼굴 조각상이 새겨져 있다. 거기서 같은 지역 건너편 27Km 떨어진 '검은 언덕'이라 불리는 블랙힐즈의 거대한 바위산에는 백인 대통령의 얼굴상보다 훨씬 더 거대한 얼굴상이 고개를 내밀고 있다. 그가 바로 1876년 지금의 몬태나 주 그 유명한 '리틀 빅혼 전투'의 영웅 수우족의 추장 '성난 말(Crazy Horse)'이다. 이제 겨우 얼굴상은 60여 년 만에 완성되었지만 그 전신상의 완성은 온 가족이 그리고 아들과 손자가 대를 이어 매달리고는 있다 하지만 그 누구도 그 완성을 예측할 수 없다. 그 추장은 샤이엔족과 연합하여 미합중국 육군 제7기병대의 대장, 그 유명한 인디언 킬러, 사후에 장군 칭호를 받은 커스트 중령과 대원을 단번에 전멸시켰고, 그 이전에도 많은 전투에서 백인들의 간담을 서늘하게 한 용맹한 전사이다. 요는 앞에 소개된 대통령들의 얼굴상보다도 더 큰 얼굴상이 내려다보고 있다는 것이 곧 역사의 아이러니다.

그 시작은 이랬다. 조각가 코사크 지올곱스키가 한 살아 있는 수우족의 추장의 편지를 받게 되었다. 백인들에게 영웅이 있듯 자기들에게도 영웅 '성난 말'이 있으니 알리고 싶다는 내용이 곧 그 시작의 계기요 동기였다. 그도 지난 시절 큰바위 얼굴 조각상 작업에 참여한 바 있고 또 생각한 바도 있어 그 보다 더 거대한 전신상을 만들어 보자고 처음으로 바위산에 끌과 망치를 갖다 댔는데 그 것이 1948년도였다. 이것이 바로 백인들의 잘못을 반성시킬 수 있다는 양심의 발로요 사죄의 증표인 것이다. 그 전신상이 완성되는 날이 온다면 지상에서는 세계 최대, 최고의 큰 조각상이 될 것이고 또 땅 빼앗긴 전 인디언들의 슬픈 역사적 기념비, 기념 조각상이 될 것이다.

상상하건대 지금 '검은 말'은 세월이 흐르다 보니 참 이럴 때가 있구나 싶어 회심의 미소를 띨 듯도 싶고, 대신 백인 대통령들은 일개 전사인 추장의 얼굴이 오히려 자기들보다 더 크다 싶어 껌적 껌적 놀라고 있을 듯도 싶다.

끝으로 지난날 인디언들이 즐겨 부르곤 했다는 〈땅은 영원하리〉란 노래 하나를 소개해 본다.

노인들은 말했지/ 영원한 것은 이 땅뿐이라고/ 자네 말 잘했네/ 자네 말이 정말 맞다네

지평선 위의 상상 칸타빌레

지평선은 하늘과 땅의 악수요 입맞춤이다. 막힘인 동시에 무한한 열림의 시발점이요 그 경계선이다. 육안으로 볼 수 있는 것과 볼 수 없는 것, 확정된 것과 확정되지 않은 것, 유한과 무한, 현실과 그 너머의 이상이란 이중구조의 도형圖形이다. 문장부호로 보면 마침표인 동시에 이음표이고, 산수 계산의 숫자로 보면 제로의 0이요, 1, 2, 3으로 뻗어 나갈 수 있는 덧셈표이다.

그래서 지상에 살고 있는 직립의 인간들에겐 무한한 상상력의 원천이 되고 무한한 동경의 표적이 된다. 뭐니 해도 동경의 꿈을 심어주고 품게 해 주는 자연현상이라면 우선 무지개가 있고 구름이 있다. 이 두 자연현상은 비상하고픈 꿈의 표적이 된다면, 이와는 사뭇 달리 지평선은 마냥 앞으로 나아가고픈 표적이 되었고 되고 있다.

특히 19세기 영국 낭만주의파 시인들에겐 이 지평선 내지 수평선이 무척 사랑을 받아도 왔다. 지평선이나 수평선 내에 보이는 주어진 현실세계를 벗어나 새로운 세계에 대한 갈망과 동경을 품다 보니 결과적으로 그것은 이국정조로 포장된 이국취미로 나타났던 것이다.

아니, 꼭 이런 시인들만이 아니다. 상상하건대 어느 나라 사람이건 성장과정에서 자연환경적으로 늘 지평선이나 수평선을 보며 자란 용기 있는 사람들이라면, 훗날 성인이 되어 외지의 새로운 세계를 향해 출향出鄕의 출항出航 깃발을 높이 들 개연성은 높았으리라. 이도 저도 아닌 용기 없는 가난한 농사꾼이나 나무꾼이라면, 말없는 지평선 너머의 세상을 그저 상상이나 해보며 위안의 담배 한 모금쯤 후하고 내뿜었으리라.

지금 이런 지평선 이야기를 하다 보니 문득 우리와는 다른 나라들의 지평선이 생각난다. 그 지평선은 광활하게 끝 없이 펼쳐져 있는 초원(스텝)지역이나 사막의 지평선이다. 초원이라면 유목민들이 살아왔던 몽골이나 중앙 아시아가 떠오르고, 그 다음 미국 중서부의 대평원이 떠오른다. 그리고 사막이라면 북아프리카의 사하라 사막, 중동의 아라비아 사막, 몽골의 고비 사막, 중국 신강성 지역의 타클라마칸 사막, 미국 캘리포니아의 모하비 사막이 떠오른다.

물론 이런 지역의 지평선은 우리와는 비교가 안 된다. 비유적으로 말해 센티와 미터의 차이나 단거리와 마라톤의 차이라고나 할까. 우리나라는 원래 지형이 좁은 산악지대라 이렇다 하게 내놓을 만한 지평선 지역이 없다. 있더라도 극히 소규모이고 그마나 있는 것이 몇몇 평야 지역의 지평선이다. 그래서 아쉬우나마 김제 평야의 '김제지평선축제'가 볼거리를 제공해 주어 그나마 체면을 세워주고 있다.

그런데 뭐니 뭐니 해도 지평선상의 볼거리는 사막지역의 신기루가 아닐까 싶다. 신기루는 원래 대기 속에 있는 빛의 굴절 현상으로 생기는 허상이다. 먼 곳에 있는 오아시스가 공중에 떠올라 보이거나 거꾸로 비쳐 보이는 현상이다. 길을 잃은 대상들이 목이 타 헤매다가 문득 이 신기루를 보면 그 얼마나 반가웠겠는가. 그러나 그곳에 가보면 연기처럼 사라지고 없다. 말하자면 허상이다.

지난날 고교시절, 나는 이런 열사의 사막이 배경이 된 19세기 프랑스 작가 아베 프레보가 쓴 애정소설 ≪마농 레스코≫를 읽어 보았다. 두 청춘 남녀의 사랑과 그 비극적 종말이 내용이다. 그리고 그 이국정서를 다시 떠올려도 볼 겸 고복수의 노래 〈사막의 한〉을 즐겨 불러 보곤 했다. "자고 나도 사막의 길 꿈속에도 사막 길/ 사막은 영원의 길 고달픈 나그네 길/ 낙타 등에 꿈을 싣고 사막을 걸어가면/ 황혼의 지평선도 고달픈 나그네 길" 을 부르며 신기루를 쫓아 끝없이 헤매는 카라반들의 모습을 상상도 해 보았다.

이런 신기루는 역시 우리 언어생활에도 전용되어 잘 쓰이고 있다. 가망 없는 헛꿈을 꾸는 사람을 만나면 '신기루 같은 꿈 꾸지 마.' '신기루 잡지 마.' '신기루 쫓고 있네.'라는 말로 타박을 주지 않았던가. 또 비행기 이름에도 등장한다. 프랑스에서 개발한 초음속 제트기가 바로 신기루라는 뜻의 미라지(mirage)다. 번개처럼 나타났다 번개처럼 사라지기에 명명된 것이다. 이에 뒤질세라 미국도 이와 비슷한 발상에서 도깨비나 유령이란 뜻의 팬텀(phantom)기를 보유하고 있는데 이 두 기종은 작명한 바의 뜻으로 보면 사촌뻘이다.

또 이런 신기루의 허상으로 재미있는 일화도 생겨났다. 18세기 후반에 이집트 원정을 갔던 나폴레옹의 프랑스 군이 생전 처음 보는 신기루 현상을 보고 얼결에 저 멀리서 이집트 군이 몰려오는 것으로 착각하여 혼비백산했다는 이야기도 전해지고 있다.

그럼 다시 지평선 이야기로 돌아가 본다. 세세연년 저 먼 조상 때부터 그런 유전자를 받아서인지 자고 나면 늘 먼 지평선을 바라다본 부족이나 민족은 시력이 아주 발달되어 있다. 항시 푸른 초원과 지평선을 바라본 몽골인들의 시력은 4.0이라 한다. 우리 문명인들과는 달리 안경 낀 사람이 거의 없다. 그렇다면 북미의 원주민 이른바 아메리칸 인디언들의 경우도 상상해 볼 수 있다. 가령 초기 유럽 이민자들과 많은 분쟁이 있었으며 주로 북동부 삼림지대에 살며 특이한 닭벼슬 모양의 머리를 한 모히칸족, 남서부 산악지대에 살며 머리를 길게 기르고 머리띠를 하고 있었던 그 유명한 전사 아파치족, 이와는 아주 다른 자연환경인 더 넓은 중서부 대평원에서 하루 종일 지평선을 바라보며 들소 사냥을 주업으로 한 수족, 코만치족, 샤이엔족들과의 사이에는 분명 시력상으로 큰 차이가 있으리라 본다. 역시 대평원의 부족들은 마치 몽골인들처럼 다른 지역의 부족들에 비해 같은 몽골로이드계 인종이긴 하지만 비록 후천적 유전자 형성으로라도 눈은 밝고 밝았으리라. 눈이 곧 그들에겐 망원경이나 다름없었으리라.

이미자의 노래 제목처럼 언제나 '지평선은 말이 없다'. 그러나 오늘도 이 지상의 사람들에겐 여전히 동경이나 그리움의 정서를 바람결에 실어 속삭여 주고는 있다.

숲과 인간의 털에 관한 명상

대학시절 내가 프랑스어를 좀 공부할 때 바로 그 책에서 읽었던 이야기가 있다. 어느 한 농촌마을에서 농부가 어느 날 밭으로 가기 위해 굴참나무 숲길을 걸어가고 있었다. 그런데 느닷없이 굴밤(도토리) 한 톨이 머리 위로 똑 떨어졌다. 무엇이 떨어졌나 하고 주워 보니 다름 아닌 굴밤이었다. 그러자 문득 묘한 생각이 번뜩 났다. 만약 이 굴밤이 덩굴과 식물의 호박이나 수박이라면 분명 큰 화를 당했으리란 생각이 들었다. 그리고 다시 곰곰이 생각해 보았다. 만약 조물주가 나무 높이에 비례할 만큼 큰 나무에 큰 열매를 맺게 했다면, 수많은 피해가 났으리라 상상해 보았다. 다행히 땅으로만 벋어 나가는 덩굴과 식물에는 큰 열매가, 반대로 키 큰 나무에는 작은 열매를 맺게끔 한 그 오묘한 이치를 발견하고 무릎을 딱 쳤다는 이야기다.

사실 이 이야기는 별 것도 아닌 듯 싶기도 하지만 다른 한편으로는 평상시 우리가 미처 생각지도 못한 부분을 깨닫게 해 줄 수도 있는 흥미로운 위트가 있는 예화다. 그래서 그와 비슷한 발상에서 이 글을 열어 볼까 한다. 말하자면 문명화 된 오늘의 세계에서 가장 큰 관심의 대상이 되고 있는 자연의 숲과 인간의 머리와 몸에 나 있는 털 사이에는 참 오묘한 이치의 유사 관계가 있다는 점을 나는 지금 생각해 보고 있다.

숲은 원래 구태여 생태학자의 말을 빌릴 것도 없이 인간생활에 너무나 많은 이로운 점을 제공해 주고 있다. 여기서 그 하나 하나를 말한다는 것은 참 싱거운 노릇이라 일단 독자들의 생각이나 판단에 맡긴다.

요는 이런 숲과 인간의 몸에 나 있는 털을 대비해 보면 참으로 유사성이 너무나 많다는 사실이다. 이형동종異形同種의 형제와 같다. 숲이 지구환경과 인간들을 위해 꼭 필요하듯 털도 인체공학 내지 생태학적인 면에서 꼭 필요하다. 진화 생물학자 라마르크의 용불용설을 차용하지 않더라도 필요하니까 숲이 있고 털이 있다는 이치이다.

우선 인간의 털을 한번 보자. 머리털, 눈썹과 속눈썹, 콧수염, 겨드랑이털, 가슴털, 음모, 종아리나 팔에 난 털, 기타 등등. 그리고 코털, 귓구멍 털도 있다. 평균 잡아 우리 인체 각 부위에 육안으로 보이지 않는 잔털 솜털까지 합쳐 약 500만 개가 된다 하니 정말 놀라고 놀랄 일이다. 크게 보면 마치 숲이 지구환경을 보호해 주고 기온 조절을 해 주듯 이런 털은 인체를 보호하고 체온 조절을 하는 데 크게 이바지하고 있다. 비근한 예로 눈썹은 이마의 땀이 눈으로 들어가지 않게 막아주고, 콧털과 콧수염은 먼지나 기타 이물질의 폐로 유입을 걸러주거나 막아주지 않는가.

그러고 보면 인간의 몸에 옮겨 심어 놓은 숲이 털이라면, 지구의 대지에 옮겨 놓은 털이 바로 숲이란 이치요 논리다. 그런데 우리 인간들은 평소 이런 털의 중요성을 간과하듯 숲의 중요성도 간과하고 있다. 그래서 사실은 마치 빛과 그늘의 관계처럼 이른바 인간사회의 문명화에 따라 지구의 숲이나 인간의 털도 거의 동시적으로 차츰차츰 없어져 왔다는 사실이다.

한번 상상해 보자. 태초에 자연의 숲이 만들어졌을 때 그리고 태초에 인간이 이 지구상에 나타났을 때, 온통 지구는 숲으로 뒤덮여 있었을 것이고, 원시 인간은 온통 털복숭이이었음은 자명하다. 그 다음, 인간은 진화 과정을 거치면서 털이 차츰 없어져 왔을 것이고, 숲은 숲대로 차츰 마을이 들어서고, 농경지가 새로 만들어지고 또 그 다음, 도시도 생겨남에 따라 차츰 줄어 들고 들면서 수천년이 흘러 드디어 오늘에 이르지 않았는가.

그러다 보니 고대 인간들에 비해 현세 인간들의 털 숫자도 상상하건대 반은 줄었다 싶다. 기껏 현재 우리가 육안으로 쉽게 보고 확인할 수 있는 각 부위 별 털이라야 불과 열네댓 가지에 지나지 않는다. 또 많은 대머리가 생겨나고 무모증화 되어 가고 있는 형국이다.

이런 리듬에 마치 서로 짝 맞추기라도 하듯 숲도 이제는 거의 위기를 맞고 있다. 비근한 예로 무분별한 개발로 지구상의 열대우림이 반 이상이 사라졌다고 환경론자들은 목소리를 높이고 있으며, 지구 온난화를 가속시킨다고 경고도 하고 있다. 만약 일단 숲의 다른 유용성은 제쳐두고 앞으로 언젠가 전 지구상의 산소 공급량의 절대 수치가 부족하게 된다면, 그땐 어느 나라에서건 산소 마스크를 찰 꼴사나운 날이 오지 않으리란 법은 없으리라 보아 정말 가공스럽다. 지금 나는 유사 공상 과학소설을 써보는 것이 아니라 예측 가능한 미래에 대한 상상적 예견을 해보고 있을 다름이다.

요는 이 글의 주안점이 털도 털이지만 털과 숲의 대비 관계를 통해 숲의 중요성을 더욱 피부로 느끼게끔 하자는 데에 있는 만큼 우리 지구인은 더 늦기 전에 지구의 숲이나 우리 주변의 숲을 살려야 할 것이다. 숲은 참 좋은 것이다. 꼭 지구환경이나 인간생활의 유용성 때문만도 아니다. 어린이들에겐 요정이 사는 상상력의 공간이 되고, 문학적으로는 신성한 공간으로서 현재의 자기에서 새롭게 거듭나는 변화의 공간이나 원초적 생명성의 회복 공간으로 설정도 된다.

먼저 변화의 공간인 점을 말해 보면 셰익스피어의 낭만 희극 ≪한 여름밤의 꿈≫과 ≪당신이 좋으실 대로≫를 들어 볼 수도 있다. 현실 세계를 떠나 숲 속에 들어간 등장인물들에겐 숲의 신비성과 환상성으로 큰 심리적 변화가 일어난다. 그래서 젊은 연인들은 새로운 사람으로 바뀌어 끝에 가서는 결국 사랑의 완성으로 결혼에 이른다. 그리고 유진 오닐의 희곡 ≪황제 존스≫에도 주인공 존스가 과거에 저지른 죄악을 신에게 고백하고 용서를 비는 심적 변화가 숲에서 일어난다.

그 다음, 원초적 생명성의 회복 공간이라면 뭐니 해도 D.H.로렌스의 ≪채털리 부인의 사랑≫을 들지 않을 수 없다. 성 불구자 남편과 살던 젊디젊은 주인공 콘스탄스(코니)가 어느 봄날 숲 속에 갔다가 자기 집 사냥터 산지기 멜로즈를 만나 그것이 계기가 되어 두 사람 모두 건강한 생명성을 회복하게 된 그 사랑의 공간이 바로 그 숲이었다.

또 숲은 낙원의 공간이다. 성경의 에덴동산은 말할 것도 없고, 토마스 모어가 상상해 낸 유토피아, 중국의 무릉도원, 우리의 경우 전설의 지리산 청학동 그리고 20세기 초반 영국 작가 제임스 힐턴이 ≪잃어버린 지평선≫에서 그려본 히말라야 티베트 쪽 고산 지대의 가상 공간, 티베트어로 '마음속의 해와 달'이란 뜻의 그 상그릴라가 바로 그렇지 않은가.

그리고 초절 또는 초월적 삶의 공간도 된다. 그 대표적인 예가 19세기 미국의 이른바 초절주의 작가로 유명한 시인 헨리 데이비드 소로의 경우다. 그는 삶의 도피가 아니라 초월생활의 실천으로 일부러 월든의 숲으로 갔고, 그 결과 특히 현대의 문명인들에게 큰 교훈이 될 ≪월든-숲속의 생활≫이란 책도 남겼다.

또 더 생각해 보면 동화에서는 공주가 숲에서 깊은 잠에 빠져 있거나 숲에서 구원 투수 같은 난장이들을 만나지도 않았던가. ≪잠자는 숲 속의 공주≫, ≪백설공주≫는 자라나는 어린이들에게 숲에 관한 무한한 상상력을 키워주는 데 크게 이바지했고 하지 않는가.

그래서 이런 사실 저런 사실, 이런 생각 저런 생각들을 미루어 보면 숲이야말로 귀중하고 귀중한 모든 생명의 원천적 보고요 보물이며, 여러 상상력을 펼쳐보이게 하는 야외 무대와 다름없다. 다이몬드는 아예 없어도 살 수 있고 또 털이야 숲과 비교해 설사 없더라도 치명적일 수는 없겠지만, 만약 숲이 없다면 물고기가 물을 떠난 격이리라. 적어도 앞으론 이 지상의 숲이 아니 우리 이웃의 숲이 나의 아호 청다靑多처럼 늘 푸르고 푸르렀으면 한다.

뒷동산, 그 영원한 꿈과 추억의 보금자리

동산이라면 누구에게나 뒷동산이 연상되리라. 왜 앞동산이나 옆동산은 없는 것일까. 물론 찾아보면 있을 수는 있겠지만 동산하면 뭐니 해도 뒷동산이 조건반사처럼 생각나리라. 이는 집을 지을 때 제일 먼저 집을 어느 좌향으로 앉히느냐는 우리 고유의 관행에서 연유되고 있다. 가령 어느 마을에 조그마한 야산이 있다고 상상해 보자. 그리고 집을 짓는다고 치자. 그러면 십중팔구 그 산을 배경으로 하여 대개 남향 아니면 동향 또 아니면 드물긴 하지만 서향으로 좌향을 앉힐 것이고 이에 따라 마을이 형성되어 있기 마련이다. 그럴 때 옆동산이 된다고 가정하면 썩 좋은 좌향은 아닐 것이고 더욱이 앞동산이라면 첫째 집 앞의 확 트인 전망을 가로막아 답답해질 수밖에 없다. 그 산을 배경 삼아 집을 앉히고 보니 뒷동산이 될 수밖에 없는 사정이 생긴 것이다. 또 거기다 앞쪽에 멀리나 좀 가까이에 실개천이나 강이 흐르고 있다면 택지로서는 최적이요, 그야말로 풍수지리에서 길지로 꼽히어 우리나라 사람들이 제일 선호

하는 배산임수背山臨水형이 된다.

대개 우리나라 마을의 취락구조가 이런 형태다. 따라서 동산 하면 거개가 뒷동산이다. 그래서 고향 하면 누구에게나 우선 고향 마을의 뒷동산이 아련히 떠오르기 마련이다. 그것은 마치 엄마의 품속 같은 유소년 시절의 꿈의 요람이요, 꿈의 보금자리다. 청소년 시절로 보면 추억의 온상이요 추억의 영상 사진첩이 된다.

나는 시골, 저 남쪽 경상도 지리산 자락 출신이다. 지금 고향 뒷동산의 추억이 그림처럼 떠오른다. 사계의 추억이 서리어 있기에 꿈길을 찾아 나서듯 나서본다. 봄이면 제일 먼저 옆집의 개구쟁이들과 어울려 찔레순을 따먹기도 하고 물이 오른 소나무의 송기도 해먹었다. 아니 찔레순 철이 지나면 진달래꽃도 따먹었다. 바람과 하늘을 보며 자란 나와 같은 소년들은 철쭉꽃보다는 좀 일찍 피어 그 자리를 아깝게도 내어주어야 할 때면, 여봐란듯이 울긋불긋 교태부리고 있는 철쭉꽃은 일부러 피해가며 진달래꽃을 찾아 꽃놀이라기보다 꽃따먹기에 더 없는 매력을 느끼기도 했다.

그럼 여름은 어떠했던가. 시원한 산바람도 맞으며 매미 잡기에 신바람이 났다. 지금 나는 뒷동산의 숲 속을 뛰어다니는 천진한 소년이 되어 있다. 지난날 들었던 매미소리가 합주처럼 들려온다. '지이지이이' 하는 왕매미 소리, '맴~맴~맴' 참매미 소리, '시옷~시옷' 무당애미 소리, '쌔애애' 말매미 소리가 들려온다. 그런 소리에 맞추어서는 마치 목청 틔우기 연습이라도 하듯 '시옷~시옷' 하는 무당매미 소리에 맞추어서는 짓궂게도 그 사랑의 호소를 방해라도 하듯 '순이 요오시 순이 요오시'('요오시'는 '좋아'란 뜻의 일본말)를 외쳐 보기도 했고, 또 맘 논을 맬 즈음인 늦여름에는 '맴~맴~맴' 하고 울어대는 참매미소리를 반주 삼아서는 정자나무 그늘 밑에서 달콤한 졸음에 취한 채 맘논 매기에 게으름만 피우고 있을 듯한 머슴을 재촉이라도 하듯 '맘논 매어라 맘논 매어라.'를 후렴처럼 외쳐대기도 했던 기억이 떠오른다.

또 있다. 뒷동산은 여름밤이면 마을의 처녀 총각들에겐 은밀한 만남의 장소였다. 김유정의 소설에 나오듯 물레방앗간이 아니라면 그 어떤 곳보다는 둘만의 비밀스런 만남의 장소요 공간도 되기에 호기심 많은 우리 풋고추들은 염탐하듯 뒤를 살금살금 따라가 엿보기도 하며 무언지도 모르고 사랑이란 바로 저런 것이구나를 지레짐작도 해보았다. 그나마 그런 호기심의 씨앗이라도 있었기에 그후 가련한 독신 샌님이 아니라 한 아내의 지아비가 되고 아들 딸의 아버지가 된 게 아닌가도 싶다. 그러다가 이런 엿보기에 더 흥미가 없다 싶으면 그만 잔디에 훌렁 드러누워 하늘의 무수한 별을 바라보며 동화 속의 주인공도 되어 보았다.

또 가을이면 알밤을 줍고 알밤을 떨러 올라가 보기도 했고, 그 밤을 구워먹는 재미는 정말 깨소금 맛이었다. 또 이런 가을이 가고 겨울이 오면 신나게 연 날리기를 해보며 높이높이 날아오르는 연을 통해 내 청소년기의 꿈도 키워보았다..

이런저런 여러 아련한 추억이 깃들어 있는 곳이 바로 내 고향 뒷동산이다. 어느 결에 고향을 떠나온 지가 고복수의 노랫말처럼

'타향살이 몇 해던가 손꼽아 헤어보니' 어언 50여 년이 다 되었구나 싶다. 고복수의 그 노랫말 속 주인공은 그래도 '고향 떠난 십여 년에 청춘만 늙어'라고 한탄했지만 나는 이제 어느새 80 고개를 지금 바라보고 있다. 사는 것이 무엇인지 몇 번은 고향땅을 밟아는 보았지만 아쉽게도 옛집의 그 정든 뒷동산은 올라가지 못해 지금은 꿈속 같은 그리움으로만 남아 있다. 그래서 그동안 이곳 외지 서울 생활에서 혹시 어울려 보는 노래판이라도 있다면, '옛날의 금잔디 동산에~'로 시작되는 〈메기의 추억〉을 더러 불러보기도 하고 또 '남쪽나라 바다 멀리 물새가 날으면/ 뒷동산에 동백꽃도 곱게 피었네'란 장세정의 노래 〈고향초〉를 자주 불러 보기도 해 그것이 그만 어느 결에 나의 18번이 되고 만 사정도 있다. 노래를 통한 대상代償체험이고 보상체험이라고나 할까.

뒷동산은 적어도 나에겐 영원한 노스텔지어의 푯대다. 고향을 생각하면 뒷동산이 떠오르고, 뒷동산을 생각하면 고향이 실과 바늘처럼 떠오른다. 적어도 나에겐 이 뒷동산은 고대 수메르인들이 상상했고 또 후에 구약 에덴 동산의 원형이 된 낙원 딜문 동산이나 그리고 인류 원초의 고향이라는 바로 그 에덴 동산 또 석가모니가 태어난 룸비니 동산처럼 나의 마음속에는 언제나 추억의 기념비처럼 자리하고 있다.

문득 안톤 체호프의 그 유명한 희곡 〈벚꽃동산〉이 생각난다. 주인공이 고향의 자기 소유 벚꽃동산이 빚에 팔려 남의 손에 넘어가 벚꽃이 잘려나가는 소리를 듣고 있다는 장면이 마지막에 나오는데 이와는 달리 내 고향 뒷동산의 그 푸른 소나무들은 예나 지금이나 그 자리에 서서 그 푸르름을 뽐내고 있을듯 싶다. 더 세월이 가기 전에 고향의 뒷동산에 올라 꼭 한번 신고하듯 '내 놀던 옛동산에 오늘 와 다시 서니'란 가곡 〈옛동산에 올라〉를 목청껏 열창해 보았으면 하는 충동이 지금 일고 있다.

정자나무에 얽힌 풍속과 그 사연들

나무라면 뭐니 해도 인간생활과 직접의 연관이 있는 '정자나무'이다. 그래서 각가지 사연도 많다. 그렇지만 이제는 시대도 변해 거의 퇴물 신세가 되어 있지만 지난 시대에 대한 향수 같은 것이 되살아나 이 글을 써본다.

'정자나무'란 일종의 '그늘막 나무'인데, 영어로 보면 우리처럼 아주 거창하게 '정자'란 표현이 들어가 있는 것이 아니라 그냥 뜻풀이 그대로 'Shade Tree'이다. 꼭 정자 주변에 있는 큰 나무만이 아니라 인가의 가까이나 바로 그 인근에서 필요시 정자 역할을 하는 나무도 그렇게 부르는 것이 일상적 관례다. 이런 나무는 마을 어귀나 마을 중간쯤 그리고 샘이나 우물가, 동산, 길가에도 있을 수 있고, 더 나아가 당산堂山의 당산목이 정자나무 구실을 할 수도 있다. 그 수종은 대개 느티나무, 은행나무, 포구나무, 팽나무, 후박나무, 플라타너스, 소나무 등속이다.

이런 정자나무가 서 있는 정자 터는 특히 시골의 전통사회에서는 그 이용의 쓰임이 참으로 다양했다. 뭐니 해도 제철은 '메뚜기도 오뉴월이 한철'이듯 여름이다. 점심을 먹고는 더위를 피해, 저녁을 먹고는 하루의 피곤을 풀기 위해 한 사람 두 사람 모여든다. 금방 여러 사람들이 모여들면 야외 노인정도 되고, 야외 사랑방이 된다. 때론 동사洞舍, 요새 식으로 말하면 간이 마을 회관도 된다. 농사 이야기를 시작으로 하여, 라디오도 TV도 없고, 신문도 귀한 시절이라 여기저기서 얻어 들었던 세상 돌아가는 이야기, 이웃 동리 이야기 등등으로 흡사 공개 방송장이 된다. 그러다간 간혹 열띤 시국담이 오가기도 하고, 때론 토론장으로도 변한다. 그런가 하면 누구 집 아들이 이번에 고등고시에 합격했다라든지, 누구 집 아들이, 누구 집 손자가 외지에 나가 많은 돈을 벌었다는 이야기도 흘러나온다.

또 때때로는 한가한 오후 시간이면 장기판이 벌어져 훈수꾼이 끼여들고 또 그러다 보면 때론 심한 입싸움도 벌어진다. 어린이는 어린이대로 한쪽 구석에 모여 땅따먹기나 공기돌 놀이도 한다. 그러다가 혹시라도 어른들이 이야기판을 벌이면 새앙쥐처럼 귀를 쫑긋거리며 신기한 이야기를 얻어 듣기도 한다. 먹자판도 벌어지고 술판도 벌어진다. 주변에서 밭일이나 논일 하던 사람에게는 잠시 휴식을 취하거나 오후의 낮잠을 청할 수 있는 안성맞춤의 공간도 된다. 그런가 하면 길을 가던 행인에겐 잠시 쉬어가는 쉼터도 되며 또 갑작스럽게 지나가는 소나기가 올라치면 비를 피하는 임시 대피소 구실도 한다.

이런 풍속, 이런 사연이 있는 곳은 물론 남정네들만 모여앉은 정자나무 밑이다. 이와는 달리 아낙네들에겐 별도의 장소가 있다. 그것이 바로 샘가나 우물가의 정자나무 밑이다. 물론 시골 아낙네들이 삼삼오오 모여 앉아 공개방송을 할 수 있는 자리는 디딜방앗간이나 두레길쌈이나 두레 놋그릇 닦는 자리도 있긴 하다. 그러나 디딜방앗간의 일이나 두렛일이 항상 있는 일이 아닌 이상, 일 년 연중무휴 이야기 샘이 솟는 곳은 역시 정자나무가 있는 우물이나 샘가이다. 특히 가까이 이렇다 할 개울이나 내가 없는 마을이라면, 물을 길러 나오는 아침 저녁은 말할 것도 없지만 우물가나 샘가가 바로 빨래터 구실을 해야 하니 거의 하루 종일 아낙네들의 발걸음이 끊어지지 않는다. 그리고 그 성수기는 마치 남정네들의 정자나무 밑 풍경처럼 여름이 최고 성수기다.

그렇지만 남정네와 아낙네들만의 정자나무 밑 그 화제는 약간 다르다. 남정네들이 좀 딱딱한 이야깃거리를 내놓는다면, 아낙네들은 여성 나름으로 부드럽고 호기심 천국인 화제다. 이웃 마을이나 같은 마을에 있었던 크고 작은 이야기를 비롯해 남의 흉보는 이야기 등등으로 정말 신나는 말 잔치판이 방망이질을 반주 삼아 벌어진다. 어느 집 남편이 노름판에 휩쓸려 논밭을 잡혀먹게 되었다느니, 어느 집 시아버지가 장터의 새로난 술집의 색시한테 홀랑 빠져 늦바람을 피운다느니, 이웃 마을의 어느 누가 가까운 친척뻘의 여자와 상피相避를 붙어먹었다는 둥, 어느 누가 야밤에 과부집 담을 뛰어넘었거나 새벽에 과부집에서 나오는 것을 보았다는 둥, 어느 유부남, 유부녀가 서로 눈이 맞아 아무도 몰래 어디서 짝짜꿍이 되어 있었다더라, 어느 집 과년한 처녀와 어느 집 도령이 요즘 뒷동산에 자주 오르내린다더라는 둥, 가히 야화 같은 이야기 샘이 끝없이 흘러나온다.

이런 이야기들은 대개 '카드라' 방송이 태반이다. 남편에게서 들었거나 아니면 이 여자 저 여자에게서 얻어들은 이야기가 주종이다. 이 '카드라' 방송은 곧 확대 재생산되어 옆집으로 이웃으로 순식간에 퍼져나간다. 이른바 '소두래'를 꾸미고, '소두래'에 얽혀 공연히 피해를 보는 경우도 생기기 마련이다.

'소두래'란 원래 '헛소문'이나 '고자질'이나 '말질'에 해당하는 경상도 방언이다. 어느 마을에서건 꼭 입심 좋은 이런 소두래꾼이 한두 사람 정도는 있기 마련이다. 입을 통해 입에서 입으로 전해지다 보면 이야기가 눈덩이처럼 불어 결국은 피해자의 귀에도 들어간다. 그러다 보니 자연 이 소두래의 진위 여부를 밝히는 장소도 정자나무 밑 샘가나 우물가가 된다. 왜 남의 흉을 보았냐느니, 왜 잘 알지도 모르는 이야기를 퍼트렸느냐느니, 왜 보지도 않았으면서 본 것처럼 말을 꾸며댔느냐느니 하고 시시비비를 걸며 한바탕 소동이 벌어진다. 이럴 때 간혹 나이 든 시어머니뻘 되는 여인들이 끼이게 되면 금세 간이 재판이 벌어지기도 한다. 진위가 밝혀져 잘못한 경우라면 앞으로 말조심하라는 훈계가 내려지고, 피해자에겐 참으라는 말로 사건은 일단락된다. 한동안 마을은 조용해지면서 다시 정자나무 밑은 웃음을 되찾는다. 라디오도 TV도 없었던 시대일수록 여자들이 두세 사람만 모여 앉으면 입이 간질, 귀가 간질하다 보니 생겨난 풍속이다.

지금 이런저런 이야기, 이런저런 얽힌 사연들을 생각하다 보니, 정자나무는 설사 그곳에서 무슨 일이 있었건 시골생활에서는 참 유용했던 것 같다. 조그마한 나무를 마을 사람들이 대대로 잘 가꾸어 정자나무로 키운 그 정성과 그 뜻을 충분히 이해할 것도 같다. 작게는 100년, 200년일 것이고, 심지어는 3백 년 이상의 연륜을 자랑할 수 있는 나무들이 전국 곳곳의 마을에 수호신처럼 버티고 서 있으리라. 어떤 나무들은 수령이 아주 오래된 노거수라 보호수로 지정되어 별도 보호도 받고 있다.

그러나 이제는 세상이 너무 많이 변했다. 여름이면 집집마다 선풍기가 들어와 있고 또 TV 앞에서 시간을 보내거나 아니면 마을회관이 생겨 그런 곳으로 출행하다 보니 자연 정자나무 밑의 나들이는 한산해지고 말았다. 세월 무상이다. 그리고 지난 세월에는 이런 정자나무의 이용이 너무 고맙기도 해 정월달이면 마을의 안녕과 풍년을 기원한다는 민속적 풍습 차원에서도 이른바 목신제木神祭도 지냈는데, 이제는 일부 지역을 제외하곤 그런 풍습도 거의 사라져 버리고 말았다.

지금 이 순간, 전국에 흩어져 있는 정자나무들은 지난 옛 시절의 영광이나 그리워하면서 어깨를 축 늘어뜨리고 서서 그래도 한때는 쉽터의 그늘막이었고 또 마을의 수호신이나 수호목이 아니었느냐고 항변하고 있는지도 모르겠다. 또 아니면 조선팔도 장승들이 대

방장승의 주재 아래 장승배기에 모여 자기들을 함부로 땔감으로 삼고 있는 고약한 변강쇠란 놈을 성토하듯, 전국의 정자나무 영靈이 저 대관령 고개마루에 모여 1년에 한 번씩이라도 목신제라도 지내 달라고 성토하고 있는지도 모르겠다. 아무리 시대가 변했다 하지만 그래도 최소 마을의 화합과 단합의 계기만은 될 수 있다고 외치고 있는지도 모르겠다.

영원이 숨쉬는 돌의 문화학

흙이 지구의 살이라면 돌(바위)은 뼈요 흙의 아버지다. 단단한 고체 덩어리라 물, 불, 기타에도 아무 탈 없고 끄떡도 없다. 불 탈 염려 없고, 녹지도, 썩지도, 날아가지도, 설사 깨질순 있지만 찢어지지도 않는다. 나무나 흙, 쇠에 비하면 그 얼마나 강한가.

그래서 저 까마득한 선사시대에 인류문명과 문화사는 매일 눈만 뜨면 흔하게 보이는 돌에 관심을 갖고 그 첫 페이지로 석기시대를 열었다. 세계 도처에서 발견되었고 되고 있는 석기문화나 거석문화의 유물을 보며 실로 우리는 놀라고 있다. 첫째 고인돌이다. 우리나라도 고인돌이라면 뒤지지 않는다. 고창, 화순, 강화의 고인돌이 유네스코의 세계 문화유산에 등재되어 있지 않은가. 그리고 무덤과 관련된 것이라면 고인돌 외에 적석총도 있다. 그런 식의 가장 비슷하고 웅장한 기하학적인 구조물이 바로 피라미드가 아닌가. 참고로 피라미드란 말이 나와서 말인데 중남미 지역의 고대 세 문명 즉 마야, 아즈텍, 잉카의 석조 피라미드는 이집트와는 달라 무덤이 아니고 신전과 그 제례 의식용이다. 선돌이라는 입석立石도 있다. 이 역시 세계의 여러 곳에서 더러 발견되고 있는데, 물론 우리나라도 예외는 아니다. 마을의 수호신으로 또는 생산과 풍요를 기원해 속칭 남근숭배 사상과도 통한다는 이 돌은 그 해당 지역의 마을 이름의 유래도 되어 있다. 충북 제천, 상주 화북, 하동 악양, 산청 단성에는 현재도 입석리가 있으며, 그리고 지난 날 행정 개편이 되기 전에는 의정부와 청평에도 입석리 마을이 있었다.

아니 다시 세계로 눈을 돌려보면 석상石像도 있고, 석두石頭도 있다. 그 목적이 영원한 수수께끼인 양 입을 꼭 다물고 있는 칠레 남태평양의 절해 고도孤島 이스터 섬의 수많은 인면人面 석상들 그리고 아메리카 대륙의 최초 문명을 이룬 멕시코 지역의 올메크 인들이 대략 10세기 전후에 세운 총 17점의 거석 두상도 있는데 왕이나 지도자의 조각 두상이다. 또 신석기 시대에 놀랍게도 천문 관측용으로 영국 남부 웨섹스 지방 솔즈베리 평원에 둥근 모양으로 늘어서 있는 이른바 스톤헨지의 환상 열석도 있다.

이렇게 돌을 이용하고 돌을 다듬고 돌조각도 했지만 더 거슬러 올라가면 동굴에다 수많은 그림도 남겼다. 말하자면 선사인들에겐 동굴의 암벽이 바로 화선지였다. 몇몇 동굴의 벽화는 모두가 1만 년을 훨씬 넘고 넘었다니 상상하기에도 버겁다. 우선 우리에게 가장 잘 익숙되어 있는 이름이 1886년에 발견된 스페인 북부의 알타미라 동굴벽화이다. 대충 2만 년 전후의 것으로 살아 있는 듯한 동물의 모습 수백 점이 그려져 있는데 그 뛰어난 재능들이 돋보여

'구석기 시대의 박물관'이란 소리를 들었다. 거기에다 신기하게도 손바닥 모양도 그려져 있어 여러 추측도 불러 일으켰다.

그리고 다음 언급하게 될 세 동굴벽화는 우리가 지리학자나 고고학자가 아닌 이상 좀 낯설다 싶은 것이다. 발견 시기가 오래된 것부터 소개해 보면 알타미라 다음에 오는 차례가 프랑스 베제레 계곡의 라스코 동굴벽화다. 이 계곡에는 동굴벽화가 약 30여 곳에 있는데 이 중에서 라스코가 가장 이름이 나 있는데 발견은 1940년이다. 동물 100여 마리의 모습에다 사람의 모습도 그려져 있는데 구석기 후기에 크로마뇽인들이 그렸다 한다. 다음이 프랑스 남부 론 강의 지류 아르데슈 강의 협곡에서 1994년에 발견되고, 발견자 장 마리 쇼베의 이름을 딴 쇼베동굴벽화다. 이때까지만 해도 세계에서 가장 오래된 벽화라고 떠들썩했는데 2만 년이나 2만 5천 년 전의 것이라 추정도 했다. 여기에는 동물 종류 12가지에 따른 300여 점의 벽화가 있고 또 여기에다 손바닥, 발바닥 자국도 그려져 있으니 선사시대 인류 체격조건의 크기도 가늠해 볼 수 있는 주요 단서 자료도 되리라 본다. 덧붙여 알젠친이나 인도네시아의 여러 동굴에서도 손자국 그림이 발견되었다. 그 다음 차례가 최근에 인도네시아 술라웨시 섬에 있는 마로스 동굴벽화이다. 대강 3, 4만 년 사이에 그려진 것이라 추정하여 그 어떤 유럽의 동굴벽화보다도 앞선다고 해서 벽화의 발상지가 바로 유럽이 아니라 아시아로 바뀔 것이라고도 했다. 특이한 것은 수많은 손자국 그림이 남아 있다는 사실이다.

여기서 하나 생각나는 일이 있다. 이 세상의 발견 중에는 결코 필연이 아니라 우연의 발견도 제법 많다는 사실이다. 퀴리부인의 X선이나 노벨의 다이나마이트 발견 같은 많은 과학적 발견을 비롯해 콜럼버스의 인도 아닌 아메리카 대륙 발견 같은 것도 있지 않은가. 역시 위에서 언급된 동굴벽화 발견도 마찬가지다. 알타미라 동굴은 사냥 중에 잃어버린 개를 찾아 나섰다가 우연히 이 동굴을 발견한 것이 계기가 되어 뒤에 다시 찾아가서 벽화를 보았고, 라스코 동굴은 어느 날 10대 소년들이 산에 갔다가 우연히 쓰러진 나무 옆에서 구멍을 보고 호기심에 안으로 들어갔다가 대박을 만난 것이다.

또 선사시대의 돌의 문화라면 암각화도 빼놓을 수 없다. 프랑스 알프스의 고원 몽베고 유적에는 그 시대 사람들의 신화와 생활이 담긴 그림 4만 점이 새겨져 있어 세계 최대의 유적이 되어 있다. 역시 알프스 산맥의 자락에 있는 이태리 북부의 작은 도시 발카모니카의 계곡에도 수많은 암각화가 자리하고 있는데 여기에는 특이하게도 목걸이, 팬던트, 허리띠와 같은 장신구 그림이 있어 그 시절의 장신구 연구의 귀중한 자료도 된다. 그리고 몽골, 고비, 알타이 등의 암각예술 군은 아시아 지역의 암각화로서 이름이 높다. 우리나라로 보면 1971년에 발견된 울주 천전리 반구대 암각화와 대곡리의 대곡천 암각화도 귀중한 암각화다. 반구대 암각화에는 300점이 넘는 그림이 새겨져 있는데 지역 특성에 맞게 고래 그림이 가장 많다. 세계에서 가장 오래된 고래 사냥 모습이 있는 것도 특징이다. 약 7, 8천 년 이전인 신석기 후기부터 청동기에 이루어졌다 하니 놀랍고도 놀라운 일이다.

그럼 이제는 훌쩍 뛰어 내려와 불교와 돌문화를 한번 생각해 본다. 너무나도 유명한 중국 돈황 석굴의 돌문화, 인도 아잔타 석굴과 이보다는 400년 뒤에 만들어진 에로라 석굴의 마애불상, 그리고 중국 황주 영은사 마애불이나 당나라 현종 때부터 약 90년간에 걸쳐 만들었다는 중국 사천성 무후사 낙산대불이 있다. 그리고 참고로 에로라 석굴 지역에 같이 있는 힌두교 카일라사나타 사원을 언급하지 않을 수 없다. 거대한 돌을 파서 만든 길이 50M, 높이 27M의 그 사원 안에는 힌두신은 물론이지만 별도로 온갖 관능적인 인물상이 가히 유혹 경연 대회를 방불케 하고 있다. 곧바로 우리나라로 와 본다. 삼국시대 그리고 통일 신라 시대야말로 불교 돌문화 전승시대다. 곳곳에 석탑과 마애불상이 있다. 태안의 백제 마애삼존불상이 '백제의 미소'라고 칭해지듯 그 조각된 시대의 안정과 평화를 대변하듯 얼굴 가득 자애로운 미소를 머금고 있다. 경주에 가면 두대리에 마애삼존불이 있고, 석굴암의 대불이 동해를 바라보고 있으며, 경주 남산에 올라가면 불교 돌문화의 야외 전시장이나 박물관에 왔다는 착각이 들 정도다.

자, 그럼 또 뛰어넘어 르네상스 시대의 로마로 가 보자. '르네상스'란 말이 옛 그리스나 로마로 돌아가 보자는 뜻이듯, 가령 미케란젤로 같은 조각가는 고대 그리스나 로마시대의 돌문화나 돌조각을 보며 많은 영감을 얻었을 것이다. 15세기경에 살았기에 지금 우리가 알아보았던 동굴벽화나 암각화는 그 발견 시대로 보아 알 턱이 없고 또 고인돌은 물론이거니와 이스터 섬의 석두나 올메크인들의 두상 조각도 몰랐다. 오로지 그리스나 로마의 돌문화를 보며 가령 청동상 같은 것과는 달리 돌문화, 돌조각의 영구성을 되새겨 보았을 것이다. 그의 3대 대리석 조각상인 '피에타 상' '다윗 상' '모세 상'을 조각하며 그 조각품의 주인공과 운명을 같이하고 동시에 그의 이름도 함께 영구하길 바라 거기에다 혼과 마음을 불어넣었을 것이다. 이는 20세기의 로댕에게도 마찬가지다.

이제는 언급이 안 된 몇 가지 돌문화를 보충해 보자. 만리장성, 로마의 원형투기장, 세계 3대 불교 유적지에 해당하는 캄보디아의 가장 거대한 돌 건축물의 하나인 앙코르와트 사원, 불탑의 성지라 일컬어지는 미얀마의 바칸 유적, 인도네시아의 거대한 보로부드르 사원의 돌문화 그리고 요르단의 유명한 페트라이다. 특히 페트라는 구약시대의 유적지이기도 한데 내가 가 본 바대로 말해보면 6세기경 사막의 유목민 나바티안족의 요새로서 바위 골짜기에 숨겨진 듯한 곳이었다. 페트라라는 그 뜻, 즉 '붉은 장미 도시'라는 말 그대로 온통 골짜기가 적반암으로 되어 실감이 절로 났던 기억이 새롭다. 바위를 도려내어 만든 많은 조각식 건축물이 골짜기를 메우고 있어 요르단의 제1의 유적지로 가히 관광 명소의 꽃이다. 1981년도에 가보았으니 40대 중반으로 그나마 젊었던 시절이다. 에티오피아의 시바 여왕이 잠시 머문 적이 있고 또 클레오파트라가 소유한 적도 있었다는 말에 괜히 내 마음이 설렜던 기억이 언뜻 떠오른다.

자, 이젠 결론으로 가자. 정말 지금껏 언급한 내용은 시공을 초월해 여기저기 둘러본 돌문화 메모 답사기에 불과하다. 아무튼 돌문화는 준 영구적이다. 인간의 목숨은 한계가 있기에 마음으로나마 영원을 생각해 보고 영원을 희구해 본다. 그런 의미에서 영혼의 영구한 집이요 안식처 같은 준 미이라 식과 비슷한 고인돌 무덤을 생각도 했을 것이다. 그 가장 대표적 돌문화가 바로 피라미드가 아닌가. 그리고 다른 대신할 재질이 없어 그렇게라도 했겠지만 동굴에다 벽화를 그리고 또 돌에다 그림을 그리거나 새김을 한 암각화도 마찬가지며, 불교의 돌문화나 기타의 돌문화도 영원한 신앙적 염원을 담아보려 했다 싶다. 지금 바꾸어서 생각해 보아서도 과연 그 어떤 나무문화가, 과연 그 어떤 흙문화가, 과연 그 어떤 금속문화가 또 과연 그 어떤 화선지 문화가 과연 돌문화가 남겨놓은 그 영원성을 대신할 수 있겠는가. 돌문화야말로 영원을 담보한 마음의 징표요, 그림이며, 조각이고, 문자 없는 기록이며, 고고학의 대 스승이요 교과서다.

오늘도 한국의 돌조각가와 세계의 돌조각가들이 정과 망치를 들고 말없는 돌과 대화를 나누며 영원을 향한 몸짓으로 영원을 향한 숨결을 불어넣고 있으리라.

돌문화에서 느낀 점 몇 가지를 상상해 보며

세계의 돌문화에 대해 내 나름대로 책상 앞에서 한번 둘러 보았다. 그 과정에서 몇 가지 느낀 점을 상상적으로 풀이해 볼까 한다.

먼저 선사시대의 동굴벽화를 보며 의아심을 가져보았다. 대부분이 당시 선사인들이 눈만 뜨면 보고 만날 수 있었던 동물 그림이지만 더러는 손바닥이나 손자국 그림들이 보여 의아심이 생겼다. 가령 스페인의 알타미라 동굴벽화, 프랑스 남부 론 강의 지류 아르데슈 강의 협곡에 있는 쇼베 동굴벽화, 인도네시아의 마로스 동굴벽화 등을 보며 왜 손바닥이나 손자국 그림 흔적을 남겼을까 하는 의문이었다. 이 중 최근에 발견된 마로스 동굴벽화는 우라늄 연대측정 결과 약 4만 년 전에 그려졌다고 추정되어 세계에서 가장 오래된 것이라 하여 세계인을 놀라게도 했다. 바위에 손바닥을 대고 주변에 붉은색 물감을 뿌려 찍어냈다 한다.

이런 그림들을 보며 나는 한두 가지 상상을 해본다. 문자도 없는 시대였기에 자기 이름을 남겨놓을 수야 물론 없었을 것이다. 아니

문자커녕 자기 이름도 없었던 시대가 아니었겠는가. 원시 인간이었지만 분명 인간이기에 자기 신체 일부의 흔적을 남기고픈 강렬한 욕구나 충동은 있었을 것이다. 또 동물벽화를 그려 놓았다면 그 벽화를 손으로 그렸으니 그 표징이나 표지로 손그림으로 남겨두고 싶은 욕구도 있었을 것이다. 이를 요즘 식으로 말해 보면 손도장이요, 서예나 미술 작품에 남기는 낙관이 아니었던가 하고 상상해 본다.

다음은 미로의 비너스 상의 경우를 한번 상상해 본다. 중고교 시절에 이런 고대 희랍의 조각상이 있다는 것을 슬쩍 배우고 지났기에 그저 미로라는 조각가의 작품인 줄만 알았는데 좀 세월이 지나 알고 보니 사람 이름이 아니라 그리스 령인 에게 해에 있는 미로 섬에서 발견되었다는 지명인 것을 알게 되었다. 그리고 또 세월이 지나 이른바 서양인들이 즐겨 말하는 8등신 미인이란 말이 이 비너스상에서 나왔다는 것도 알게 되었다. 비너스의 몸 사이즈는 37—26—38이고, 오늘 날 미스 유니버스의 평균 치수가 36—25—36이라니 비너스야말로 8등신 미인의 표본이요 전형이 되어 있는 셈이다.

나는 이 비너스 상을 오래전 유럽 여행 중에 프랑스 루브르 박물관에서 자세히 관찰할 기회가 있었다. 몸매에 비해 젖가슴은 풍만하지 않지만 옷이 배꼽 밑 허리쯤에 겨우 하늘하늘하게 걸쳐져 있는 모양을 보고 내 나름대로 상상을 해보았다. 만약 전라의 나신상이라고 상상해 보라. 다 드러낸 모습이라면 호기심의 충족은 없었을 것이다. '보일듯 말듯'이란 말이 있듯 금방 슬쩍 미끄러져 내리듯 말듯 해 보이는 그 옷 흐름의 실루엣이 바로 보는 이로 하여금 감질나게끔 충동질하고 있는 결정적인 변수요 요인이 아닌가. 그것은 곧 예술심리학 으로 보아 '긴장의 멋'이요 '감춤의 미학'이다. 우선은 세계의 뭇 남성들이 그 얼굴과 그 8등신을 보고 침을 질질 흘릴 수도 있겠지만 흘러내릴듯 말듯한 그 '감춤의 미학'으로 최고의 조각상이란 찬사를 들었을 것이라는 점이 바로 나의 상상이다. 전라라면 80점 내지 90점일 것인데 그 감춤의 '긴장의 멋'으로 덤이 생겨 불후의 명품이 되었다 싶다.

이제는 미켈란젤로의 두 조각 작품에 대해 상상을 펼쳐본다. 다비드(다윗) 상과 피에타 상이다. 다비드 상은 서 있는 키높이가 5미터를 조금 넘는데 26세의 젊은 나이에 시작하여 3년에 걸쳐 완성한 작품이다. 작업장의 비계 위에서 조각을 할 때 155센치의 작은 키의 그가 그 얼마나 키 작음을 한탄하고 열등감을 느꼈을까 싶다. 또 거꾸로 말해 보면 자기 작은 키를 보상이라도 받듯 5미터 장신인 다비드 상에서 '에라, 모르겠다.' 하고 최대로 주어진 대리석 돌덩이에다 키를 키웠을지도 모른다. 또 그 조각상의 코를 보아도 상상의 자료가 된다. 어느 날 그 조각을 의뢰한 피렌체의 통치자가 작업 진행 과정을 보기 위해 작업장에 들렀다. 조각해 놓은 상태를 둘러본 그가 코가 너무 크다고 했다. 그러자 그 사람의 심기를 거스르지 않으려고 일단은 비계를 타고 올라가 그 코를 다듬는 척했다는 에피소드가 있다. 사실 얼굴 비례에 비해 코도 컸겠지만 콧날이 너무 우뚝한 것도 특징이다. 그럴만한 이유를 우리는 미켈란젤로의 코에 관한 에피소드를 안다면 그런 점이 쉽게 상상된다. 그는 소년 시절에 친구에게 얻어맞아 코뼈가 부러져 콧날이 내려앉은 것이다. 그후 그는 자기 코에 대한 열등의식을 가졌다. 그러다 보니 자기 보상심리에서 그 조각상의 코를 크고 우뚝하게 조각했다고 상상할 수 있다. 당대의 역사가들도 그의 코가 툭 튀어나온 이마 아래 코가 납작하게 붙어 있었다고 했으니 대충 짐작은 가리라 본다. 어쩌면 비록 위대한 조각가라는 명성은 얻었지만 그의 신체적 결함인 작은 키와 볼품 없는 코 때문에 일평생 독신으로 지내지 않았나 싶기도 하다.

다음은 역시 미켈란젤로의 피에타 상의 경우다. 지난날 유럽 여행 중 로마의 바티칸 성베드로 성당에서 직접 본 조각상이다. 33세의 아들 예수의 주검을 무릎에 눕혀놓고 모성애로 비탄에 잠긴 마리아의 모습이다. 33세의 아들이라면 마리아가 너무 젊다는 이야기가 많다. 여기에도 그럴만한 이유를 상상 내지 추리해 볼 수 있다. 미켈란젤로는 어렸을 때 어머니를 일찍 잃었다. 자라는 과정에서나 청년이 되어서나 어머니에 대한 한도 맺혔으리라 본다. 피에타 상을 조각할 때가 24세 나이였으니 문득문득 어머니 생각이 났을 것이다. 가령 어머니의 장례를 마치고 돌아온 그날 밤에 어머니의 그림을 그렸다고 했으니, 젊은 나이에 돌아간 어머니의 모습이 문득문득 떠올라 그런 젊음의 모습을 마리아에게 투영시켰으리란 상상도 가능하다. 아니 조각상의 그 어딘가의 모습에서 어머니의 그 어느 이미지를 담아보려고 했을지도 모른다. 만약 미켈란젤로 어머니의 실질 초상이 있다면 대조도 한번 해봄 직하다고나 할까.

이제는 종교 쪽 돌문화의 경우를 한번 생각해 본다. 먼저 석굴암 대불의 모습이 떠오른다. 상상 외로 육감적인, 뚱뚱한 비만형이고 허리도 거의 무시된 원통형이다. 초기의 인도지방에서 발견된 모습은 물론 고행상이라 피골이 상접한 모습도 있다. 그렇지만 그리스의 조각예술을 모방한 간다라 풍이 중국이나 우리나라로 들어오면서 불상이 좀 비만형이 된 것만은 사실이다. 그렇지만 석굴암의 대불 조각상은 그 정도가 지나치다는 바로 이 점에서 별도의 상상력이 발동된다. 석공이란 오늘날에는 당당한 조각예술가로 대접을 받고 있지만 그 당시야 물론 천민계급이다. 천민이니까 잘 먹어서 살이 찔 리 만무하다. 작업 현장을 둘러보거나 독려 차 나온 고관대작들을 보았을 때 살도 찌고 얼굴에 윤기가 번지르하게 흐르는 모습을 보며 고작 돌가루나 날리고 있는 자기 신세나 처지를 한탄하며 속으로는 참 부러워했음에는 틀림없다. 그런 심리가 결국 조각과정에서 알게 모르게 작용하여 대불상에 투영되고 반영되어 초비만형으로 형상화되었다 볼 수 있다. 만약 그 석공의 혼을 초혼할 수만 있으면 한번 물어보고 싶은 충동도 인다.

마지막으로 나는 인도의 힌두교 사원과 그리고 힌두교에다 불교적 요소가 가미되어 있는 태국, 캄보디아, 스리랑카 등지 사원의 돌문화를 조사해 보는 과정에서 정말 놀랐다. 세계의 여러 종교 중 힌두교처럼 성性을 숭배하고 찬미하는 종교는 달리 없다 싶다.

사원들이 어쩌면 온통 성애性愛의 돌조각으로 채워져 있다 싶으니 가히 전시장을 방불케 하고 있다. 고대 인도의 성 경전이라 일컬어지고 있는 카마수트라에 나오는 수많은 남녀 교합 체위가 돌로 조각되어 있으니 눈이 휘둥그레질 지경이다. 힌두교란 원래 종교와 성을 하나로 결합시킨 종교인만큼 남녀가 교합하면 즐거움이 있고 또 해탈의 경지에도 이른다는 합환合歡사상이 그 근간 중의 하나이다. 그래서 성기 숭배도 나온 것이다. 힌두교에는 세 사람의 주된 최고 신이 있다. 천지창조의 브라만 신, 우주를 유지, 발전시킨다는 비슈누 신, 우주를 생성하고 파괴시킨다는 시바 신— 이 중에서 시바 신이 곧 성을 담당하고 있는 주관 신인 셈이다. 그래서 '시바 링가'란 조각이 있는 것이다. 시바 신을 상징하는 남근 형태의 링가(linga)와 여근을 뜻하는 요니(yoni)가 위 아래로 음양이 맞추어져 있는 형태인데 힌두교 사원에서는 이것을 모시고 있는 곳이 많으며, 그중에서도 시바 신을 모시는 곳에는 대부분 이것을 모셔놓고 있다. 그리고 이에 대한 각론식 조각이 이른바 미투나 상인 것이다. 미투나는 서로 사랑하는 남녀의 성적 결합을 표현한 인도의 조각이나 회화를 말하는데, 미투나 상은 곧 남녀교합상을 지칭한다. 힌두교 사원 중에서 이런 미투나 상으로 유명한 사원이 제법 많은데 이 중에서 살아 생전 간디가 카주라호 사원의 미투라 상을 보고 하도 야하고 부끄럽기도 해 그것을 부숴버리자고도 했는데 이 말을 들은 시인 타고르가 깜짝 놀라 좋건 궂건 종교 문화의 한 양식이요 유산이라 해서 간신히 말렸다는 일화도 전해지고 있다.

아무튼 그러고 보면 힌두인들이야말로 성을 일부러 꽁꽁 감춘 것이 아니라 '만천하 사람들아, 보아라.' 하고 펴놓은 사람들이요, 성을 찬미하고 숭배한 사람들이다. 지난 세기의 정신분석 학자 프로이트가 뭐니 해도 곧 성이 생명력의 원초요 근원이라 소리 높이 외치기도 했는데 그는 어쩌면 힌두교나 힌두교 사원의 미투라 상에서 혹시라도 그 어떤 영감이나 아이디어를 얻었지 않았을까도 싶다. 현재 인도인의 대다수가 힌두교도인데 그 인구가 땅의 크기로 보아서는 세계 7위인데도 12억을 넘어 1위인 중국 다음이다. 중국이야 워낙 땅덩이가 커서 그렇다치고 인도가 이렇게 다산의 나라인 것은 바로 전통적인 힌두교의 성 숭배사상과 결코 무관하지 않으리라 본다.

지금 지구는 앓고 있다

아침이다. 지금 창 밖에는 비둘기가 마치 아침 인사를 하는듯 구우~구우 하며 울어대고 있다. 오늘따라 유난히 처량하게 들린다. 김광섭의 시 〈성북동 비둘기〉처럼 문명의 그늘에 쫓겨난 유랑민으로 그 어디를 가도 숲이 있었던 할아버지와 그 할아버지의 할아버지 세대의 행복했던 옛시절을 그리워하며 자기 신세를 조상하고 있는듯 싶다. 생각이 이에 미치자 문득 어느 신문 기사에서 읽었던 지구의 환경문제가 떠오른다. 내친 김에 이런 점을 한번 적어보기로 한다.

아다시피 지구가 속해 있는 태양계에서 생명이 살고 있는 유일한 별이 바로 지구다. 지구에 빛을 주고 있는 태양이 아버지라면, 지구는 어머니다. 모든 생명체를 안아서 기르고 있는 어머니—지구(mother—earth)다. 이 지구는 우리의 인체와 마찬가지로 유기적 생명체로서의 시스템이다.

환경론자들의 말에 의하면 이 생명체의 시스템이 모든 공해로부터 자정능력의 한계를 넘어서 있기에 고장이나 중병을 앓고 있는 형국이다. 하나뿐인 지구가 건강한 생명력을 잃게 되면, 인류의 장래도 암담한 만큼, 그 어느 때보다도 지구사랑이 요청되고 있는 때가 아닌가 싶다.

홍수와 지진, 기아와 빈곤, 질병과 전쟁이 지난 역사에서 인간을 위협했던 재앙이었다면, 이제는 인간사회와 자연 사이에서 발생하는 환경 문제가 인류 전체의 생존 자체를 위협하고 있는 재앙으로 부상해 있다고 거의 한 목소리를 내고 있다.

세계적으로 보아 1970년대 이후 오늘에 이르면서 많은 전문가들 사이에 환경문제가 논의되어 오면서, 이제는 한 국가 단위의 문제가 아니라 전 지구적 문제로 떠오르게 되었다고 그 처방이 시급하다 한다.

지구의 온난화, 오존층의 파괴, 지구의 사막화, 산성비, 삼림의 파괴, 대양 오염, 생물종의 감소, 인구폭발 등이 전 인류적 환경위기로 대두되고 있다.

이렇게 된 근원적인 원인은 두말할 것도 없이 인간중심주의의 가치관이나 세계관, 과학기술 만능주의, 경제성장 일변도의 물질지상주의에 있다고 진단하고 있다.

인간이란 참 탐욕스런 동물이다. 자연 속의 일개 고등동물에 불과한데도 자연의 정복자로서 자연을 착취하며 가히 온갖 만행을 저질러 왔다 싶다. 자연을 여성으로 보면, 너무나 많은 범법행위를 저질러 온 셈이 아닌가. 성희롱이라면 애교라도 있을 수 있고, 추행이라면 이기적 짝사랑 발로쯤으로 곱게 봐 줄 수도 있겠지만 무참히도 폭행과 강간만을 일삼아 온 것이 아닌가.

이런 결과로 마치 자업자득처럼 환경문제는 매우 심각한 지경에 이르고 만 셈이다. 46억 년이 된 지구의 역사가 불과 200여 년 만에 만신창이나 다름없이 되어 가히 지구 종합병동이 되어 있는 지경이다

나는 이를 아무리 말 못하는 지구지만 그 절실함을 위해 일단 우리의 인체로 환원시켜 인체의 병과 대비해 그 병명을 진단해 보고픈 강한 유혹을 뿌리칠 수가 없다. 참 가지가지 병을 앓고 있다. 오존층의 파괴는 지구가 화상을 입고 있는 형국이요, 지구의 온난화는 말라리아 열병이나 홍역을 앓는 셈이며, 삼림의 파괴와 감소는 탈모증세요, 지하수 오염은 골수병이며, 생물종의 감소는 불임증세의 진행이고, 대기오염은 폐결핵이나 천식의 증후이며, 토양오염은 위궤양, 폐기물의 문제는 설사병, 산성비는 위산과다증에 각각 비유될 수 있지 않겠는가.

그럼 이런 형국이라면 다른 것은 고사하고 전통적으로 우리 민족이 장생물長生物이라고 각별히 좋아했고 사랑했던 이른바 십장생十長生의 경우를 상징적으로 한번 보자. 무생물인 해, 산, 물, 바위, 구름 다섯에다 학, 거북, 사슴, 소나무, 불로초로 해서 생물과 식물 다섯이 아니던가. 이제는 이런 것들까지 환경오염과 파괴로 그 본연의 수명이 짧아져 가고 있다. 산은 파괴되고, 바위는 부식되며, 물과 구름은 오염되고, 소나무와 불로초는 산성비의 피해를 보고

있다. 학은 가련하게도 서식지를 잃거나 환경호르몬 물질이 든 먹이를 주워 먹고 죽어가고 있으며, 거북은 바다오염으로 몸살을 앓고 있고, 사슴은 마치 박목월의 시에 나오는 '청노루'처럼 호수 같은 맑은 눈에 구름이 놀고 있어야 할텐데 오염된 풀을 먹고 눈이 흐려져 있다. 온전한 것이 하나도 없다. 있다면 예나 지금이나 중천에서 독야청정이 아니라 독야적적獨也赤赤 큰 눈을 부릅뜨고 인간의 몽매성을 꾸짖기라도 하듯 내려다보고 있는 해뿐이다. 장생長生이 단생短生화 되어 가는 이 부근에서 나는 부조화 같은 문명의 역설적 아이러니를 보고 있으며, 심각한 환경문제의 어두운 그림자를 보고 있다.

본연의 생명력을 되찾는 자연, 자연과 조화를 이룬 생명력 있는 문명은 과연 없는 것일까. 지금 이런 생각 저런 생각을 하다 보니 문득 어린 시절 시골에서 반딧불이나 메뚜기와 미꾸라지 잡던 기억이 떠오른다. 정녕 그런 기억은 추억으로만 남는 것일까.

올해도 7월이면 작년처럼 내가 사는 아파트 근처의 몇 그루 나무에서 공해로 돌연변이가 된 매미가 밤낮도 구별하지 못한 채 또 목놓아 울어댈 것이다.

오늘 아침 나는 자연이 주는 혜택이나 그 은공을 경건히 다시 한번 생각해 보며, 중병을 앓고 있는 지구에게 건강 회복의 안부를 전해 본다.

둘째 마당

새로운 장르, '가계수필'의 실험

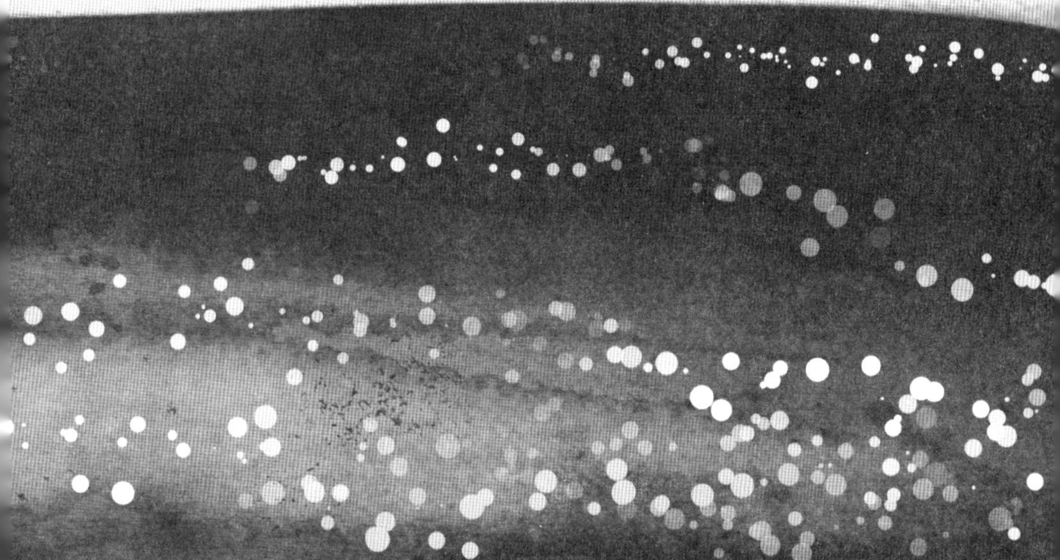

여는 글—'가계수필'이란 무엇인가?

1. 들어가며

소재에서 장르가 나왔건 아니면 장르가 생기고 소재 개발이 되었건 그것은 크게 따질 일이 아니다. 마치 닭이 먼저냐, 달걀이 먼저냐를 따지는 일과 흡사하기 때문이다.

하지만 소재와 장르는 불가분의 관계로서 상호보완적임은 자명하다. 새로운 장르를 염두에 두고 거기 걸맞은 소재를 찾건 또 아니면 새로운 소재를 찾다 보면 자연 새로운 장르도 나오기 마련이다. 비유해서 말해 보면 이는 태어나기 전의 아기에게 미리 이름을 지어놓을 수도 있고, 또 아니면 태어난 후 이름을 지어 줄 수 있는 것과 비슷하다.

사실 수필계의 발전을 기대한다면 소재가 먼저였건 장르가 먼저였건 요는 늘 고정된 장르의 범주 내에서 다람쥐 쳇바퀴 돌듯 할 것이 아니라 새로운 장르의 창출이나 새로운 소재의 개발은 곧 장르의 확장이 되고 소재의 확대가 된다.

그런 의미에서 나는 '가계家系수필'이란 새로운 장르를 한번 생각해 보고자 한다. 그것은 곧 지난 시대의 재현도 될 것이고, 선대조들의 생활문화학도 될 수 있으며, 수필로 보는 한 집안의 가계사도 되리라 본다.

2. '가계수필'이란 용어와 그 발상의 배경

'가계수필'이란 한마디로 '나'의 가계사에 나타난 여러 일들을 소재로 한 작품을 말한다. 한 집안의 직계 이야기가 물론 주가 되겠지만 필요시는 때론 방계도 그 소재가 될 수 있다고 본다.

우리의 주변에서는 '나'를 소재로 한 사私수필이나 자전수필 그리고 가족 소재의 가족수필 등속은 쉽게 만났고 또 만날 수도 있다. 그리고 소설 쪽만 보아도 '나'를 소재로 한 사소설은 물론이거니와 가족소설이나 가족사소설이 있고 또 더 나아가면 가계소설이란 것도 있다.

그러나 수필 쪽은 소설 쪽과는 좀 다르다. 내가 과문한 탓인지는 모르지만 아직껏 '가계수필'이란 용어는 물론 그런 유의 작품들을 거의 듣지도 보지도 못했다.

적어도 지금 내가 생각해 보고 있는 이런 유형의 수필은 가족수필이 살아있는 가족들의 이야기로서 동시대의 수평적 라인의 이야기라면, 이는 한 집안의 가계 즉 세계世系를 따라 위아래를 살펴보는 수직적 접근이요 그 소재 발굴이라 할 수 있다.

특히 내가 스스로 이 장르를 생각하게 된 데에는 그 계기와 배경이 있다.

나는 우리 집안의 7대 맏손자이다. 그나마 젊은 시절이었던 4, 50대에는 체면치레로 일단 집안의 뿌리쯤은 좀 알아두어야 하겠기에 그저 주마간산 아니면 건성으로만 알아두었다. 그러다가 근년에 시간이 있고 해서 마치 보학자譜學者가 된 양 족보를 비롯하여 관련 자료들을 제법 꼼꼼히 살펴보았다.

그러는 과정에서 내 자신이 직접 수필도 쓰고 또 다른 평론 외에도 수필비평도 하는 사람이다 보니 문득 '가계수필'이란 장르가 떠올랐다. 그리고 지난날 자전수필을 쓰는 과정에서 집안의 내력 이야기를 한편 썼었던 기억도 떠올라 그것이 바로 '가계수필'의 일종이었구나 하는 생각도 하게 되었다.

그런데 근년에 모 문학지에서 수필 한 편 청탁이 들어왔다. 평소 이런 생각들을 한 바 있기에 바로 이때다 싶어 '가계수필'이란 분명한 장르의식을 갖고 시도적으로 글 한 편을 써 보았다.

나는 서부 경남 산청군 신안면에 있는 '청현'이란 작은 마을에서 태어났다. 물론 성장은 다른 곳에서 했지만 그곳은 나의 출생지요 또 우리 집안의 세거지世居地이기도 하다.

그래서 그 글에서 이 마을이 세거지가 된 사연에다 중시조 할아버지에 관한 행장을 좀 소개하면서 한편 흥미로운 수필적 발상의 접근도 있어야 하겠기에 이 할아버지와 나와의 비슷한 면을 우연의 일치 아니면 아전인수식 해석일지는 모르지만 일부러 소개도 해 보았다.

바로 이 글을 써 나가는 과정에서 문득 후손으로서 나를 비추어 볼 수 있는 좋은 거울이구나도 싶었고, 또 독자들에게 내 집안과 나에 관한 정보 제공도 되겠구나 싶었다.

그래서 얻은 결론이 '가계수필'이란 것을 이런 식으로 쓰면 되겠구나 하는 확신도 갖게 되어 감히 그 제언을 해 보는 것이다.

3. '가계수필'의 자료와 그 소재

자료라면 먼저 족보가 있을 것이다. 다음, 조상이 죽은 후에 그의 일생의 행적을 적은 행장行狀이나 또 집안 조상들의 행적에 관한 기록인 가장家狀이 있을 것이다. 또 묘 앞에 세워둔 작은 비석의 글인 묘갈명墓碣銘도 있다. 또 있다. 구전되어 내려오는 가전家傳의 이야기도 있을 수도 있다. 그리고 더 많은 자료가 필요하다면 선대들의 문집은 물론 다른 분의 문집에서 참고자료를 찾아낼 수도 있을 것이다. 또 한편 권문세가의 집안이라면 조상 무덤 근처의 길에 세워둔 신도비神道碑의 비문 내용도 있다.

그러니 집안이 있고 조상의 뿌리가 있는 이상 그 어떤 수필가일지라도 이런 자료들은 관심만 있으면 쉽게 구하고 또 쉽게 찾아보거나 찾아낼 수 있을 것이다. 자료만 있으면 수필감이 될 만한 알맞은 자료들을 찾아내 요리만 하면 일은 끝난다.

자, 그러면 이제부터는 이런 자료에서 어떤 것이 과연 '가계수필'의 소재가 될 수 있는지 알아보기로 하자.

첫째, 멀리나 가까이의 흥미로운 집안 내력이 소재다.

둘째, 집안운에 관한 것이다. 재운, 벼슬운, 수명운, 자손운, 가문의 행과 불행 등등이다.

셋째, 집안의 생활사이다. 생활형편, 혼인척 관계, 이사 다님과 그 어느 곳이 세거지가 된 사연, 대물림의 직업, 묘 자리나 이장 등에 관한 이야기, 개인적 행운이나 불운 또는 악운 등등이 있을 것이다.

넷째, 도덕과 윤리적 덕목 이야기도 있을 것이다. 집안 전래의 가훈이나 좌우명, 우애나 혈연의식, 선행善行, 충절忠節, 정절貞節, 효행孝行 등등이다.

다섯째, 선천적이건 후천적이건 대물림의 어떤 특징이나 특질도 이에 속할 것이다. 가령 손재주나 음식이나 바느질 솜씨, 머리 재주, 기질과 성격(성질)이나 성품, 취미나 취향, 유전병 등도 그 소재다.

여섯째, 강학의 벗이나 스승, 세전지물, 문집에 얽힌 이야기, 특이한 문중 행사 등도 있을 것이다.

4. 몇 가지 생각나는 작법 요령

첫째, 지나친 가문 자랑이나 집안 인물 자랑은 피하면 피할수록 좋을 것이다. 최대한 주어진 문맥 속에서 겸손의 미덕을 살려 거부감을 갖지 않도록 해야 되리라 본다.

둘째, 자료 중에서 가능하면 어떤 특징적 공통분모가 될 만한 것을 찾으면 찾을수록 좋을 것이다. 가령 선대先代에서 단명短命이나 요사夭死가 많다면 그것이 바로 소재가 될 수 있을 것이고 또 불칼 같은 집안 내림의 성질이 있다면 그것 역시 소재가 되기에 충분할 것이다. 그래서 이런 글에서라만 단명과 요사의 원인을 또 성질 문제라면 그로 말미암은 불이익과 손해 기타의 해프닝을 오늘의 '나'의 시작에서 반성적으로 생각해 볼 수도 있으리라 본다.

셋째, 역사소설가들이 어떤 사건이나 사안에 대해 그 구체적 형상화를 위해 개연성의 상상력을 최대로 발휘하듯, '가계수필'에 있어서도 응분의 수필적 상상력의 발휘도 있어야 할 것이다. 가령 한 예로 그때 그 시절에 만약 그 일이 일어나지 않았다면 후에 과연 어떻게 되었고 또 어떤 결과를 나왔을까 하는 가정법적인 상상력의 발휘 같은 것도 있고 볼 일이다. 크게 보면 거의 화석화되어 있는 자료들에 문학적 생명력을 불어넣어야 한다는 뜻이다.

넷째, 과거의 이야기를 노상 과거의 시각에서만 볼 것이 아니라 때론 오늘의 시각에서 비교해 보거나 재음미해 볼 필요도 있다.

다섯째, 가문의 여러 전통 속에서 온고이지신처럼 그 어떤 장점이나 가치도 찾아낼 필요도 있다. 더 나아간다면 설사 온고이지신은 아니더라도 새로운 의미부여나 현대적 새로운 해석도 가능할 것이다.

5. 나가며

수필가들에겐 모든 것이 자료요 소재다. 위대한 사람이나 성공한 사람 그리고 잘난 사람들의 행적은 전기를 읽으면 족하다. 그러나 사대부 집안 후손의 수필가들이 극히 한정적임을 감안하고 대신 선대先代가 대부분 평민층인 점을 상상해 보면, 그런 선대들의 이야기는 족보나 기타 자료에서 잠만 자고 있지 않는가. 후손으로서 수필가 각자는 그런 자료들을 찾아내 수필로서 문학적으로 재처리, 재가공, 재생산할 필요가 있다. 후손으로서 더 깊이 뿌리를 확인해 볼 수 있는 계기도 될 것이고 또 소설이 담당해 주었던 이른바 '평민문학'의 외연을 그만큼 넓힐 수 있어 문학사적으로도 또 다른 의미가 있으리라 본다.

그리고 이런 수필의 필요성에는 몇 가지 효용성도 분명 있다.

맨 먼저 필자인 '나'의 입장에서라면 집안의 뿌리 이야기란 거울을 통해 오늘의 '나'를 투영해 볼 수 있는 계기도 될 것이다. 때론 힘과 용기 그리고 자긍심도 얻을 수 있을 것이고 또 자체 반성도 해 볼 수 있을 것이다.

그리고 독자들에겐 칭찬 받을 만한 모범적인 이야기라면 본보기도 될 것이고 반대로 좋지 못한 이야기라면 타산지석의 교훈도 될 것이다. 또 있다. 만부득이한 슬픈 이야기라면 동정심도 유발시켜 긍휼의식도 고양시킬 수 있으리라 본다. 그런가 하면 자기 집안에 대한 조각 지식이나 조각 정보를 줄 수도 있어 독자들에게 필자 집안에 대한 호기심도 충족시킬 수 있을 것이다. 이에 더 나아가 보면 비록 간접적이긴 하지만 지난 과거 시대의 정치, 경제, 사회, 문화, 생활, 관습이나 풍속 등등의 어느 일면을 엿보게 할 수도 있으리라 본다. 따라서 '가계수필'의 개척은 반드시 필요하다. 수필 소재의 새로운 영토도 그만큼 확장시킬 수 있는 장점과 유리점은 분명 있다고 본다.

그런 의미에서 나는 근년에 시도적으로 '가계수필'을 써 보았으며. 여기에 그 결과물을 소개한다. 우리 수필가들도 이에 많은 관심도 가져 언젠가는 샛강물이 흘러들어 한강물을 이루듯 '가계수필'이란 새로운 장르가 당당히 안착되었으면 한다.

내 집안의 여러 내림 이야기

한 가문이 아니라 이를 더욱 좁혀 직계 집안을 보아도 그 집안의 내림 이야기를 찾아 보면 어느 집안이건 그런 이야깃거리는 제법 있으리라 본다. 일반적으로 내림이라면 선천적인 것도 있을 것이고 또 후천적인 것도 있을 것이며 또 아니면 선천적인 요소에다 후천적 내지 환경적 요인인 것이 접합 내지 접목된 것도 있을 것이다. '가계수필'에서라면 꼭 한 번 다루어 볼 만한 흥미있는 소재다.

아무튼 나는 평소의 생활에서 저런 것이 바로 우리 집안의 내림이구나 하고 생각해 왔던 것을 소개해 볼까 한다. 내림이란 말 그대로 최소 2대나 그 이상이면 내림이라 할 수 있기에 나는 그런 점을 생각해 보고 있다.

먼저 호기심도 충족시킬 겸 삐딱한 화제부터 꺼내보기로 한다. 윗대나 아랫대로 보아 노름쟁이, 바람쟁이, 오입쟁이, 허풍쟁이, 술쟁이, 깡패 기질의 싸움꾼, 자살자, 한량閑良이나 난봉꾼이 없어 천만다행이다. 어떤 집안은 이 중 그 어느 것이건 부자 간에 또 아니면 할아버지와 손자 대에 걸쳐 있기도 해 그 아버지에 그 아들, 그 할아버지에 그 손자란 말을 들었고 또 듣고도 있다. 특히 바람쟁이나 오입쟁이다 보면 요샛말로 세컨드를 두고 있기 마련인데, 다행히도 저 윗대에서 아랫대까지 알아줄 만한 재산 많은 부자가 아니라서 그런지 제2호 부인을 둔 분이 없어 이렇다 할 가정 풍파나 집안 풍파가 없었지 않았나 싶다. 또 아니면 첫째 부인이 배태를 못하면, 자연 먹고살 만한 집이라면 자손을 얻기 위해 새 여자를 하나 갖다 앉힐 수 있는데 우리 집안의 경우는 그런 경우는 없다. 그리고 술꾼도 없다. 이야기를 들어보면 증조부는 물론 조부와 아버지도 술하고는 좀 거리가 멀었다. 삼촌들과 나의 동생도 그런 편이다. 단, 나는 명색이 문인이랍시고 더러 술자리에 어울리긴 했지만 단지 분위기파이지 결코 애주가는 아니다. 어디 내가 50년하고 몇 년이 더 되는 문단 생활에서 혹시 집안의 내림이라도 있어 노상 술을 퍼마셨다면 벌써 큰 탈이 났어도 났지 않았겠는가.

그렇지만 이와는 별도의 좀 삐딱한 이야기를 끄집어내 보면, 우리 집안에는 대대로 불뚝 성깔 또는 불칼 성질을 가진 사람이 있었고 또 있다. 증조부가 약간 그런 기미가 있었다 하며, 그 내림이 할아버지로부터 유전되어 간혹 손해를 보는 수가 있었다 하는데, 삼촌 한 분이 역시 그렇다. 그러나 뒤끝은 없다는 소리를 들었다. 다행히 나는 유하고 정이 많은 편에 속하는 아버지 성질을 닮아서인지 뚝 하고 단칼에 작살을 내는 듯하는 그런 성깔은 없는 대신 약간은 강직한 면만은 있다.

그 다음, 외형상으로 보아 저 윗대는 물론 8촌까지를 보아도 대머리가 없어 다행이다. 가령 배우 이덕화와 그 아버지인 왕년의 악역 배우 이예춘을 떠올려 보며, 저게 바로 내림이구나 하고 생각한 적도 있는데, 저 윗대는 물론 나의 대까지 그 어느 가까운 친척들을 둘러보아도 대머리가 없구나 싶어 우스개로 우리 집안이라면 가발 장사는 꼭 굶어 죽기 십상이구나 하고 생각해 본 적은 있다.

그런데 이렇게 대머리가 없는 것은 천만다행이지만 대신 내가 들은 바로는 3, 4대 위 할아버지에서부터 나의 대까지 수염쟁이가 없어 한편으로는 좋지만 또 한편으로는 아쉽다. 아무리 찾아 보아도 털보 할아버지, 털보 아저씨, 털보 형님이나 동생이 없다. 남성의 상징인 양 콧수염, 턱수염 또 거기에다 구레나룻을 멋지게 기르고 다니는 사람을 보면 은근 슬쩍 부럽기도 하다.

러시아 황제 중에 표트르 1세라는 양반이 있었다. 그 당시로 봐 러시아 근대화를 위해 17세기 말에 그는 유럽을 시찰하고 온 적이 있다. 유럽의 귀족들이 하나 같이 수염을 기르고 있지 않고 말끔한 얼굴이라 그것이 부러워 본인이야 말할 것도 없지만 가위를 가지고 직접 귀족종신들의 수염을 자르고 또 법령까지 만들어 수염세를 국민들에게 강요한 적이 있다. 만약 나의 할아버지나 내가 그 시절에 그곳에 태어나 살았다고 가정해 보면 일부러 길러 볼 그럴싸한 수염 자원이 없으니 그 얼마나 자유롭겠는가. 또 바꾸어서 우리 집안 어른들이나 내가 조선시대 문신이 되었다면 참 볼품없는 수염으로 그 얼마나 자손심이 상했겠는가 싶기도 하다. 에헴 하고 쓰다

듣어 만져볼 수염이 없는 격이 아닌가. 그러나 이제는 그런 수염 기르는 세상이 아니라서 참 다행이다.

그러나 이런 내림이 없는 대신 유전병 같은 것이 없다는 것은 그 얼마나 큰 홍복인가. 비만, 당뇨병, 풍병, 심장병, 간질병, 고혈압, 혈우병, 암, 정신병 등의 내림이 있다고 가정하면 그 얼마나 아찔한가. 직계 3대에 걸쳐 2명 이상이 이런 같은 병력을 가졌다면, 의사들은 가족병력이라 하며 잔뜩 겁을 주는 세상이다. 그 돈 많은 이병철의 범삼성가의 남자들은 이병철로부터 내림을 받아 아들, 손자가 폐질환을 앓고 있다는 보도를 본 적이 있는데, 우리 집안은 비록 돈은 없다 할지라도 그렇다고 마냥 안심이야 할 순 없지만 우선 그런 것이 없으니 자위할 수 있어 좋다.

또 머리 내림으로 보면 저 윗대 몇 분이 천재란 소리를 들어서인지 현재 집안 사람들의 머리 재주의 평균치는 중상 이상은 되는 것 같다. 그런데 의외로 상고나 공고 출신이 드물고, 자연과학이나 이과 또는 의예과 출신이 거의 없다. 대부분 문과 체질이다.

그리고 손세가 좀 약한 내림이 있어 아쉬움이다. 물론 2대나 3, 4대 독자로 내려온 집안이라든지 또 무자식이라서 형제나 4촌 아들을 양자로 들이는 경우에 비하면 그저 감사해야 할 일이지만 7대조 대부터 보면 외아들 아니면 형제 2, 3명 정도에 그치고 있으니 손세가 번창하질 못한 것이다.

어느 집안이건 2, 3대에 걸쳐 두세 명의 형제가 각각 3, 4명 정도의 형제만 두었다 해도 자손은 가히 기하급수적으로 불어날 일이 아닌가. 손세운이 있고 없고는 결국 집안운이지 싶다. 불어나기는 커녕 집안운에 따라 심지어 아예 절손 되는 집도 더러 있다. 가령 명종 때 사람으로서 속칭 한국판 노스트라다무스라고 불려지기도 하는 예언가요 지관地官으로 ≪격암유록≫의 저자로 잘 알려진 남사고南師高도 명당을 찾아 아버지 유골을 파들고 9번을 옮기고 10번째 장사, 이른바 '구천십장九遷十葬'을 하긴 했지만, 결국 운이 닿지 않아 하나뿐인 아들이 후사 없이 요절하고 말아 절손이 된 일도 있다. 본인이 '비룡상천飛龍上天'형으로 보았던 그 자리가 어이없게도 무고장이 될 줄이야.

또 후사가 없어 양자 아니었다면 절손될 뻔한 집도 많다. 조각 정보라도 될 겸 몇 집안만 소개해 본다. 조선조의 대학자 겸 문신인 이언적은 관기와의 사이에서 아들이 하나 있긴 했으나 정실부인에서 자식이 없자 뒷날 사촌 동생의 아들을 적통 양자로 삼았다. 추사 김정희도 큰아버지가 딸만 다섯을 두자 큰집 양자로 들어가 봉사손으로 대를 이어 주었고, 고종 때 대원군이 물러나고 친정을 할 때 영의정을 지냈으며, 조선 말 열 손가락 안에 들었던 최고 갑부 이유원은 먼 친척 조카 즉 부대통령을 지낸 바 있는 이시영의 둘째 형님 석영을 양자로 삼아 대를 이었다. 이만석지기의 큰 재산이 한일합방 이후 독립운동 자금으로 쓰이기도 했는데 독립운동가인 우당 이회영(전 국정원장 이종찬의 조부)이 바로 친가 쪽의 친형제 아우이다. 또 매국노라는 이완용도 사실은 먼 친척에게 양자 간 몸이었다. 또 문화재 수집과 보호자로 잘 알려진 간송 전형필도 역시 후사가 없었던 조선 40대 갑부에 꼽히는 종숙부의 양자가 된 것이다.

끝으로 가풍家風의 견지에서 본 내림이라면 명리名利를, 권세를 그렇게 탐하지 않았으며 또 효孝 의식의 내림도 어딘가에 간헐적으로나마 나타나는 것 같다. 명리와 권세를 탐하지 않았으니 큰 부자도 또 높은 벼슬이나 높은 직의 관료 출신도 그리고 정치가도 없다. 효자로 보면 나의 13대조가 이름난 효자였고, 그 피내림인지 6대조 할아버지도 그랬고, 아버지도 그랬으며, 나도 조금은 그런 면이 있었지 않았나 싶고, 나의 큰아들 역시 그런 것 같다. 그리고 예부터 선비 집안이라 청렴과 검소를 생활신조로 삼아 왔기에 이는 우리 후손들의 생활습관에 알게 모르게 배여 있다.

지금까지 드러내 보인 이런저런 여러 이야기로 보아, 어떻게 보면 우리 집안은 이렇다 하고 크게 내세울 정도의 자랑거리도 없는 것 같고, 반대로 지지리도 못난 집안은 물론 아니지 않겠는가는 싶다. 원래 좋은 내림이 되었건 그렇지 않건 내림은 인력으로 되는 일이 아니라 그저 개인운 아니면 집안운에 맡길 도리밖에 없다.

그렇지만 우리 모두 누구나 한 번쯤은 자기 집안의 내림이 과연 무엇인지 깊이 생각해 볼 필요는 있으리라 본다. 때론 반면교사가 되어 반성이나 조심성 또는 경각심을 갖게 해 줄 수 있으리라 보며 또 역으로 좋은 내림들이 있다면 본보기로 자긍심과 분발력도 생겨나리라 본다.

일화逸話로 엮어본 선대조들 이야기

살다 보면 누구에게나 삽화 같은 자투리 이야기들이 있기 마련이다. 우리 수필가들은 이런 소재로 이른바 '신변수필'을 생산해 내고 있다. 더욱이 오랜 세월 속에 잠자고 있는 선대인들의 생활이라면 더욱 호기심을 끌 수도 있지 않나 싶다. 그런 맥락에서 나는 '가계수필'로서 선대 할아버지들의 일화를 찾아내 이 글을 써보는데, 문단 이면사가 재미가 있듯 흥미를 좀 끌 수도 있지 않을까도 싶다.

나의 16대조에는 중종조에 벼슬을 한 이적李迪이라는 분이 있다. 마지막 벼슬은 홍문관 교리다. 교리 되기 바로 전에 글이 뛰어나 중국에 서장관으로 간 적이 있다. 황제와 이야기를 나눌 수 있는 기회가 있었는데 황제가 이 할아버지의 문장과 재덕에 감동을 받아 작은 나라 조선에 이런 영재가 있다는 것을 알고, 그런 점을 가상히 여겨 직접 서너 가지 하사품을 내렸는데 이때에 조선에서 구하기 힘든 책을 일부러 청해 하사받기도 했다.

그런데 돌아오자 이런 사실이 알려져 곧 교리 겸 경연 시독관 참찬관을 제수받는다. 그리고 이런 일 외라면 이 할아버지가 조정에서 물러나 있을 때의 이야기다. 회재 이언적의 본 이름도 사실 처음은 이 할아버지 이름과 똑같은 적迪이었다. 그래서 어느 날 중종이 회재를 보고 지난날 조정에 그대와 이름이 같은 사람이 있었다고 하면서 혼동을 피하고 예의로 보아 '彦'자를 넣어라 하여 결국 회재의 이름이 이언적이 된 것이다. 그후 세월이 한참 지나 회재의 이름이 드러나고 또 나의 할아버지도 고향에 내려가 후학들을 가르치며 더욱 이름이 높아지자 사람들은 강우江右 즉 경상우도에 나의 할아버지가 있다면, 경상좌도인 강좌江左에는 회재가 있다고 칭송하기도 했다.

이 일화를 음미하면서 사람이란 그 어디에 있건 능력만 있으면 그 능력을 알아주는 사람이 있구나 싶고 또 그것으로 말미암아 좋은 일의 기회도 오는구나 싶은 생각도 해보고 있다.

15대조 도남圖南할아버지 경우라면 활 쏘기와 관련 있는 일화가 있다. 우리 집안에서는 동래부사공이라 부르고 있다. 이 일화는 경직京職으로 종묘의 제사와 시호諡號 업무를 관장하는 봉상사 부정(종3품)으로 있을 때 이야기다. 그때 벌써 나이가 66세였는데 어느 날 상감인 명종이 왕림하여 신하들 활쏘는 솜씨를 구경하고 있었다. 무신 아닌 문신인 할아버지가 환갑을 훨씬 지난 늙은 나이에 뜻밖에도 활 세 발을 연달아 명중시켜 1등을 하는 것을 보고, 상감이 이를 가상히 여겨 특별히 동래부사로 제수했던 일이 있다.

나는 이 예화를 보며 물론 다 아는 사실이긴 하지만 특히 나의 할아버지 일이라서 사람이란 꼭 한 가지 능력만 있는 것이 아니라는 것을 더욱 실감나게 확인해 보고 있다. 뿐만 아니라 때론 어떤 우연한 일 또는 그런 것이 계기가 되어 어떤 일도 잘되어 갈 수도 있는 게 아닌가 싶다. 세상 일이란 꼭 마음을 먹고 한다고 억지로 되는 것이 아니라, '우연의 필연'이란 말이 있듯 우연으로 되는 일이 비일비재할 수도 있다는 사실을 통감해 보고 있다. 어찌 보면 그것도 다 운명이요 또 운명적 만남의 인연과 기회이리라.

그리고 비록 직계는 아니지만 이 15대조 할아버지의 형제 중에 바로 손아래 동생에 형남亨南이란 분이 있었다. 호는 비암比巖이다. 중종 29년 22세 때에 유교경전 시험인 명경과明經科 말단에 합격했는데, 마침 당시 81세로 낙방한 한 노인이 있기에 임금이 이를 애석히 여겨 젊고 다음 기회가 얼마든지 있다 생각하여 그 노인을 할아버지 대신으로 합격시킨 일이 있다. 그후 선조 27년(1594)에 임금이 이 사실을 알고 특별히 할아버지를 불렀으나 고인이 되어버렸다는 사실을 알고 대신 외아들을 한성부 우윤에 제수한 일이 있었다. 이 할아버지는 아들 3형제를 두었는데, 우리 종중 '비암공파' 후손으로 맥을 이었다.

14대조 광전光前 할아버지의 경우는 집단으로 해코지를 당한 경우다. 명종 2년 30세에 대과 급제를 했고, 불과 1년 후 저작직에 있을 때 불행히도 요절했다. 그 유명한 양사은과 과거 급제 동기이다. 성격이 곧고 불의에 타협하지 않는지라 승문원에서 일할 때 기강을 쇄신코자 하면서 모든 일을 원칙과 순리에 따라 과감하게 처리하려 했다. 그러자 주변의 서울 토박이 몇몇 권세가들이 저 산청에서 올라온 시골 친구라고 깔보고 우물에 밀어 넣고 돌까지 던지는 일이 일어났다. 그렇지만 이런 일에도 꿈쩍도 않고 소신대로 일을 처리했다는 기록이 나와 있다.

이 일화를 확인하면서 이 할아버지의 성격이나 기질이 우리 집안에도 그 한 유전자가 되어 지금도 유전되고 있다 싶다. 후대의 몇 할아버지에게도 이런 점이 있다는 것을 기록과 들은 이야기를 통해서 이미 알고 있기도 한데 또 여기에 나까지 한번 대입도 시켜 보았다. 사실 나 자신도 지저분하고 옳지 못한 일이라면 십 리는 아니더라도 그 반의 반이라도 도망가려는 경향이 있다.

13대조 천경天慶 할아버지도 평소 한없이 유하고 인자하면서도 때론 부전자전이라고 강직한 면이 드러났다는 기록을 지금 보고 있다. 남명의 열 손가락 안의 제자로서 벼슬을 멀리하고 평생을 유학자로서 가르치고 학문이나 강마하고 살았다. 평소의 생활에서 간사하고 잘못된 행동을 하면 용서하지 않으려는 성품이다. 그 한 예가 남명 문하에서 동문수학한 정인홍과의 절교이다. 서로 사는 곳이 멀지 않아 한번은 옛 연도 있고 해서 그 집으로 방문한 적이 있다. 가서 가만히 보니 손님으로 보기에도 나이 불과 세 살 위밖에 안 된 처지에 불쾌할 정도로 기세가 너무 높고 또한 그 부자간에 오가는 언사가 매우 불손함을 보고 돌아왔다. 그는 원래 성격이 거칠고 워낙 좌충우돌이라 그 인간 됨됨이에 너무 놀라고 실망한지라 당장 편지를 냈다. 이젠 옛 교분을 끊겠다고 밝히면서 심지어 그가 사는 곳을 지칭하여 '가야산의 늙은 역적老敵'이라 몰아붙이며 어찌 빨리 죽지 않는가라고 호통을 치듯 했다. 아닌 게 아니라 그후 정인홍은 비록 할아버지의 사후이지만 마치 사필귀정이기나 한 것처럼 인조반정 때에 목숨을 잃고 마는 결과를 맞는다.

그런데 이제는 이 13대조 할아버지의 이야기 중, 이런 이야기와는 전혀 다른 부드럽고 한편으로는 감동적인 이야기를 해볼까 한다. 이 할아버지는 일찍 혼자된 어머니를 효자로서 지극 정성 모셨다. 임진란이 일어나기 바로 전 해 11월에 어머니 상을 당했고, 연세는 50대 중반이었다. 그리고 다음 해 곧 임진왜란이 일어나자 소상도 마치지 못한 복중이라 피난 길에 오르면서도 나무로 만든 신주를 품에 넣고 제기를 짊어지고 결과적으로는 후에 최종적으로 닿은 곳이긴 하지만 머나먼 함경도 함흥으로 피난길에 올라 있었다. 그 와중의 피난 길에서 곧 소상, 그 다음 해에 대상도 치르게 된다. 이때 어쩌면 기적 같은 일 아니면 한편의 '전설 따라 삼천리' 같은 이야기가 연출된다. 소상 때는 물론 대상 때도 제수를 구할 길이 없어 한탄하고 슬피 울고 있었다. 지성이면 감천인지 소상 때는 어떤 사람이 몰고 지나가던 소가 어쩌다 다리를 뿌러뜨리게 되어 천우신조처럼 할 수 없이 도살하게 되자 이것을 좀 얻어 제수로 썼으며, 대상 때는 참 우연히도 마침 나무에 걸쳐놓은 그물에 날아가던 꿩이 걸리는 것을 문득 바라보게 되어 또 그것으로 제수를 삼았다.

내 나이 중년에 나는 할아버지의 행장을 읽고 이 사실을 비로소 알게 되었다. 그리고 다시 한번 나를 추스르게 되었다. 솔직히 내가 할머니, 어머니를 모시고 4대가 한동안 같이 살다 보니 때론 힘도 들고 짜증이 나 불경스런 생각이 간혹 들기도 했는데, 그럴 때 할아버지의 이런 효심이나 정성이 생각나곤 해서 다시 마음을 다잡고 고쳐먹기도 했다. 불효를 막아준 교훈이었다고나 할까.

8대조 후서垕瑞 할아버지의 경우는 지금까지의 이야기와는 아주 맛이 다르다. 제법 우스운 이야기다. 이 할아버지는 숙종과 경종 때 분으로 75세에 돌아가셨다. 우리 집안에서 장가를 세 번이나 든 분으로 우스개로 기록 보유자다. 일찍 또 일찍 상처를 두번이나 하고 보니 그럭저럭 연세가 제법 들고 말았다. 이렇다 할 약이나 의술이 없었던 시대의 슬픈 그림자다. 세 번째 장가를 들 때, 그래도 조부가 수안군수를 지냈고 또 아버지가 승이랑이라서인지 장인은 벼슬이 오위五衛 소속 종4품 무관직 부호군이었다. 장가를 드는 날 비록 나이가 들어 수염이 제법 희끗희끗하긴 하지만 명색이 새신랑이 초례청에 섰을 때 남보기도 그렇고 해서 그 당시로 봐서는 특히 시골이라 이렇다 할 염색약을 구할 길이 없어 답답한 대로 응급 처방을 했다. 먹을 갈아 먹물을 칠해서 갔다. 그런데 혼례 바로 당일은 그 나름으로 눈가림이 되었는데 이튿날 아침에 세수를 하고 나니 그만 들통이 나고 말았다. 희끗희끗한 수염의 늙은 신랑이란 농을 들으며 약간은 짓궂은 놀림을 받았다 한다. 이 이야기는 내가 중고 시절에 왕고모 할머니에게서 들었던 이야기다.

6대조 원영元永 할아버지는 지역사회에서 이름난 학자였다. 어릴 때 공부 머리가 너무 조숙할 정도로 일찍 뜨여 기이한 신동이라 했다. 혹시 너무 일찍 지혜가 열리면 만의 하나라도 상서스럽지 못한 일이라도 생길까 봐 나의 7대조인 아버지가 당분간 글방에 못 가도록 완강히 제지한 일도 있었었다. 그런데 어른이 되어서는 세상 탓인지 벼슬을 멀리하며 유학자로서 제자들이나 가르치고 또 서법과 금석학에만 몰두했다. 하루는 세거지 산청 신안 집현산 자락에 살고 있는 이 할아버지를 단성현 고을 원이 소문을 듣고 예를 표하기 위해 찾아 왔다. 사는 집을 보고는 약간 탄식도 하고 돌아갔다. 그 탄식이 바로 조정에서 쓰일 인재가 초옥에 묻혀져 있으니 위에 있는 사람들이 오히려 부끄러워해야 일이란 말을 남기고 떠났다 한다.

선대 할아버지의 좌우명을 찾아보며

좌우명과 가훈은 있으면 있을수록 좋다. 이는 내용이나 형식으로 보아 배다른 형제뻘이다. 좌우명이 극히 개인적이라면, 가훈은 여러 가족에게 통용될 수 있어야 하기에 좀더 포괄적이다. 가훈이 뜻 그대로 훈육적 요소나 내용이라면, 좌우명은 보다 실천 지향적이다. 이 둘은 그 내용이 그야말로 도토리 키재기나 손의 안과 겉의 관계처럼 거의 대동소이하다. 생활의 신조, 지침이나 거울이 될만한 금언이나 준 금언이 바로 그 주된 내용이다. 가훈이 늘 여러 자손들이 볼 수 있는 거실용이라면, 좌우명은 축자적 뜻 그대로 자기 방이나 책상에 앉아(座) 쉽게 볼 수 있는 자리(右)에 걸어두거나 붙여놓고 있기 마련이다.

이왕 가훈이란 말이 나온 김에 더 보충해 보면 어느 고등학교에서 가훈 전시회를 해 보았는데 주로 애용된 문구가 나이 고하를 막론하고 지표로 삼을 만한 근면, 성실, 인내, 정도正道, 정직, 최선, 화목 등이었다 한다.

그리고 위인들이나 이름난 분들의 좌우명도 한번 생각해 보았다. 나폴레옹은 너무나 잘 알려져 있다시피 '내 사전에는 불가능이란 말은 없다.'이지만, 미국 독립선언문 초안자 토마스 제퍼슨은 '오늘 할 일을 내일로 미루지 말라.'이고, 에이브러햄 링컨은 '남의 심판을 받기 싫거든 먼저 남을 심판하지 말라.'이다. 전쟁 시 이순신은 '죽으려는 자는 살 것이요 살려고 하는 자는 죽을 것이다.'였다. 또 우리의 대통령들을 한번 보면 이승만은 '뭉치면 살고 흩어지면 죽는다.', 박정희는 '내 인생 조국과 민족을 위해', 김영삼은 '대도무문大道無門', 김대중은 '경천애인敬天愛人', 이명박은 '주어진 일에 최선을 다하라.'이다.

나도 내 선대 할아버지의 경우를 생각해 보며 내친 김에 좌우명은 물론이거니와 가훈도 무엇이 있었나 하고 찾아 보았다. 여기저기를 뒤적이어 보고, 이 자료 저 자료를 찾아 보아도 가훈만은 도저히 만날 수 없었다. 추측해 보건대 아예 없었거나 또 아니면 명색이 학자 집인지라 설사 있었다 해도 당대나 아니면 한 2대쯤 내려오다 소실이나 소멸되었지 않았을까도 싶다. 그렇지만 용케도 아쉽지만 두 할아버지의 좌우명만은 찾을 수 있어 그나마 아예 없는 것보다야 낫다 싶어 다행으로 이 글을 시작해 본다.

공교롭게도 좌우명을 남긴 13대조 할아버지와 6대조 할아버지는 우리 집안 어른 중에 상대적으로 13대조 73세, 6대조 76세로 장수하신 편에 속할 뿐 아니라, 으뜸가는 유학자로 결코 벼슬을 탐하지 않고 많은 제자들이나 가르치며 유일遺逸로 평생을 마쳤다. 크게 보아 두 분 다 영남의 남명학파에 속하는데 13대조는 동강 김우옹과 한강 정구와 같이 남명에게서 배운 직접의 제자이며, 6대조는 남명의 덕천서원에 깊이 관여하여 예식도 봉행했다. 그리고 앞의 동강은 벼슬이 이조참판을, 한강은 대사헌을 지내 할아버지에 비해 상대적으로 이름이 드러나 있지만 아무튼 두 할아버지는 아예 벼슬길에 나가지 않아 오로지 서부 경남 지역사회에서만 이름이 드러나 그나마 많은 사람들부터 존경을 받았던 것은 사실이다.

그럼 두 분의 좌우명을 알아본다. 13대조 할아버지의 그것은 '일신日新'이다. 즉 '날로 새로워지다'이다. 그 출처는 '일신 일일신 우일신日新 日日新 又日新'에서 따온 것이다. 그 뜻은 '날로 새롭게 하고, 날로 날로 새롭게 하고, 또 날로 새롭게 한다.'이다. 이 말은 원래 ≪서경書經≫에 나오고 후에 ≪대학大學≫에도 인용되어 있는 말이다. 이 문구와 관련 있는 이야기는 중국 은나라 탕湯 임금이 하도 이 말이 마음에 들어 자기 목욕탕의 세숫대야에 새겨 놓고 매일 매일 세수하면서 자기 다짐과 반성을 했던 일종의 금언이었다.

할아버지가 유독 이 말이 좋아 평소 좌우명으로 삼고 있긴 했지만, 여러 사람들에게 공식적으로 내보이게 된 데에는 어떤 계기가 있었고 사연이 있다. 임진란이 일어나자 난을 피해 산청에서 밀리고 밀리어 함경도 함흥 영평 땅에까지 밀리어 갔다. 거기서 사람들을 가르치며 한 3년 있다가 난이 평정되자 고향인 산청 청현으로 다시 돌아왔다. 그때 연세 60이 조금 넘었다. 그리고 산수 간에 몇 간 집을 지어 평소 좋아하던 '日新'이란 이 말에다 '堂'을 더해

당호로 삼아 편액하고 난리 전에 제자들을 가르치던 대로 다시 제자들을 가르치며 노년을 보냈다.

바로 이 좌우명 당호가 호도 되었는데 그런만큼 더욱 학문 강마를 할 때나 생활에서 구태舊態나 과거나 어제의 것에 매달리거나 안주하지 않고 늘 자기 변화나 자기 혁신을 하며 살았고, 사후에 이조참판으로 추증되기도 했다.

6대조 할아버지의 그것은 '수신신도修身信道' 즉 '자신을 닦고 도를 믿는다.'이다. 할아버지는 이것을 좌우명으로 한 만큼 첫째, 본인도 자기 '修身'을 하려고 열심히 노력하면서, 제자들에게도 먼저 자기 자신의 수양을 위한 학문이냐 아니면 수양보다는 오로지 남에게 보이기 위한 학문이냐를 엄격히 구분하여야 한다는 점을 강조하면서, 어떻게 하는 것이 성현의 공부이고, 어떻게 하는 것이 속된 선비로서 글귀만 외우는 것인지를 깨우치도록 했다. '信道'를 위해서는 우선 '도'의 이치와 본질을 파악하려고 하늘과 사람의 본성과 천명天命의 근원을 파악하려 부단히 공부하고 연구하여 그것을 운용하는 방안도 모색했다.

그럼 이제는 이 기회에 덕분에 무임 승차처럼 나의 좌우명도 한 번 끼워 넣어 보겠다. 이 글의 제목이 비록 선대의 좌우명이긴 하지만 세월이 한참 지나고 보면 어차피 나도 선대가 될 터이니 우스개이지만 예행연습이라도 해 볼까 한다.

나의 경우는 '부끄러움 없이 살자.'다. 내 나이 50대 중반쯤에 정한 것이다. 처음에는 '하는 일에 최선을 다하고 하늘의 뜻을 기다려라(盡人事待天命).'를 해볼까 생각도 해 보았는데 너무 거창한듯 싶고 객기가 느껴져 그만두고, 그 다음 '자신을 이기는 자가 강한 자다(自勝者强).'를 할까도 했으나 포기하고 다른 것을 생각해 봤다. 평범하면서 포괄적이고 필요에 따라서는 여러 적용이 가능할 수 있는 보다 함축성 있는 그 무엇이 없나 하고 궁리하던 참에 문득 이 말이 떠올라 참 안성맞춤이라 여겼다. 낙착을 보면서 동시에 이는 좌우명만이 아니라 가훈으로도 좋을 것 같아 양수 겸장 용으로 정한 것이다. 설사 가치 기준이나 윤리 의식 그리고 도덕적 규범이나 생활 덕목이 시대에 따라 변화가 온다 하더라도, 그 시대는 그 시대 나름으로 부끄러움 없이 살면 되리라는 생각에서였다.

끝으로 이 글을 마치면서 좌우명을 남기신 두 할아버지께 새까맣고 새까만 후대 손자로서 문안 인사나 올려 볼까 한다. 먼저 "할아버지들이 남기신 두 좌우명 중 그 어느 것 하나라도 세습하여 저의 좌우명으로 하지 못한 점 널리 이해 바랍니다. 저세상에서도 '일신일일신'이나 '수신신도'를 하고 계신지 궁금합니다. 단, 이 세상에 살고 있는 저나 저의 아들들이 저가 정해 놓은 좌우명 겸 가훈을 그대로 본받아 정말 부끄러움 없는 후손이 되도록 노력은 하고 있습니다. 굽어 살펴 주세요. 할아버지, 할아버지, 우리 할아버지!"

선대조들의 아호雅號에 비친 삶의 그림자

윗대 나의 집안이 선비 학자 집안이라 물론 호가 있겠지 싶고 또 있다면 어느 분의 호가 도대체 무엇인가 싶어 찾아 보았다. 16대조까지 16분 중 두 분은 자字만 있고 다른 분은 모두 자와 호를 갖고 있었다.

그런데 이름이야 항렬에 따른 돌림자가 있다는 것을 누구나 익히 알고 있다. 정리를 해 놓고 보니, 호의 작명에도 비록 이름에서처럼은 아니더라도 어느 정도 이런 관행이 지켜지고 있었다는 사실을 발견할 수 있었다. 호란 원래 선생이나 벗이 지어주거나 아니면 본인이 스스로 짓기 마련이라 어느 친형제나 또 어느 사촌이 먼저 어떤 호를 가지고 있다면, 자연 '같은 값에 다홍치마'라고 그 전례에 따를 수 있었을 것이다.

우리 집안을 조사해 본 결과, 어느 대엔 친형제간이, 어느 대에 가서는 사촌 형제 간에도 그런 예를 발견할 수 있었다. 12대조 할아버지는 삼 형제였는데, 큰형님인 나의 직계 할아버지는 '雲圃'이고 동생은 '紫圃'다. 10대조 쪽은 4형제가 있었는데, 그중 셋째가 나의 직계인데 호가 '遂菴'인 바 다른 형제 모두가 '菴'자 돌림 자를 하고 있다. 9대조의 경우는 나의 할아버지가 '陽庭'이고 제일 큰집 4촌이 '錦庭'이다. 8대조 할아버지는 두 아들을 두었는데, 작은아들이 나의 직계인데 호는 '雲溪'이고 형님인 큰아들은 '青溪'이다. 6대조 나의 직계 할아버지는 외아들인데, 호는 '賢巖'이고, 큰집 4촌 외아들은 '圓巖'이다. 아랫대로 내려와 나의 증조부는 큰형님으로 '滄齋'이고, 동생은 '質齋'다.

참고로 이런 호의 돌림자의 선호는 꼭 가까운 친형제나 사촌에만 국한된 것이 아니라 확대해서 알아 보면 절친한 친구 사이에도 있는 것 같다. 가령 세 살 나이 차이로 남명 조식의 문하에서 동문수학 하고 동시에 나의 13대조와도 동문수학의 벗이었던 김우옹의 호가 '東岡'이고, 정구의 호가 '寒岡'이다. 동강은 대사성과 예조참판을, 한강은 공조참판과 대사헌을 지냈는데 어릴 때 한 마을에서 자랐고, 후에도 절친한 친구였기에 두 사람의 호에서 따와 사람들은 '兩岡'이라 부르기도 했다.

그런데 16대조까지 16분의 호를 조사하는 과정에서 의문이 두 가지 생겼다. 왜 두 분은 자만 있고 아예 호가 없는 것일까? 또 그 흔한 고향 산천의 지명이나 산이나 강에서 따온 호가 왜 없는 것일까 하는 점이었다.

먼저 자만 있는 경우를 생각해 본다. 동래부사를 지낸 15대조의 자는 하루에 구만 리나 날아간다는 상상의 큰 새이거나 아니면 그저 '큰 벗'이랄 수 있는 뜻의 '大朋'인데, 여러 정황으로 보아 호가 있을 법한데 아예 없다. 아마도 앞에 나온 뜻이라면 자 자체가 자기 인생의 지향점을 암시하고 있다 싶어 구태여 호를 갖지 않았지 않았나 싶다. 즉 자 자체가 호를 대신하기에 충분하다고 생각했을 듯싶다. 14대조의 경우는 젊은 나이에 관직에 오르고 불과 1년 만에 요절했으니 여유로운 마음에서 호를 갖고 서로 친구들 사이에 호를 부르고 불러줄 시간이 없었던 것이 바로 그 이유이리라.

그 다음 고향 또는 출생 성장지와 관계 있는 경우인데, 많은 문신이나 학자들이 그런 관련 연고에서 따와 작호했던 것을 나는 알고 있다. 가령 栗谷(이이), 蘆溪(박인로), 蛟山(허균), 燕岩(박지원) 등등이 그렇고, 이황은 은퇴 후 고향 토계리에 와 있다고 退溪가 아니었던가. 그렇다면 적어도 나의 할아버지들 중 고향 마을 '靑峴'이나 그 골안인 '靑谷'쯤은 있을 법한데 아예 없다. 이는 아마도 대부분 나의 할아버지들이 저 윗대 몇 대를 제외하곤 대대로 유생이나 학자로서 세거지 마을을 지키며 살았기에 그렇지 않았나 싶다. 바꾸어 말해 고향을 떠나 관직 생활을 하는 중에 호의 필요성을 느꼈다면, 그 사정은 분명 십중팔구 달라졌으리라 추측해 본다. 늘 아침 저녁으로 보는 고향의 풍경이나 풍정이 아니라 멀리 떨어져 외지 생활을 하다 보면, 누구에게나 고향 생각이나 고향 그리움의 공통 심리 내지 공통 분모가 작용했으리란 유추다. 그렇지만 특히 8대조 이후의 선대 할아버지들은 세거지를 벗어난 적이 없다. 늘 보는 고향 마을이요 고향산천이라 호에 담기에는 실감이 나지 않았지 않았나 싶다.

그렇지만 아쉬운 대로 고향 마을의 그 어느 이름을 직접 따온 것은 아니지만 글자 한 자 정도는 따온 호가 있다 싶다. 7대조 할아버지의 바로 큰형님이 '靑溪'이니 세거지 청현 마을의 푸른 소나무에서 따왔건 아니면 직접 그 마을 이름에서 따왔건 '청'자는 하나 들어 있다. 그리고 바로 아들인 나의 6대조 할아버지 호가 '賢巖'이라 이것은 곧 마을 뒤쪽에 높이 우뚝 솟아 있는 집현산과 연관이 있다는 것을 이른바 '파리장서사건'의 면우 곽종석 다음의 제2인자인 장석영이 쓴 행장에서 알 수 있었다. 즉 그 산 밑의 말없는 바위처럼 흔들림 없이 평생을 살면서 제자들이나 가르치며 늙는 것이 곧 자신의 분수에 맞다고 생각하여 스스로 지은 것이라 풀이해 놓고 있다.

이에 덩달아 나의 호의 경우를 보태본다. 위 두 할아버지들이 사셨던 곳이 바로 나의 출생지이기도 한데 나의 호 '靑多'도 알고 보면 결국은 이런 고향과 연관이 있다. 호를 내가 지을 때 바로 출생지 고향 청현의 푸를 '청'자와 그 골의 푸른 소나무를 연상하며 지었고, 그 지향하는 바는 늘 푸르며 맑고 깨끗하고 꼿꼿이 살아보자는 뜻을 담고자 했던 것이다. 그러고 보면 7대조 할아버지 큰형님, 6대조 할아버지, 나, 이렇게 3대에 걸쳐 고향과 관련 있는 호가 있구나 싶은 생각을 해 보고도 있다.

그럼 이제부터는 호에 비쳤던 아니면 비칠 수 있었던 삶의 그림자를 그려내 보자. 삶의 그림자라면 뭐니 해도 자연이나 자연 사물에서 빌려온 작호의 경우보다는 추상적인 뜻이 담긴 호에서 쉽게 찾을 수 있다. 그렇지만 16조 할아버지의 경우는 호가 '淸湖'인데 행장을 읽어 보니 어렴풋이나마 삶의 그림자를 모자이크해 낼 수 있을 것 같았다. 이 할아버지는 홍문관 교리 겸 경연 시독관 참찬관을 지냈는데, 좀 일찍이 벼슬을 스스로 그만두고 고향으로 낙향했다. 집 하나를 더 지어 스스로 '청호'라 편액했고, 제자들을 가르치며 평생을 마쳤다. 대충 그 여생의 삶이 과연 어떠했는지 쉽게 짐작이 가리라 본다. 사뭇 소인배들이 들끓는 듯한 사회와는 절연하듯 하고 오로지 자연과 벗하며 뜻 그대로 '맑은 호수'처럼 깨끗하게 살겠다는 뜻을 실천하며 여생을 보냈다.

그리고 추상적인 뜻이 담긴 호의 경우는 두 분만 소개해 본다.이런 호는 평소에 지니고 있었던 신념이나 좌우명 같은 것이 나와 있어 쉽게 삶의 그림자 한 자락 같은 것을 집어낼 수 있다. 13대조 할아버지는 당호 겸 호가 '日新堂'이다. '日新 日日新 又日新'이란 문구를 서경書經에서 따와 좌우명을 삼고, 부단히 날로 날로 새롭게 태어나기 위해 학문을 벗하고 제자들을 가르치며 평생을 보냈다. 그랬기에 후에 사림들이 힘을 합쳐 서원을 세워준 것이다. 8대조 할아버지는 '醒軒'이다. 늘 깨어 깨달으며 살자는 뜻이 담겨져 있으니 역시 행장에도 그렇게 산 그림자가 비치어져 있다.

나는 여기서 실없은 묘한 상상을 한번 해본다. 만약 문종의 총애를 받았던 김종서와 사육신 한 사람인 하위지의 호가 각각 '節齋'와 '丹溪'가 아니고 '便齋'나 '和溪'가 되어 평생을 그렇게 살아왔다면 어떻게 되었을까? 절개와 일편단심에 그렇게 매달리지 않고 그저 세상 돌아가는 대로 편하고 화해롭게 살았다면 수양대군과 그 일파들에게서 죽임을 당하지 않을 수도 있었지 않았나 하고 엉뚱한 상상을 해 보고 있다.

덧붙여 물론 호의 경우는 아니지만, 자호가 특이하다 싶은 한 분의 경우를 소개해 본다. 저 아랫대인 나의 고조부에게는 '남쪽 언덕'이란 뜻의 '南岡'이란 호야 있지만 자가 '樂兼'이라 그 단어 취택이 좀 남다르다. 무겁고 심각한듯 한 뜻이 아니라 어쩌면 자기의 일상 생활 신조 같기도 하다. 인생을 살면서 즐거움도 겸해 갖고 살아 보자는 생활 수칙의 좌우명 같다고나 할까. 아닌 게 아니라 할머니에게 얻어 들었던 이야기인데 집안 일을 포함한 대내외적인 일을 활수로서 즐겁고 긍적적으로 잘 처리했다 한다.

물론 자는 아니지만 이와 유사한 뜻의 당호를 가진 두 사람의 역사적 인물이 생각난다. 한 사람은 조선 중기의 문신으로 좀 지조가 없는 사람으로 평가되긴 하지만 좌의정까지 지낸 '希樂堂'(金安魯)이고, 다른 한 사람은 남명 조식의 문인으로 함양군수를 지내고 정유재란 시 의병대장으로 서부 경남 황석산성 전투에서 순사한 '大笑軒'(趙宗道)이다. 희락당은 호의 뜻 그대로 즐겁게 살려고 주어진 만큼은 노력했을 것이고, 대소헌은 자호라서 술도 좋아하고 농담과 웃음을 즐겨해 매우 낙천적이었다고 했다.

한마디로 호란 참 좋은 것이다. 없는 것보다야 훨씬 낫다. 자연에서 따온 호가 마음의 편안함과 안정을 수시로 가져다 줄 수 있다면,

인문학적 추상적인 호는 자기 삶을 담아보는 무형의 그릇이 되고 또 자기 삶의 신분증이며 증명서요, 때때로 자기를 비추어 볼 수 있는 손거울과 좌우명이 되는 것 같다.

직계 선대 할아버지들의 수명운

나는 근년에 '가계수필'이란 새로운 장르를 이론적으로 주창한 바 있고 또 이에 대한 수필을 시도적으로 여러 편 발표한 바도 있다. 이 글 역시 그 연장선에서 써본다. 특히 근년에 들어와 '백세 장수시대'란 말이 심심찮게 떠돌고 있고 또 내가 7대 맞손자이기도 해 과연 나의 선대 할아버지들이 몇 세까지 사시다가 돌아가셨는지를 한번 살펴보았다.

어느 한 집안의 수명운을 대를 이어온 남자들에게만 국한시켜 다른 집안과 상대적으로 비교해 보면, 장수 집안이 있고 반대로 단명 집안이 있을 수 있을 것이다. 그런가 하면 어느 대까지는 단명을 하다 그 다음 대에 가서는 장수하는 경우도 있을 것이고, 반대로 장수를 하다 단명하는 경우도 있을 것이다.

이런 경우는 대체로 자연사나 병사를 두고 말하는 것이다. 물론 이와는 달리 비명횡사나 자살 아니면 전쟁이나 변란으로 인한 죽음이 상대적으로 많은 집안도 있을 것이다. 크게 보면 모두가 집안의 수명운과 관련이 있다.

내 집안의 경우, 아버지로 시작하여 위로 직계 13대 중시조까지 알아보다가 내친 김에 16대조까지 알아 봤다. 열여섯 분 중 환갑을 넘기신 분이 아홉 분이었는데 일단 옛 시절의 수명 계산의 큰 획이나 기준이 되었던 그 환갑을 기준해서 보면 반타작 이상은 된다. 80세까지 사신 분이 꼭 한 분이 있고, 70세를 넘기신 분이 다섯 분, 60세를 넘기신 분이 세 분이 있다. 그러고 보면 환갑을 넘기지 못한 분이 일곱 분이 된다. 50대에 한 분, 40대에 세 분, 30대에 세 분이다.

이 중 30대에 단명한 분을 보니 14대 저작공 할아버지가 31세에, 9대 승의랑 할아버지가 37세에 그리고 나의 아버지가 31세에 단명했는데, 두 분은 수명이 짧아 병으로 가셨지만 아버지만은 6·25라는 세상 탓으로 억지 죽음을 당한 경우다.

아무튼 전체 열여섯 분의 생년의 평균 나이를 셈해 보니 약 58세쯤은 되는데, 대충 집안 수명운으로 보면 장수도 단명도 아니지 않겠느냐 싶다. 그나마 횡사나 자살이 거의 없는 것만도 큰 다행이다.

그런데 아버지를 포함시켜 열여섯 분의 수명을 차례대로 적어놓고 쭉 훑어보니, 약간은 흥미로운 사실을 발견할 수 있었다. 14대조 저작공 할아버지가 31세에 단명했지만 이 할아버지의 할아버지와 아버지는 각각 60과 70을 넘게 사셨고 또 그 바로 아래로 내려와 아들, 손자, 증손자도 모두 6, 70을 넘게 살았다. 말하자면 중간의 단명을 윗대와 아랫대가 충분히 보상해 준 셈이라고나 할까. 좋게 말해 집안운이나 수명운이 있었던 셈이다. 상상해 보라. 만약 위나 아래로 2대 아니면 3대에 걸쳐 연속 단명이 나왔다면 어떠했겠는가. 이런 경우 어느 집안이건 가세가 거의 영락하고 풍비박산이 나고 말았을 것이다. 그 영향은 한 세대를 30년으로 보아 2대면 대략 60년이고 3대면 90년은 가리라 본다. 그런 점에서 아무리 까마득한 옛 시절이긴 하지만 참 다행이다 싶다. 아버지를 10세 때에 잃은 13대조 일신당 할아버지는 조부 부사공이 29세 때까지 지켜주셨으니 큰 버팀목은 되었을 것이다. 그리고 본인은 물론 아들과 손자도 장수를 했다.

그러다가 또 단명운이 닥쳤다. 10대와 9대에 와서 46세, 36세에 각각 돌아가시고 말았다. 특히 수안군수를 지낸 10대조 할아버지는 앞으로의 관운이 승승장구할 기세였는데 겨우 46세를 살고 병으로 돌아가셨으니 물론 집안에서야 그 애통한 마음이야 말할 것 없었겠지만 조정에서도 애석해 했다. 그러다가 다시 수명운이 되살아나 마치 자손들의 수명을 보상해 주기라도 하듯 8대, 7대, 6대— 이렇게 3대에 걸쳐서는 70세 이상의 향수를 누렸다. 이 중 내가 맏손자인 7대조 할아버지는 80세까지 사셨는데 현재 내 직계로서 남자 중에서는 최장수 기록이다.

그 다음, 5대조부터 나의 아버지 대까지를 보니 바로 윗대에 비해 상대적으로 장수하질 못했다. 5대조가 46세, 고조부가 육순의 60세, 증조부 48세, 조부 53세 그리고 아버지가 31세로 대부분이 단명인 셈이다. 5대에 걸쳐 환갑 이상을 사신 분이 한 분도 없다.

그러나 이제는 시대도 그만큼 변했고 또 장수시대를 운운하고 있는 세상이 되어 있는 덕인지, 내 세대에서는 약했던 집안의 수명운이 좀 보충이 되고 있다고나 할까. 현재 집안을 둘러보면 나에겐 삼촌이 꼭 두 분이 있는데 큰삼촌이 82세이고, 막내 삼촌이 나보다는 두 살 아래로 80대를 코앞에 두고 있으며, 동생이 곧 70이다. 단 나의 3형제 중 막냇동생 하나가 일찍 떠난 것이 늘 마음에 걸리는 아픔이다. 바로 윗대 분들의 단명을 익히 알고 있는 우리네 숙질은 간혹 집안 일로 만나면 물론 인력으로는 되는 일은 아니지만 덕담 삼아 8, 90은 살고 보자는 말을 하곤 한다.

지금 나는 슬픈 추억처럼 지난 청소년 시절을 한번 되돌아 본다. 증조부는 내가 태어나기 12년 전에 돌아가셨지만 할아버지는 내가 11세 때에 그리고 아버지가 12세 때에 떠났으니 적막강산이 따로 없었다. 할머니와 어머니는 집안의 두 큰 기둥을 잃고 우리 다섯 숙질을 키우고 공부시키라 무척 고생을 했다. 시골에서 부농 급에 속하고 할아버지가 한의원을, 아버지가 잠시 면서기를 했지만 한 해 차로 두 기둥을 잃었으니 충분히 쉽게 상상은 되리라 본다. 그나마 할머니가 일찍 가신 할아버지 몫까지 합쳐 90세를, 어머니가 86세까지 사셨고 또 고생의 보람으로 만년을 잘 누리시다 가셨으니 고진감래란 말이 꼭 여기에 맞는 말이 아닌가 싶기도 하다.

문제는 어느 집, 어느 집안이건 대를 이으며 대들보나 기둥 역할을 하는 가장들이 건강하게 장수하면 큰 축복임은 자명지사다. 그러나 집안마다의 사정을 보면 단명 집안이 있고 또 장수 집안이 있기 마련이다. 배우 이덕화의 집안이 단명하고 또 고령 신씨 신숙주의 종가에는 환갑을 넘긴 분들이 아주 귀하다는 것을 바로 나의 아버지, 조부, 증조부, 겨우 육순 나이의 고조부 그리고 5대조의 짧은 수명운과 곁들여 생각해 보고 있다. 반대로 여주 이씨 실학자 이익 집안, 은진 송씨 우암 송시열 집안, 진성 이씨 퇴계 이황 집안, 양천 허씨 미수 허목 집안, 경주 이씨 백사 이항복 집안이 그런 나름으로 장수 집안에 속한다는 것을 읽고는 한편 부럽기도 했다. 또 평론가 이어령의 집안도 장수 집안 급에 속한다는 기사를 오래전에 읽었던 기억도 난다.

장수의 비결에는 실로 여러 말이 오가고 있다. 내 선대 할아버지 중 단명에 가신 분들을 두고 장수 유전자가 없어서 그랬다고 한다면 할 말은 없다. 친가는 물론 외가 측의 유전자도 알아야 할 판이니 그저 운명이란 것에 맡길 도리밖에 없지 않은가. 그렇다면 후천적인 식습관이나 생활습관, 마음가짐도 중요하다 하니 이제부터라도 나는 내 나이에 대한 욕심이라도 부려볼까 한다.

노욕이라고 흉보지 말았으면 한다. 나는 지금 79세이다. 99세의 백수 아니 백세세상이 곧 온다고 하지 않던가. 그리하여 훗날 지금 현재로 보아 열여섯 분의 할아버지 중 7대조 할아버지의 80세 장수 기록을 내가 우선 맏손자로서 한번 깨고, 그 다음 최소한 88세 미수까지라도 팔팔하게 살았으면 한다. 아니 더 욕심을 부려 보면 흔히 요즘 농으로 입에 오르내리고 있는 '구구 팔팔 이삼사'로 마무리하면 그 얼마나 좋으랴. 바로 윗대 분들의 단명을 보상받고도 싶다. 그러면 다른 것은 고사하고 못난 손자 녀석이 집안의 수명운 최장 보유자가 되리라 본다. 물론 인명지재천이긴 하지만 실없는 헛꿈을 한번 꾸어도 본다. 지금 이 순간 껄껄 웃고 계실 7대조 할아버지의 웃음소리가 환청처럼 들려온다.

선조들의 혼맥婚脈을 찾아 보며

저 윗대 나의 집안은 명문세족이나 권문세가는 아니다. 그나마 양반집안으로서 체면은 유지하며 명맥만은 이어 왔다. 그래서 혼맥의 연을 찾아 보면 옛말에도 비슷한 유는 비슷한 유를 찾는다고 이렇다 하게 내세울 사돈이나 처가 집안은 없다. 언감생심이지만 정1품의 정승댁이나 정2품의 대감댁은 말할 것도 없지만, 종2품이나 정3품의 영감댁도 없다. 조선조의 역대 상신(재상)이 366명이니 그 이하의 대감이나 영감은 사실은 귀하고 귀하면서도 그 얼마나 많았겠는가. 그러나 아무리 두드려 봐도, 아무리 파보아도 에헴 하고 '나 여기 있네.' 하고 나올 사람이 아무도 없다. 심지어 혼주인 나의 할아버지는 벼슬이 있었지만 물론 그런 나름으로 양반가문이긴 했겠지만 벼슬 없는 사돈도 있다.

그렇지만 과연 어느 집안과 통혼을 하고 어느 집안에 허혼을 했는가를 찾아본다는 것은 일견 집안 피흐름의 원류를 찾아보는 일이라 흥미가 있다. 뿐만 아니라 벼슬이 있었다면 더러는 익숙하지 않은 관직명이나 그 품계도 알아보는 덤의 재미도 있다. 17대조부터 8대조까지 열 분만을 알아본다. 물론 직계 선조들이다. 7대조 이후부터는 양가의 혼주가 모두 벼슬이 없었기에 제외했다.

17대조 백손伯孫 할아버지는 세종~성종 때 분인데 종4품 선략장군으로 훈련원 참군參軍을 지냈다. 진주목 단성에 살았다. 장인은 같은 단성에 살고 있었던 진양 강씨 강행姜行이었다. 광양현감을 지냈다. 이분의 아들이 전적典籍 강문회姜文會이니 백손 할아버지와는 처남 남매간이다. 전적이란 성균관의 정6품 관직이다.

16대조 적迪 할아버지는 성종~중종 때 분인데 홍문관 교리校理를 지냈다. 교리는 정5품으로 왕의 학문지도와 치도治道 강론을 맡아 하는 경연관도 겸임했다. 장가는 안악 이씨 종9품의 참봉參奉의 딸에게 갔다. 참봉이란 뜻 그대로 나라 일에 참여하여 봉사하는 최말단 종9품이다. 지난 날 적어도 시골 정도에서는 양반 행세를 할 수 있는 자리다. 그럼, 처가 대신 외가 쪽을 좀 보충하면 외삼촌 강문회의 아들에 강현姜顯이 있었는데 그는 판서를 지냈고 외사촌 간이 된다.

15대조 도남圖南 할아버지는 중종~명종 때 분으로 동래부사를 지냈다. 장인은 개성 김씨 충순위忠順衛 김귀로이다. 충순위는 물론 오위五圍에 속한 무관직이다.

14대조 광전光前 할아버지는 승문원 정8품 저작著作 벼슬을 했다. 저작은 나라의 외교 문서를 다루는 직책이다. 장인은 안동 권씨 권일權逸인데 합천 대병에 살았고 벼슬은 정6품의 이조좌랑吏曹佐郎

이었다. 딸이 둘 있었는데 큰사위가 바로 나의 할아버지이고, 작은사위는 신재 주세붕의 아들이다. 서로 동서지간으로 작은사위는 교리를 거쳐 형조 좌랑을 지냈는데 큰사위가 불과 31세에 떠났으니 무척 가슴이 아팠으리라 본다.

13대조 천경天慶 할아버지는 명종~선조 때 분으로 평생을 학자로만 지냈다. 첫 장가는 상산 주씨 주이朱怡의 딸이다. 주이는 합천에 살았고 주세붕의 종질로서 예산현감을 지냈다. 불행히도 신행도 못하고 본가에서 병사했다. 후배를 수원 백씨의 여를 취했는데, 장인은 백유량白惟良이다. 이 집안은 제법 높은 벼슬이 있던 집안이다. 위로는 정2품 판서, 종3품 부사도 나왔고 같은 항렬로는 정2품 참찬, 정3품 부제학도 있었다. 부제학이었던 백유양白惟讓이란 분이 지난날 정4품인 이조우시랑吏曹右侍郎으로 있고 또 할아버지도 상대적으로 좀 젊었을 때인데 학행學行으로 조정에 벼슬을 천거하려 했으나 사양하고 말았다. 불행히도 이분은 서인이 정여립 사건을 빌미 삼아 동인을 일망타진한 이른바 기축옥사 때에 무고히 연루되어 유배가 억울하게 죽고 말았다. 서인이요 우의정인 송강 정철은 자청해서 이 사건의 위관委官을 맡아 동인과 그 주변인물들을 숙청시킨 그 덕으로 곧 서인의 영수와 좌의정도 된다. 그러나 얼마 있지 않아 물러난 그도 결국은 강화도에서 비록 전쟁중이긴 했지만 끼니 걱정을 할 정도로 어렵고 쓸쓸한 말년을 마지막 보냈다니 권력무상이 따로 없다. 만약 그가 시문학이라도 남기지 않았다면 오늘날까지 누가 과연 알아주었을까. 할아버지는 자기를 천거하려 한 백유양이 이런 불행을 당했으니 아예 벼슬길에 나가지 않았던 것을 오히려 참 잘한 일이라고 여기면서도 미상불 그 죽음만은 슬퍼했으리라 본다.

12대조 호瑚 할아버지는 선조~인조 때 분으로 안음현감에 동지중추부사를 지냈다. 장인은 합천 삼가 분으로 파평 윤씨 윤탁尹鐸이다. 임진왜란 7년 전에 무과에 급제하여 종8품 훈련원 봉사가 되었다가, 전쟁이 나자 종3품 부정 신분으로 고향으로 내려와 의병을 모아 의병장으로 곽재우와 손을 잡고 정암진 전투에서 혁혁한 공을 세웠고 이어서 제1차 진주성 싸움에서는 김시민 장군을 도왔으며 또 제2차 진주성 싸움에서는 합천 삼가 의병 800여 명을 이끌고 싸우다 김천일, 최경회 등과 함께 순절했다. 40세 나이였다. 사후에 선무원종공신 1등에 오르고 병조판서에 추증되었다.

11대조 시정時挺 할아버지는 선조~효종 때 분으로 정6품 사헌부 감찰을 지냈다. 장인은 진주 하씨로 정7품 직장直長을 지낸 하육성河六成이다.

10대조 사눌思訥 할아버지는 인조~숙종 때 분으로 수안군수를 지냈다. 안동 김씨 집안으로 장가를 들었는데 8대조까지 열 분의 장인 아니면 사돈 중에 유일하게 벼슬이 없었다. 이 할아버지로 보면 조부가 안음현감을, 아버지가 감찰이었던 점을 미루어 볼 때 설사 장인은 벼슬이 없었다 할지라도 최소한 그 윗대나 아니면 가까운 집안 사돈뻘이 벼슬을 했거나 하고 있기에 통혼이 이루어졌으리라 추측된다.

9대조 만지萬枝 할아버지는 효종~숙종 때 분으로 정6품 승이랑이었다. 장인은 완산 김씨로 진사進士였다. 사실 진사란 마치 생원生員처럼 과거시험 1차인 소과에 합격한 사람을 일컫는 말이다. 요샛말로 하면 대과시험을 칠 수 있는 예비 합격자다. 대과에 급제해야만 벼슬길에 오르고 그렇지 못하면 죽을 때까지 생원이요 진사다. 비록 이름뿐이긴 하지만 아무 벼슬도 없이 그냥 백두白頭로 늙는 것보다야 낫다.

8대조 후서垕瑞 할아버지는 숙종~영조 때 분으로 유생이었다. 장인은 문경 송씨 부호군副護軍 송희宋僖다. 부호군은 종4품의 무관직이다.

지금껏 나는 직계 열 분 할아버지들의 혼맥 그리고 혼반이 어떠했는가를 알아 보았다. 대체로 우리 집안 할아버지 쪽이나 그 처가 쪽 모두가 벼슬로 보면 중간쯤은 된다. 역설이요 자위일지 모르지만 다행이다 싶다.

만약 두 집안의 장인이나 사위가 다 벼슬이 아주 높았다든지 또 어느 한쪽에서건 높은 벼슬이 줄줄이 나왔다면, 분명 어떤 화를 당할 확률은 높았다. 10대면 어림 잡아 300년 세월이다. 그리고 양가의 혼주 20명과 사위 10명을 합해보면 30명 숫자다. 이 숫자가 300년 세월 동안에 그나마 사화士禍니, 당쟁이니, 옥사獄事니, 외척 세력의 발호니 하는 등등에서 상대적으로 자유로울 수 있었던 것은 한마디로 벼슬이 높지 않았기 때문이다.

벼슬이 높아 자업자득이건 운이 나빴건 멸문지족을 당한 집안도 있고 또 귀양살이를 한 경우나 목숨을 잃은 경우가 너무나 많지 않았던가. 전쟁으로 목숨을 잃는 경우야 예외지만 벼슬이 높으면 높을수록 벼슬 때문에 이런저런 불행을 당할 확률은 비례적으로 높았다. 가령 18년간 명재상이란 소리를 들었던 황희도 그 이전에 유배를 간 적이 있고, 이산해는 울진으로, 남구만은 남해와 강릉으로, 맹사성은 무려 여섯 번을 갔으며, 심지어 송시열은 사약을 받지 않았던가.

속설로 '적게 먹고 가늘게 똥 싼다.'고 고관대작 권문세가 아닌 것이 오히려 다행이었다 싶다.

성姓씨로 본 윗대 할머니들

행여 사람들과 만나는 자리에서 집안과 집안간의 혼맥 이야기라도 나오면, 혹시 이야기 자료라도 될까 해서 윗대 직계 할머니들이 과연 어느 성씨, 어느 집안에서 시집왔는지를 알아보았다.

우리 집안은 이름난 큰 권문세가가 아니기에 물론 언감생심이긴 하지만 왕비의 어머니가 된 부부인府夫人 할머니가 있을 리 없다. 또 정, 종 1품의 문무관에게 내려지는 정경貞敬부인도 있을 리 없다. 그러나 그나마 추증 받은 봉작이긴 하지만 정貞부인이 두 분 있다. 13대조 일신당의 배配인 수원 백씨 할머니와 12대조 동지공의 배 파평 윤씨 할머니다. 수원 백씨 할머니의 윗대 친정 할아버지는 이조판서를 지냈다. 파평 윤씨 할머니의 친정 아버지는 임진왜란 시 무인으로서 진주성 싸움에서 순절한 공신 윤탁인데, 사후 병조참판으로 추증되었다. 정부인이란 직첩은 종2품 문무관의 아내에게 내려지는 봉작이다.

그 다음, 11대조 감찰공의 배는 숙叔부인 진양(진주) 하씨이고 또 바로 아랫대 10대조 수안군수공의 배 역시 숙부인인데 안동 김씨다. 숙부인이란 당상관 정3품 아내에게 내려지는 직첩이다. 그러고 보면 윗대 4대에 걸쳐 두 분이 정부인이고, 두 분이 숙부인인데 그런 나름으로는 대접 받고 살았지 않았나 싶다.

그 다음, 9대조 승의랑 할아버지의 대에서부터는 이렇다 하게 내세울 직첩이 없는데, 이 할머니는 완산 김씨 집안 출신이고 또 8대조 할머니는 의성 김씨였다.

그 다음, 내가 맞손자인 7대조 할머니는 성주 도都씨, 6대조 할머니는 삭령 최씨, 5대조 할머니는 진주 유씨, 고조모는 진양 정씨, 증조모는 다시 성주 도씨, 조모는 진양 하씨, 어머니는 청송 심씨다.

그러고 보면 어머니를 포함시킨 열세 분의 할머니 중에서 진양 하씨가 두 분, 성주 도씨가 두 분 있는데 그 외는 각각 성씨가 다른 집안에서 한 분씩 시집을 온 것이다. 참고로 우리 집안의 세거지가 있는 산청지방에는 혼맥이 닿을 만한 안동 권씨 집안들이 더러 있었는데 왜 없는가 하고 찾아보니 14대조 저작공의 배가 바로 그 집안 출신으로 이조좌랑의 딸이었다.

그리고 이런 할머니들의 성씨로 보아 이른바 우리나라의 대표 5대 성씨 '김, 이, 박, 정, 최'인 점을 감안해 보면, 그 어떤 성씨보다도 이 성씨들과 음양으로 며느리 혼맥의 연이 있을 듯도 싶은데 공교롭게도 이 씨나 박 씨 집안과는 통혼이 없다.

특히 이 씨를 두고 보면 그럴 만한 사정이 없었던 것은 아니다.

경주 이씨야 나의 합천 이씨는 물론, 재령 이씨를 비롯한 몇 이씨가 거기서 분관된 원 뿌리의 큰집이라서 그렇다 치더라도 그렇다면 그 많고도 많은 전주 이씨, 농이긴 하지만 왕족 출신 할머니가 한 사람도 없는 것은 좀 의아스럽다. 그러고 보면 아무리 지나간 옛 세월이라 하더라도 지금과 비교하면 천양지차를 느낀다. 동성동본 결혼이야 말할 것도 없고 친척도 8촌 이상, 외척도 6촌 이상은 서로 좋으면 만사 오케이인 세상이 되었구나 싶다.

그리고 진주 지역의 대성大姓받이인 진주 강姜씨, 진주 하河씨, 진주 정鄭씨를 두고 보면 강 씨 할머니도 없다. 대신 혼맥에서 좀 차별성이 있구나 싶은 점은 있다. 귀한 성씨 급에 속하는 성주 도씨 집안에서 비록 대를 거르고 걸러서의 격차는 있지만 딸 둘을 맞아 들였다는 사실이다. 바로 7대조 할머니와 그로부터 3대가 지나 증조모가 그 집안에서 시집을 왔다. 그럴만한 연원이 있었다. 그 집안의 딸이 시집 온 것만이 아니라 먼저 우리 집안에서 딸을 시집보낸 적이 있다. 나중의 결과는 서로 주고받기가 된 셈이다. 13대조 할아버지에겐 두 딸이 있었는데 그중 작은딸을 그 집안으로 시집을 보냈다. 사위는 도희령이라는 학자분의 집안 사람이었다. 이 도희령이라는 분이 바로 남명 조식 문하에서 할아버지와 같이 공부를 한 글벗이었기에 혼연이 맺어진 것이다. 이분은 22세 때에 과거에 급제하고 27세 때에는 홍문관 저작을 지낸 분이기도 하다. 이렇게 혼연의 길이 트여 또 그로부터 2대째로 내려와서는 11대 감찰공 할아버지의 셋째 딸이 그 집안으로 시집을 갔다. 여기까지는 우리 집안으로 보면 딸 주기다. 이제부터는 받기다. 7대조 할머니와 증조모가 시집을 왔다. 겹겹의 사돈 인연이 맺어졌는데 나의 조부대에 와서 마치 윗대 때처럼 또다시 외가가 되고 아버지로 보면 진외가가 된 것이다.

그럼 이제부터는 위의 혼맥 이야기에서 빠져 있구나 싶은 분의 이야기를 좀 보충해 둘까 한다. 나의 고조모는 진양 정씨 집안에서 시집을 왔는데 천석군집 딸이었다 한다. 살아생전 할머니로부터 들은 이야기로는 본인의 성격도 성격이겠지만 부잣집 딸로서 꿀릴게 없다 싶어서였는지 대가 차고 활수였다 했다. 화가 나면 맏며느리로서 나이 아래인 집안 시동생 이름들을 거리낌 없이 불러가며 호통도 치는 여장부였다 한다.

그리고 제목에 보이듯 비록 할머니는 아니지만 사족으로 청송 심씨 나의 어머니 이야기도 덧붙일까 한다. 친정은 내가 태어난 고향 청현마을에서 약 5리쯤 떨어져 있는 용홍이라는 곳인데 외할아버지는 한의원을 하셔서 같은 면내에서는 소문난 알부자였다. 할아버지와는 같은 한의사로서 친구였다. 외할아버지에겐 두 딸이 있었는데 작은딸은 우리 집으로 시집을 보냈고, 큰딸은 성철 큰스님의 동생에게로 보냈다. 아버지와 이모부는 파만 좀 다를 뿐 같은 종친으로 동서간이 되었다.

지금 가만히 생각해 보니 내 집안의 모든 혼맥은 물론 다른 집안도 마찬가지겠지만 멀어야 50여 리 안팎이었지 않았나 싶다. 연비연비로 혼사가 이루어질 수밖에 없었던 시대의 한계요 풍속이다.

가마 타고 시집오던 나의 할머니 시대가 이제는 비행기를 타고 국경을 넘어 시집도 오는 시대로 바뀌었구나 싶다. 앞으로 100년 아니면 더 멀리 200년이나, 300년 후에 또 나의 자손이 이런 글을 쓴다면 과연 그때는 어떻게 바뀔까 하고 실없는 상상도 해본다.

잡학에 능했던 부자 2대

우선 내가 여기서 말하고자 하는 '잡학雜學'이란 말의 뜻부터 밝혀두어야겠다. 조선시대 과거의 꽃이었던 문과의 정통학문이 아니라 잡과의 과목 즉 음양과의 천문지리서나 의과의 의술서를 염두에 두고 해 보는 말이다. 그런 관점에서 두 할아버지의 이야기를 풀어나가 보기로 하겠다.

나의 직계 할아버지 중 아주 먼 윗대 할아버지들은 제법 벼슬깨나 했으나 8대조부터는 아예 벼슬이 없었다. 유학자 아니면 유생으로 모두 일생을 마쳤다. 그러다가 증조부와 조부 대에 와서는 그런 집안의 전통을 잇기는 했지만 상당한 변화가 있었다. 좀 별난 공부 즉 잡학 공부를 했다. 천문지리, 한의술, 주역이나 역술의 운명학을 거의 독학으로 공부하고 연구했다.

증조부는 1880년에 태어났고, 1927년에 48세로 작고했다. 어떻게 보면 한말의 풍운의 역사와 함께했다 할 수 있다. 태어나 5세 때인 1884년에는 갑신정변이 일어났고 또 10년 후인 15세 때인

1894년에는 갑오경장이 있었다. 그 다음 10년 후쯤 26세 때인 1905년에는 을사보호조약으로 알려진 을사늑약이 강제 체결되었고, 드디어 31세 때인 1910년에는 경술국치란 한일합방으로 나라를 잃는 뼈저린 비운도 경험했다.

이런 다난한 역사의 와중에서 생각 있는 한 젊은이로서 또 한 식자로서 우국충정이나 애국적 열정도 남 못지않았다 했으니 정체성 찾기나 입신 문제로 많은 갈등과 고민도 있었으리라 본다.

먼저, 갑오경장으로 종래의 과거제도가 폐지되고 또 거기에다 을사늑약이 체결되었으니 아예 청운의 꿈은 일찍부터 접어야 했다. 또 조약이 체결되기 바로 얼마 전엔 일본이 바야흐로 국권을 찬탈하기 위해 팔도의 군대를 해산시키려 하는 그들의 간교한 계책을 미리 간파도 했다. 우국의 일념으로 그런 문제를 상의하러 거창의 다전茶田에 거하고 있는 스승 면우 곽종석을 찾아갔다가 실망만 하고 돌아온 적도 있다. 흩어진 군사를 불러 모아 우리의 자주적 힘을 보여주어야 하지 않겠느냐고 제언을 해보았는데 스승은 그저 기특한 우국의 인재로만 여기고 아무런 답을 주지 않았다. 물론 그 뒤 선생은 조약이 체결되자 그 조약을 폐지하고 5적의 목을 베어야 한다는 상소를 올리긴 했으나 이에 앞서 본인의 제안이 일단 좌절되었으니 여전히 마음의 상처는 남아 있었으리라 본다.

다음은 조약이 체결되었을 때의 일이다. 우국의 선비들이 국내 열강의 여러 공관에서 공개 토론회를 열려고 같이 참가하자고 하자 이미 국운이 다 된 것을 미리 알고 안타깝긴 했겠지만 부질없는 일이라고 아예 마음을 접어버린 일도 있다. 어쨌거나 나라의 운명을 생각해서는 마음이 크게 아팠으리라 본다.

그 후론 심란하고 우울한 마음 가눌 길 없어 한동안 산꼭대기나 물가에 홀로 나와 앉아 하늘을 우러러 탄식하는 세월을 보내며 일체 외부의 세상일과는 담을 쌓고 은거하다시피 했다. 그 다음 마음을 가다듬고 새로운 공부를 시작했다. 지금까지 공부한 학문(유학)이 세상을 구하기엔 한계성이 있고 또 공리공론에 치우친 점을 깊이 깨닫고 이용후생과 실사구시의 생활학 내지 실용학문 쪽으로 완전히 생각을 바꾸었다. 그것이 이른바 종래의 유학이나 성리학의 견지에서 보면 잡학으로의 방향전환이다. 천문지리서, 병서兵書, 한의술서. 농서와 뽕나무 키우는 법에 관한 책, 음양오행과 그것을 숫자로 풀어서 설명한 상수철학象數哲學 등의 연구에 몰두했다. 요샛말로 하면 일종의 복합학문이나 통합학문 내지 통섭학인 셈인데 독학으로 공부하고 연구했다. 특히 주역에 관한 주석서가 몇 상자가 넘었다 한다. 나중에는 그 누구도 따라올 수 없는 경지에까지 이르렀다는 기록이 다른 사람이 쓴 행장에 나와 있다

결국 이런 것을 공부하고 연구한 결과, 찾아오는 손님이나 마을 사람들에게 영농법이나 양잠법을 가르쳐 주기도 했고, 길흉사의 택일은 물론 때론 관상이나 묏자리도 봐주었으며, 위급한 환자들의 처방도 내려주었다. 그리고 또 한편으로는 초야의 학자로서 더러 제자들도 가르치면서 주역의 최고 높은 경지를 이론화시켜 본 저술도 했고, 여러 사람들의 토지를 가장 서로 효율적으로 이용할 수

있는 새로운 구혁제도의 도입문제는 물론 이에 따른 가난한 농민의 구제 방책도 글로써 펼쳐 보이기도 했다.

그러다가 임종을 좀 앞둔 시기쯤에는 늘 식민지하의 현실을 한탄하며 사람들을 만나면 '황하가 아직 맑아지지도 않았는데 내 머리가 이렇게 희어졌으니, 나는 성인聖人이 세상에 나오는 것을 보지 못하고 죽을까 두렵네.'라고 말하곤 했다 한다.

그런데 그 말이 씨가 되기라도 한 듯 얼마 있지 않아 곧 병을 얻어 48세의 아까운 나이에 그만 돌아가시고 말았다. 신기한 일은 자기의 임종 일시를 미리 알았기에 가족이나 주변 사람들에게 그 일시를 예고해 주기도 했다 한다. 아닌 게 아니라 바로 그 일시에 운명하고 말았다니 모든 사람들이 귀신도 놀랄 정도라고 그 예언력에 깜짝 놀라고 놀랐다고 한다. 살아생전 할머님이 나에게 들려주신 이야기다.

장례식에는 세거지인 산청군 신안면 청현 마을에 문상객이 무려 수백 명이 모여 들었고, 아깝게도 큰 인재를 너무 일찍 잃었다는 탄식이 줄을 이었다 했다. 이는 곧 할아버지의 덕망과 학문 그리고 사람들을 보살펴준 인애와 보시 정신의 결과라고 본다.

그러고 보면 잘못 만난 세상 탓에 지절志節을 꺾고, 초야에 묻힌 불세출의 학자로 또 국운을 염려한 불세출의 지사志士로 또 한편으로는 이용후생이나 실사구시를 도모한 불세출의 경세가로 일생을 보냈다고 일단 정리해 볼 수 있을 것 같다. 후손으로서 그 단명이 너무 아쉽다.

다음은 바로 이 할아버지의 아들인 나의 조부 이야기다. 은연중 부전자전임을 내비쳐 보기 위해 일부러 아들이란 말을 강조해 보았다. 1897년에 태어났다. 이 할아버지 역시 아버지의 영향인지 잡학에 심취했다. 아버지 세대와는 아주 세상도 달라져 아예 유학 공부는 흉내만 내고 집에 있는 한의서, 풍수지리서 음양오행서 등에 몰입했다. 그리고 아버지와는 좀 다르게 불교와 도교 등 이른바 방외학方外學에도 별도 관심을 가졌다.

그러다가 증조부가 돌아가시자 아버지의 장사를 치른 그 다음 해인 32세 때부터는 거의 10년간 수차례에 걸쳐 지관의 패철을 차고 명산대찰과 옛 도읍지, 명현들의 사당 등을 두루 찾아 전국 방방곡곡을 둘러보았다. 지난날 할머니의 말에 의하면 한 번 나갔다 하면 2, 3개월 심지어는 3, 4개월 만에 돌아오곤 했다는 것이다. 10년간 답사나 참배한 곳을 정리해 보니 이런 곳이 보이고 있다. 명산대찰로는 부소산, 계룡산, 금강산, 묘향산, 가야산이 나와 있고, 옛 도읍지에는 경주, 부여, 한양, 송도, 평양이 있고, 참배 차 들른 곳으로는 윤선도의 유택, 퇴계의 사당을 비롯해 선대의 스승이었던 남명 조식, 한강 정구, 동강 김우옹, 입재 정종로, 만구 이종기, 물천 김진호, 면우 곽종석의 사당이 나와 있다. 그리고 동래성도 들어 있다. 풍을 좀 쳐 본다면 가히 모택동의 대장정에 비견할 만한 거리요 시간이었다고나 할까. 이것은 곧 짐작은 하겠지만 넓게 보아 풍수지리의 안목을 넓히기 위한 현장실습에다 산천경개와 세상구경이었다.

드디어 내가 태어났던 해인 1938년도에 이런 장정을 모두 끝냈다. 그리고 그 다음 해, 진주 재판소 앞에 있는 버스 차부 요샛말로 하면 시발과 종착의 주차장인 그 근방의 요지에 자호를 따 '동암당東庵堂' 이란 한약방을 열었다. 그때 연세 43세 때다. 그리고 또 그 다음 해 내가 3세일 때, 나를 포함해 일부 고향에 남아 있던 가족을 솔가시켜 합권을 했다. 한동안 내 본적지가 진주가 되고 또 일제시대지만 덕분에 마치 선택을 받은 양 봉래유치원을 다니게 된 배경도 이에서 연유되고 있다.

한약방은 금세 명의로 소문 나 문전성시였다. 또 때론 일가친척이나 진주의 내로라하는 명사와 같은 피할 수 없는 인물들의 간청이 있는 경우라면, 관상도 봐주었고 묏자리도 봐주었다. 여기에다 또 예언력도 있어 해방과 6 · 25도 예언해 기인이사奇人異士란 말도 들었다. 할머니에게 직접 들었던 그런 예 하나가 있다. 어떤 멀쩡한 사람의 관상을 보고 겁도 없이 어느 해 어느 날에 급사할 것이라고 말했다가 그만 그 집안사람들이 몽둥이를 들고 몰려와 생사람 잡게 되었다고 난동을 부리는 곤욕을 치르기도 했다. 아닌 게 아니라 뒷날 그 예언이 그대로 맞아 떨어져 그 집안사람들이 무릎을 딱 치며 후회도 하고 탄복도 했다는 것이다. 이 소문이 더욱 날로 퍼져 이왕이면 약도 짓고 관상도 한 번 볼 겸 사람들이 구름처럼 모여 들었다.

그러다가 대동아 전쟁이 막바지로 치닫고 있을 즈음, 두 전쟁의 화를 피하려면 일찌감치 도시에서 시골로 들어가 살아야 한다고 내가 여섯살 때인 1943년도에 하동군 옥종면에 신기 잡아 지어 놓은 고래등 같은 새집으로 이사를 갔다. 물론 사랑채에 별도의 한약방도 열었다. 그런데 이게 무슨 조화란 말인가. 이사한 지 겨우 6년 만에 병을 얻어 별세하고 말았는데 6 · 25 바로 전 해 향수 불과 53세였다.

지금 문득 생각나는 일이 있다. 초등학교 저학년 시절, 할아버지 사랑방으로 큰손자인 나와 나보다는 두 살 아래인 막내 아들인 작은삼촌이 함께 내려가 간혹 잠을 잤던 일들이 생각난다. 할아버지를 졸라 옛 이야기를 듣는 재미가 깨소금 맛이었다. 오늘 따라 명종 때에 그 유명했던 풍수지관 남사고와 그리고 선조 때의 방외인으로 기인이었던 토정 이지함에 관해 들었던 몇 가지 재미있었던 이야기도 기억난다. 어쩌면 할아버지는 이 두 사람을 요샛말로 하면 롤 모델로 삼았지 않았나 싶다. 작고한 나의 문단 후배요 친구인 한산이씨 소설가 이문구가 그의 윗대 할아버지 토정에 관해 소설 ≪토정 이지함≫을 쓴 적이 있다. 욕심으로 나의 할아버지도 장수를 누리면서 그 정도만 이름이 드러났다면, 이런 조각글인 행장류의 글이 아니라 전기도 쓸 법하다 싶어 한편으로는 괜히 용심도 난다.

그러고 보니 또 하나의 아쉬움이 있다. 나의 아버지도 비록 신식 공부를 하긴 했지만 역시 부전자전이라 그 계통에 많은 관심을 보였는데, 세상 탓으로 일찍 저세상 사람이 되고 말았다. 만약 그렇지만 않았다면 우스개이지만 3대 도인이나 3대 잡학박사가 나올 수 있지 않았나 싶다.

지금 이 순간, 이른 아침에 간혹 생 솔잎을 따다 괘를 뽑고 계시던 할아버지 모습이 생생히 떠오른다. 그리고 펜을 들고 있는 나의 모습과도 겹쳐지고 있다. 솔잎 괘에서 그 무엇을 알아보시려고 고심하던 할아버지나 펜 끝으로 그 무엇을 써볼까 고심하고 있는 나는 어차피 비슷한 피내림이 있는 조손지간임은 분명하구나 싶다.

내 집의 귀중한 세전지물

놀라지 마라. 보물섬을 찾아 나서는 항해가 아니다. 평소 보아온 자료들을 한번 일단 정리해 보자는 뜻이다. 어느 집이나 어느 집안에서건 세전지물世傳之物은 있기 마련이다. '세전지물'이란 말 그대로 좀 먼 선대로부터나 아니면 가까이는 2, 3대 정도 전해져 내려온 물건이 아닌가. 만약 어느 누가 종손이라면 더 많을 것이고 또 종손의 대수가 높으면 높을수록 비례적으로 더 많을 것이다.

이런 세전지물에는 윗대의 유품이나 세간, 고문서나 고서, 고서화나 목공예품, 도자기류, 수집이나 애장해 온 기타의 골동품 등등이 있을 것이다. 이 중에는 국보급이나 보물급, 유형 문화재급도 있을 것이고 또 귀중품도 있을 것이다.

나는 나의 13대조 일신당 할아버지 후예 집안의 7대 맏손자이다. 나의 집으로 보면 국보급은 언감생심이고 가보급 정도로 칠 수 있는 것이 두세 점 있고 귀중품 정도급은 제법 있다. 선대에서 수집 취미가 없어서 그런지 값나갈 만한 서화나 도자기류 같은 것은 아예 없다. 크게 보면 선비 집안이라 그렇겠지만 대부분 문헌학과 관련 있는 것들이다.

가보급으로는 고문서에 해당하는 '공문서'가 하나 있다. 이 공문서는 나의 10대조와 관련이 있다. 함자는 이사눌李思訥이다. 숙종 원년에 다른 직에서 황해도 수안군수 겸 병마첨절제사로 발탁되었다. 임지에서 벼슬아치들의 민폐를 일소하고 선정을 베풀었다. 병마절도사가 이것을 알고, 치적을 높이 사 조정에 보고했는데 임금이 가상히 여기고 준마 한 필을 하사했다. 한지 한 장 크기에 그 내용은 물론 또 절도사가 별도로 보내는 병기兵器류 품목과 수량도 적혀 있다. 맨 끝에 강희康熙14년 11월 12일로 되어 있는데, 강희는 청나라 강희제의 연호인데 이 해가 바로 숙종 원년 다음 해인 숙종 1년(1675)이다. 그러고 보면 무려 340년이 된 문서다. 평소에도 가보 1호라 생각하고 표구를 해 거실에 걸어두고 있다.

제2호는 조선시대의 '지도첩'이다. 최초의 원본은 아니고 사본이다. 천하도, 중국지도, 일본지도, 조선 8도 지도 등으로 되어 있는데, 낱장이 신문지 반절보다 조금 크다. 이것 역시 표구하여 장식도 겸해 거실에 걸어두고 있다. 짐작건대 바로 앞에서 한 번 언급된 10대조가 무인이었기에 가지고 있었던 것이 아니었나 싶다.

특히 원형으로 그려진 '천하도'는 숙종 원년에 홍문관에서 제작했는데 바로 그 '천하도'와 모양이 똑같다. 중국을 중심으로 한 그 주변부의 나라 이름 가운데 조선국, 안남국(베트남), 일본국, 서역제국 등을 제외하면 전혀 생소한 이름들이 적혀 있다. 특정 국명이 아니라 어떤 특징을 딴 상상 속의 나라 이름들이다.

이 지도를 가끔 쳐다보면 나름대로 여러 가지 상상을 할 수 있어 즐겁다. 피부가 희다고 백민국白民國, 눈이 움푹 들어갔다고 심목국深目國, 털이 많다고 모민국毛民國, 식인종이 산다고 식인국食人國 등등이 보이고 있는데 나에겐 흡사 〈아라비안 나이트〉에 나오는 마법의 병과도 같다. 또 한편으로는 문명과 인지의 발달 앞에 놀라고 있다. 불과 3, 4백년 전에 우리의 할아버지들이 상상해 보았던 그 나라들이 이제는 손오공 손바닥 안에 들어와 있구나 싶고 또 지난날 그런 미지의 나라들에 대한 할아버지들의 상상이 어느새 우리 세대에 와선 우주의 공간으로 펼쳐지고 있다 싶어서이다.

다음, 귀중품으로는 우선 서예 교본인 듯싶은 탁본이 제법 많이 있다. 6대조는 전국적 명성은 아니었지만 제법 이름 있는 금석학자요 서예가였다. 누구의 작품인지는 알 수 없지만 서예 작품도 여러 점 있고 또 10여 점 넘는 탁본첩도 있다. 그중 알 만한 것만 소개해 본다.

우선 '광한전 벽옥루 상량문'이 눈길을 끈다. 이는 조선 중기 난설헌 허초희가 1570년에 지은 것으로 그의 문집 ≪난설헌집≫에 전하는 유일한 산문이다. 실제의 상량문이 아니다. 지은이가 스스로 신선세계에 있는 상상의 궁궐인 광한전 벽옥루의 상량식에 초대되어 써본 상상의 글이다. 동생 허균이 석봉 한호에게 부탁하여 그의 글씨를 받아 간행했다. 원문 글씨와 목판은 찾을 수 없고 탁본만 전한다고 하는데 그 탁본의 하나가 바로 세전지물로 나에게 있으니 귀중품이 아닐 수 없다.

그 다음은 한 권으로 묶여 있는 종합 탁본 글씨첩이다. 문종, 세조, 성종 등 몇몇 조선 왕의 글씨를 비롯해 여러 중국 황제나 왕의 글씨는 물론 조선조의 몇몇 명신들의 글씨도 보이고 있다.

탁본 '탁계필첩'도 있다. 탁계濯溪는 66세 나이로 임란시 곽재우와 함께 의병장으로 큰 공을 세운 합천 초계 출신 전치원의 호다. 그는 젊은 시절부터 글씨 잘 쓰기로 소문이 났다. 35세 때는 황강의 벗 남명이 쓴 스승 황강 이희안의 묘갈명을 그의 글씨로 쓴 것만 봐도 알 수 있다. 또 47세 때에는 남명의 벗 성운이 쓴 남명 묘갈명의 글씨도 썼다. 그 많은 제자 중에 그가 선택되었다는 것은 곧 명필임이 증명된다. 68세 때에는 금병필첩을 써서 큰아들에게 주었고 또 주희 곧 주부자의 '무이구곡시'를 초서로 써서 집에 보관했다 한다.

아무튼 나의 짧은 소양으로는 이 탁본이 그의 서예 작품 중 어느 것에 해당하는지는 알 수 없지만, 필첩 제목이 '탁계필첩'인 것만은 사실이다. 6대조 할아버지가 사셨던 산청 신안면과 합천 초계는 먼 거리가 아니기에 쉽게 입수할 개연성은 높다. 참고로 탁계의 손자도 서예의 대가였다 하며 또 전두환 전 대통령은 그의 방계 후손이다.

다음, 귀중한 문집 중 제1호는 면우 곽종석의 ≪면우집≫이다. 면우는 널리 알려진 대로 한말의 대유학자요 의사이다. 사후 7년이 되던 해인 1926년에 서울에서 출간되었는데 총 165권 63책이다. '권'이란 '책'과 동의어로 쓰는 요즘의 말과는 좀 다르다. 분류 항목으로 '책' 한 권에 몇 '권'의 내용이 들어가 있으니 편집체제로 보아 책의 하위 개념이다.

면우는 우리나라 인물 가운데 세 번째로 많은 글을 남긴 분이다. 증조부가 돌아가시기 2년 전에 나온 책이라 본인은 물론 아버지의 스승이라 구입했다. 중학교 시절에 할머니가 앞으로 잘 보관하라는 뜻으로 이 책을 구입하는 데 벼 몇 섬이 들어갔다는 말씀을 했던 기억이 난다. 특히 이 문집 속에는 학문에 관해 증조부가 올린 글에 대해 답하고 있는 서찰이 여러 편 들어 있어 더욱 잘 보관하고 있다. 참고로 면우 선생이 직접 쓴 나의 10대조와 6대조 묘갈명도 그 책 속에 들어가 있는데 그 육필 원본을 내가 지금 보관하고 있다.

그리고 이 외에도 약 100여 년 전에 나온 중요한 근세의 책들도 더러 있다. 그중 2권을 골라 본다. 한말의 문신이요 학자였던 이건창의 시문집 ≪명미당집明美堂集≫ 20권 6책이 있다. 사후인 1917년에 중국에서 나왔다. 또 역시 한말의 한문학자 겸 문인인 김택영의 ≪창강고滄江考≫도 있다. 창강이 중국에 망명해 있을 때인 1911년도에 나온 것이다. 모두 14권 6책이다. 호기심에서 인터넷 고서점에 들어가 이 ≪명미당집≫을 찾아보았더니 생각보다 고가였다. 이 모든 한말의 책은 증조부가 구입한 것이다.

대충 세전지물 중에 내가 알 만한 것만 골라 소개해 보았다. 더 많은 탁본과 고서와 필사본 그리고 문집과 근세의 책이 있긴 하지만 내 능력으로는 분별해 낼 재주가 없다. 언젠가는 서지학자나 감정 전문가에게 감정을 의뢰해 볼 생각이다. 혹시 횡재수가 있을지도 모를 일이 아닌가.

자, 그럼 선대의 세전지물이 이렇게 전해졌다면 나는 과연 어떤 세전지물을 물려줄 것인가? 나 역시 할아버지들을 닮아 고가로 사들인 수집품이나 골동품은 없다. 궁색하지만 나의 저서 30여 권, 이름을 대면 알 만한 정도의 상패 네다섯 점, 그 다음 저자의 사인이 든 일부 이름 있는 문인들의 저서 정도가 아닐까 싶다. 꼭 더 찾아보라면 작가 김동리 선생이 써준 나의 집 가훈과 또 나의 정년퇴임식에서 제법 유명한 분들로부터 받은 약간의 서예작품들과 그림 두세 점이 있다. 돈으로 사드려 세전지물로 남는 것에 비한다면, 나와 관련 있는 사연이 있기에 그런 나름으로 뜻은 있으리라 본다.

글씨 '청현체'와 4대의 명인名人들

나의 직계 선대는 물론 그 선대와 가까운 집안 어른들을 살펴보면 한때나마 서예 아니 서법書法의 명필 명인이 나왔다. 여기서 내가 일부러 서예 대신 서법이란 말을 강조하는 데에는 이유가 있다. 일본인들이 즐겨 쓰는 용어가 '서도'이고, 우리나라에선 최근세의 서예가 소천 손재형이 사용하기 시작한 '서예'란 말이 있긴 하지만 이에 앞서, 지난 조선시대에는 중국식으로 '서법'이라 했음을 염두에 두어서이다. 서법이란 말 대신 필법이란 용어도 있다.

아무튼 나의 선대 할아버지들이 남긴 서법의 글씨체가 독특해 사람들은 세거지의 이름을 따 '청현체靑峴體'라 불렀다. 그 시작은 나의 8대조 할아버지의 제일 큰집 3형제 중 두 형제분에서부터였다. 할아버지와는 6촌간이었다. 맞이는 호가 농와聾窩이고 이름은 돈서暾瑞였다. 바로 손아래 동생은 호가 둔재遯齋이고 이름은 정서晶瑞다. 두 분의 서법 능력은 아우가 더 뛰어났다 했다. 하지만 큰형님을 좀 자세히 소개해 보는 것이 예의일 것 같다. 나의 13대조

종가의 종손이다. 이 할아버지는 평생을 종손으로서 집안 대소가를 잘 다스리면서 제자들을 가르치고 또 서법에 몰두하면서 처사로 일생을 보냈다. 나의 7대조가 말하자면 재종숙인 이분에게서 글 공부를 했다. 많은 덕행도 베풀었다. 그중 한 가지를 소개해 본다. 어느 날 방에서 조용히 책을 보고 있는데 어떤 낯선 사람이 갑자기 방으로 뛰어들어와 숨기에 약간 놀라고 있는 차에 곧 뒤이어 포졸들이 따라 들어와 행방을 물었다. 순간 일단은 그를 보호해 주어야겠다는 생각에서 시침을 떼고 모른다고 했다. 이름 있는 선비 집에다 집안에서도 족제나 족손이 무과 급제한 사람이 더러 있어 감히 수색을 못하고 물러났다. 드디어 그를 불러내 훈계를 하고 곡식 열 말을 주어 보냈는데 도적은 감읍했다. 이로 인해 후일 이 할아버지가 돌아가셨을 때 개과천선한 그 도적이 장례 시 마을 밖에 와서 술과 과일로 제를 올리며 슬피 울었다는 일화가 행장에 전해지고 있다.

그 다음 대에 와선 바로 이런 두 숙부들의 글씨 맥을 이제는 제일 막냇동생에게서 난 조카 한 분이 그대로 이었다. 호는 관가정觀稼亭이요, 이름은 명인命寅이다. 이분은 제일 큰숙부에게서 배웠고 서법이 정말 뛰어나 명필이란 소리를 들었다 한다.

그 다음 대에 와서 또 두 분이 맥을 이었다. 한 분은 좀 먼 집안의 족손으로 호는 동와東窩이고 이름은 의선宜璿이다. 다른 한 분은 바로 나의 6대조인데 호는 현암賢巖이고, 이름은 원영元永이다. 두 분은 족형과 족제 간인데 말하자면 바로 윗대 관가정공으로 보면 한

분은 먼 집안 족질이 되고, 나의 6대조는 삼종질 즉 9촌 조카가 된다. 특히 관가정공과 동와공의 서법이 매우 뛰어나 이때부터 '영남의 청현체'란 말이 입에서 입으로 전해졌다 한다. 나의 6대조 할아버지는 아주 어릴 때 관가정 삼종숙이 돌아가셨기에 글씨를 배울 기회가 없었지만 대신 족형 동와공에게서 다른 공부도 배우면서 글씨 지도를 받았다. 후에 이것이 계기가 되어 글씨는 물론 금석학에 일가견을 이루었다. 금석학의 대가라는 추사 김정희와는 동시대 사람으로 공교롭게도 생몰 연대가 거의 비슷했다. 이 할아버지 덕으로 7대 맏손자인 나에겐 여러 점의 서예 작품과 제법 많은 글씨 탁본 서첩이 있다. 현재 까막눈인 내 수준에서도 확인한 바 희귀본도 더러 있는 것 같다.

바로 다음 대에 와선 제일 큰집의 후손 한 분이 대를 이었다. 호는 도연道淵이고, 이름은 방검邦儉이다. '청현체'의 문을 열었다고 맨 앞에 한 번 나온 바 있는 농와공은 증조요, 둔재공은 종증조이며, 명필 관가정공은 바로 종조부이다. 그리고 이분은 나의 5대조와는 같은 항렬로서 12촌간이니 나의 6대조에겐 족질이 된다. 이 족질은 나의 할아버지에게서 직접 다른 공부도 배우면서 글씨 공부도 했고 또 먼 집안 족숙 명필 동와공에게서도 글씨를 배우면서 겸하여 돌아가신 윗대 분들의 글씨도 익혀 집안 '청현체'의 맥을 이어 주었다. 이분은 한때 젊은 시절에는 고향 청현을 떠나 외지에 가 살다가 다시 고향으로 돌아와서는 곧 그곳에서 아침나절 길이면 닿을 수 있는 곳에 정착하면서 서당을 지어 글을 가르치기 시작했다. 가근방에서 많은 사람들이 모여 들어 글 읽는 소리가 끊이질 않았다 한다. 하도 정자와 주자를 흠모했기에 그 마을 이름을 '정주동'이라 부르기 시작했고 지금 행정상의 마을 이름이 되어 있다. 학자 집안의 후손으로 이름이 드러나 있다 보니 퇴계의 후손이 단성고을의 원임으로 부임을 하자 곧 이분을 방문해 존경의 뜻을 표했다는 기록이 행장에 나와 있다. 남명 조식 선생을 모시는 덕천서원의 원임(요즘의 원장)도 맡았고 또 문익점 선생을 모시는 도천서원을 중수하고 기문을 짓기도 했다.

다시 이분의 글씨에 관해 말해 보면 글씨가 뛰어났기에 여러 집안의 누정, 비갈의 글도 짓고 글씨를 써 주곤 했다. 뿐만 아니라 손으로 직접 칠서七書를 써서 이를 계통적으로 분류 편집한 '칠서강보七書講譜'를 아들 공부용으로 만들기도 했고 또 이외에도 필사해 둔 전적이 1, 2백 권이 넘는다니 가히 이 분의 글씨에 대한 관심과 애착이 어느 정도인가는 쉽게 짐작이 가리라 본다.

여기까지가 곧 '청현체'의 시작과 그 맥의 흐름이다. 4대에 걸쳐 비록 제1급의 명인은 아니더라도 6명의 명인이 나와 집안을 빛내 주었으니 그나마 참 고마운 일이다.

어떤 집안을 보면 흔치는 않지만 글씨나 그림 솜씨가 대대로 이어진 집안이 더러 있다. 가령 명필 원교 이광사의 집안은 종고조부, 증조부, 부친 그리고 본인에게로 이어졌으며, 동양화의 이른바 운림화맥은 소치 허련으로 시작하여 아들 미산 허형, 손자 남농 허건 그리고 먼 집안의 족손 의재 허백련으로 이어지지 않았던가. 또 문장 쪽을 보면 비록 2대에만 걸쳐지긴 했지만 다섯 문장이 나온 초당 허엽 집안도 있다. 아버지를 비롯해 아들 허봉, 허성, 허균, 딸 허초희가 그 기를 받지 않았던가.

그러나 우리 집안의 경우는 애석하단 생각도 들어 나는 잠시 여기서 조선 명필가들을 한번 떠올려본다. 서울 북한산 자락 인수방에 살면서 '인수체'를 남긴 자암 김구, 석봉 한호, 추사체의 김정희, 조선 고유의 동국진체를 완성시켜 '원교체'를 남긴 원교 이광사, 이외에도 안평대군, 양사언, 홍선대원군 그리고 왕으로서 뛰어난 필치를 남긴 선조, 영조, 정조를 다시금 생각해 본다. 이분들이 만약 위 할아버지처럼 벼슬도, 그 어떤 지위도 없이 유생으로만 살았다면 과연 결과가 어떠했을까. 자암 김구는 홍문관 부수찬, 부제학을, 석봉 한호는 군수와 현령을 거쳐 국가 문서를 다루는 사자관을, 추사 김정희는 병조참판, 성균관 대사성을 각각 지내지 않았던가. 또 원교 이광사는 왕손 집안의 명문가 후손이 아니었던가. 거꾸로 만약 나의 할아버지들이 제법 이름 있는 벼슬깨나 하면서 이 '영남의 청현체'를 남겼다면, 욕심으로는 조선의 '청현체'가 될 가능성은 없지도 않았을 듯도 싶다. 그리고 이것도 아니라면 만약 그분들이 살았던 시대에 요즘처럼 전국서예대전이라도 있었다면 분명 이름이 크게 드러날 수 있었으리라 본다.

이름이 드러난 명필가들에겐 관직이나 지위의 유명세나 인지도에 따라 정도의 차이는 있을지 모르지만 그 어떤 부가가치성은 분명 보태졌으리라 상상해 본다. 그래서 D.H.로렌스와 동시대의 영국의 작가 겸 소설이론가인 E.M.포스터 같은 사람이 일찍 이런 점을 간파하고 있었기에 모든 작품에는 작가의 이름을 떼어야 이름이 주는 선입견 대신 정확한 평가가 가능하다고 보아 그 궁여지책으로 작품의 '무명론'을 부르짖었는지도 모르겠다. 문득 역설 같은 유행가 노랫말이 생각난다. '억울하면 출세하라.'

나의 10대조와 무반武班의 피흐름

근년에 나는 하도 수필의 동음반복적인 소재에 진력이 나 새로운 장르 일환으로 '가계수필'이란 것을 주창한 바 있다. 그리고 평론가로서 수필도 써고 있는 만큼 시도 삼아 여러 편 발표도 해 보았다. 그 연장선에서 이 글도 써본다.

나의 직계 집안은 저 윗대, 윗대로 가면 적어도 세거지 일원의 지역사회에서는 한때나마 3대 대과 급제자가 나와 그런 나름으로 문반 집안으로 이름이 들난 적이 있다. 그래서 과연 무반 쪽은 어떤가 하고 살펴보았는데 맥이 있다는 사실도 발견했다.

나는 경주 이씨에서 분적해 나온 합천이가 후손이고, 한 집안의 7대 맞손자다. 직계 11대조 할아버지는 4명의 아들을 두었는데 그 중 셋째가 바로 나의 10대조인데 그중 유일하게 무과 급제를 했다. 인조와 숙종 때 분으로 황해도 수안군수를 지냈다. 이를 시작으로 큰집, 작은집 모두 합쳐 6대에 걸쳐 무과 급제자가 줄줄이 나와 모두 10명이다.

그래서 대대로 이런 무인의 맥이 이어진 경위를 알아보기로 한다. 이 10대조 할아버지의 바로 아랫대의 아들 그리고 조카는 모두 합쳐 7명이었는데, 그중에서 제일 큰형님의 아들인 조카가 숙종 때에 무과 급제를 해 삼촌의 대를 이었다. 이른바 '무과의 꽃'이라는 선전관을 지냈다. 숙부가 무인인 것을 보고 영향을 받았으리라 본다.

그 다음 손자 대에 와선 집안의 15명의 손자 중에서 또 한 명이 나왔다. 숙종 때에 종4품인 만호를 거쳐 삼수진관 병마절제사를 지냈다.

여기서 가계사의 흐름으로 보아 흥미로운 사실이 하나 발견된다. 즉 10대조 할아버지 4형제 중 넷째 막냇동생이 아들이 없어 본인의 아들 3형제 중 둘째를 양자로 보냈다. 거기서 태어난 손자가 절제사를 지낸 바로 이 손자다.

그 다음 대의 증손 뻘은 모두 20명이었는데 그중에서 3명이 무과 급제를 했는데 모두 직접 이 할아버지의 핏줄을 받은 세손들이다. 막내인 셋째 아들의 손자인 증손 한 사람과 양자 간 아들의 손자에서 난 증손 두 형제가 무과 급제를 했다. 이 세 사람은 양자 간 촌수로는 8촌간이지만 실지로는 6촌간이다. 그 한 사람은 영조와 정조 때 사람으로 정3품 당산관 절충장군을, 다른 두 형제 중 큰형은 숙종과 영조 때 사람으로 곤양군수 겸 진주진관 병마 검절제사를, 동생은 경종과 정조 때 사람으로 정4품 진위장군으로 선전관을 각각 지냈다.

그 다음 바로 아랫대인 현손뻘에는 20명이 태어났는데 그중에서 또 2명의 무인이 나왔다. 여기서는 양자 간 쪽에서만 나왔다. 양자 측으로 보면 이 현손들이 10촌간이지만 아니면 8촌 형제다. 한 사람은 영조 때 사람으로 선전관을, 다른 한 사람 역시 영조 때 사람으로 정3품 어모장군을 지냈다.

그 다음 대에 난 5세손은 36명이었는데 거기서 또 2명이 나왔다. 한 사람은 정조 때 종4품 용양위 부호군을 지냈고, 다른 한 사람 역시 정조 때 무과 급제를 했지만 불행히도 얼마 있지 않아 떠났기에 크게 빛을 보지는 못했다.

이렇게 무인이 줄줄이 나온 계보를 볼 때 10대조로부터 시작된 무운이 한 대도 걸르지 않고 대대로 약 200년간 이어져 왔다. 10대조 할아버지가 아들 하나를 동생에게 양자를 보냈건 아닌 건 간에 결과는 그 할아버지를 포함해 그 핏줄에서 고스란히 9명의 무인이 나왔고, 단 큰집 쪽에서는 조카 한 명만이 무인이었으니 이는 결코 흔한 일은 아닐 것이다.

후손으로서 나는 물론 더 많은 욕심이 없지는 않다. 정2품 도총관, 종2품 병마절도사나 어영대장, 내금위장, 포도대장, 의금부 판사 같은 분이 없는 게 아쉽지만 그나마 절충장군 어모장군, 진위장군도 나왔으니 크게는 선대의 고향이요 나의 고향인 경남 산청 '청현' 합천 이씨 집안은 한동안 '무반집안'이란 소리를 들었으리라 본다. 10대조의 큰형님 계열에선 아들인 조카 한 사람이 유일한 무인이고, 10대조의 아들 3형제 중 나의 직계 큰아들계에서는 아예 무인이 없고, 막내아들 쪽의 손자 한 사람이 무인일 뿐 나머지 7명은 모두 양자 간 가운데 아들의 핏줄이다. 그리고 이 양자 간 집안으로 보면 어느 한 집에서는 할아버지, 아버지, 손자 3대에 걸쳐 줄줄이 무인이 나왔고 또 어느 한 집에서는 한대를 건너 뛰어 3대 무인이 나오기도 했다.

그런데 이렇게 200여 년간 무인의 운은 있었으나 상대적으로 저 윗대와는 달리 문과 급제자가 거의 없다. 저 윗대로 가면 앞에서 한 번 나왔듯 3대에 걸쳐 대과 급제자가 나왔는데 아랫대에 와선 문운이 없었거나 아니면 특히 숙종조 이후 벼슬을 멀리하려는 서부 경남 유생들의 관습을 따라서인지 또 아니면 집안운이 무인에게로 쏠린 탓인지, 다른 후손들은 유학자 아니면 유생으로만 살았다. 만약 무인에 못지 않을 정도로 문과 급제자가 많이 나왔다면 명실상부 문반과 무반이 고루 갖추어진 양반 집안으로 가문이나 가세가 더욱 번창하고 번성했으리라 본다.

참고로 내친 김에 합천 이씨 전 종중의 조선시대 과거 급제자를 찾아 보았다. 아쉬운 대로 생진과의 사마시 즉 소과까지 합쳐 모두 161명이었는데, 대충 잡아 100년에 32명 꼴이다. 그중 문과인 대과 급제가 11명, 무과가 28명이었다. 여기서 합천이씨의 분파가 15개 파인 점을 감안해 보아 그나마 가장 번창하다는 전서공파에 속하는 나의 직계 소 종중 집안에서 3대에 연이은 대과 급제 3명 그리고 무과 급제 10여 명이 나왔다는 것은 물론 떵떵거리고 살았던 다른 성씨 집안에야 아예 비할 것은 못 되지만 한양에서 천 리나 뚝 떨어져 있는 산골 산청에서 합천 이씨 쪽으로만 보아서는 그나마 급제자 비중이 매우 큰 것이다.

그리고 무인의 계보를 보면서 느낀 점이 하나 있다. 무인이 된다는 것은 타고난 유전자도 중요는 하겠지만 요는 성장하는 과정에서 보고, 듣고 또 조언을 받고 한 것이 본인의 진로나 정체성 찾기에 중요한 변수가 되었으리라 본다. 삼촌이나 집안의 아저씨, 집안의 형제 또는 직계 할아버지나 아버지 등을 은연중 롤 모델로 삼기도 했을 것이다. 또 집안 사람들도 장차 너는 삼촌처럼, 아저씨처럼, 형님처럼 아니면 아버지처럼, 할아버지처럼 무인이 되라는 말도 더러 해주었을 것이다. 집안의 내력, 집안의 분위기, 가정교육 등이 참 중요하다는 것을 새삼 확인해 보고 있다.

아무튼 이제는 그로부터도 참 많은 세월이 흘러왔다. 지금 현재로 보아 나의 10대조 직계 후손은 물론 그 다른 3형제 집안의 후손들이 제법 많을 법한데, 내가 과문한 탓인지는 몰라도 이렇다 하게 내놓을 만한 무인은 물론 고급 관리가 별반 없다 싶어 매우 아쉽다. 가문의 운이 속히 돌아와 그 언젠가는 대를 이어 장군도 장차관이나 고급 관리도 나왔으면 한다. 또 한껏 욕심을 부려본다면 대학 총장도, 이름있는 학자나 예술가들도 많이 나왔으면 한다. 또 알아줄 만한 돈 많은 거부도 나온다면 금상첨화일 것이다. 집안은 물론 국가사회를 위해 참 좋은 일일 것이다. 비록 '꿈깨'일는지는 몰라도 오로지 후대에 맡겨볼 일이다.

사족으로 거부 이야기가 나와서 말인데 솔직히 말해 삼성 창업주 이병철 집안, LG 창업주 구인회 집안 그리고 현대 창업주 정주영 집안을 보고 겉으로 내숭을 떨지 않는 한 그리고 합천 이씨 우리 파 출신인 성철 큰스님을 닮지 않은 한, 부럽지 않다고 아니할 사람은 없으리라 본다.

직계 선조의 스승들을 알아보며

내가 주창하는 '가계수필'이란 장르를 시험해 본다는 뜻에서 나의 직계 선조들이 과연 누구에게서 공부를 했는지 여러 자료를 한 번 찾아보았다. 나는 합천이씨 전서공파 소종중 '청현 동지공파' 후손이다.

홍문관 교리를 지낸 16대조 적迪 할아버지와 동래부사를 거쳐 병조참판과 대사성을 지낸 15대조 도남圖南 할아버지의 경우는 젊은 날 누구에게서 배웠는지 내가 가지고 있는 자료로선 아예 알 수가 없었다.

생각건대 가학家學이 아니었나 싶다. 그러나 14대조부터는 그나마 조각 자료라도 될 만한 기록이 있어 다행스럽게도 이 글을 써본다.

승문원 저작 벼슬을 지낸 14대조 광전光前 할아버지는 처음엔 가학으로서 대사성공 아버지에게서 배우고, 그 다음은 아버지의 뜻에 따라 합천에 살고 있던 명종조의 유학자로 같은 합천 이씨 족숙뻘인 황강 이희안李希顔 문하에서 배웠다. 황강은 과거를 거치지 않은 이른바 유일로 천거되어 고령현감을 잠시 맡았으나 곧 사직하고 고향에 돌아와 학문정진과 제자 양성에 평생을 보낸 분인데 특히 남명 조식과는 사는 곳과 나이가 비슷해 각별한 벗으로 교유했던 사이다.

다음, 14대조 할아버지 아들인 13대조 일신당(호) 천경天慶할아버지는 아버지가 일찍 돌아가신 대신, 조부인 부사공이 장수를 해 젊은 시절에는 이 조부 밑에서 공부를 했고, 그 뒤 남명의 문하가 되어 이름난 제자가 되었다.

12대조 동지중추부사공 호瑚 할아버지는 약관의 나이에 아버지의 뜻에 따라 한강 정구鄭逑와 동강 김우옹金宇顒문하에서 공부를 했다. 이 두 스승은 아버지와 비슷한 나이인데 아버지가 남명 문하에서 같이 공부했던 벗이었기에 특히 한강은 친자식처럼 대해 주었다고 했다. 그리고 이 두 스승은 후에 벼슬이 한강은 대사헌, 동강은 대사헌에서 이조참판까지 올랐던 분들이기도 하다.

11대조 감찰공 시정時挺 할아버지는 바로 아버지의 스승이었던 동강 김우옹과 아버지의 친구 한사 강대수姜大遂 문하에서 공부를 했다. 한사는 합천에 살았는데, 후에 예조참의를 지낸 바 있는 학자였다.

10대조 수안군수공 사눌思訥 할아버지는 가학으로 공부를 했는지 이렇다 할 스승이 보이지 않는다. 상상해 보건대 문과가 아닌 무과 급제인 점을 미루어 보아 글공부보다는 무예 익히기에 힘을 쏫았지 않았나 싶다.

9대조 승의랑 만지萬枝 할아버지는 갈암 이현일李玄逸의 문하였다. 갈암은 인조조와 숙종조의 사람으로서 영남학파의 거두요, 퇴계 이황의 학통을 이은 분이었다. 그렇다면 여기서 약간 의문이 생길 법도 하다. 어떻게 하여 서부 경남 산청의 한 유생이 뚝 떨어져 있는 경북 지역 학자의 문하가 되었느냐는 점이다. 거기엔 이런 사연이 있다. 갈암은 대사헌, 우참찬, 이조판서를 이미 지낸 몸으로 현재의 진주시 지수면 청원마을에 와 일시나마 머문 적이 있다. 그는 당쟁에 휘말려 전라도 광양에서 유배생활을 하다 5년 후(1697)에 비로소 조정에서 향리로 돌아가라는 명을 받고 돌아가는 길에 같은 재령 이씨 문중 사람들이 살고 있는 그곳에 들른 것이 계기가 되어 일시나마 그곳에 머물게 되었고 또 후학들을 가르치게 되었다. 이때에 나의 할아버지가 스승과 제자의 연을 맺게 된 것인데, 이는 고향에 돌아가 임종하기 5년 전의 일들이다. 참고로 갈암은 소설가 이문열의 13대조 할아버지이기도 하다.

8대조 후서垕瑞 할아버지는 평생 처사로 지냈는데 한때나마 제산 김성탁金聖鐸이라는 분의 문하였다. 이분은 문과 급제를 해서 홍문관 수찬을 지냈는데, 말년에 돌아가신 스승 이현일의 억울한 누명을 벗겨달라고 상소를 올린 것이 그만 화근이 되어 전라도 광양에서 10년간 유배생활을 하는 중에 돌아갔다. 바로 이 유배 과정에서 제자가 된 것이다.

7대조 명곤命坤 할아버지는 아버지처럼 평생을 처사로 지냈다. 처음은 큰집 종숙에게서 배웠고, 다음은 입재 정종로鄭宗魯에게서 배웠다. 입재는 조정에서 여러 번 벼슬을 내렸으나 사양하고 성리학을 연구하면서 강학과 저술에만 전념하여 영남학파의 학통을 계승했던 분이다.

6대조 원영元永 할아버지 역시 평생을 처사로 보냈다. 제자들을 가르치며 남명 조식의 덕천서원에서 많은 선비들과 학문을 강론하고 예식을 거행하기도 했다. 좀 젊은 시절에는 누가 유일로 조정에 천거해 보려고 하자 완강히 거절했다 한다.

이 할아버지의 스승을 두고 말한다면 비록 살짝 스친 인연이긴 하지만 정재 유치명柳致明이 있다. 20세 때에 도산서원에 참배한 후 안동의 임동에 있는 그를 만나 예설의 의심나는 점을 서로 묻고 답하기도 했다. 정재는 퇴계의 학문을 이었던 분인데 방문 당시는 문과 급제를 한 지 얼마 되지 않았을 때였다. 이분은 뒤에 대사간, 한성좌윤, 병조참판을 지냈는데 그의 학통을 이은 대표적인 학자로는 한주 이진상李震相이 있다. 그리고 직접의 스승에는 아버지의 스승이었던 입재 정종로와 그리고 괴천 유문룡이 있다. 괴천은 아예 벼슬을 포기하고 마치 입재처럼 제자들을 가르치며 많은 저술활동을 한 분인데 스승과 제자로서는 서로 사는 곳이 가까웠던 인연도 있다.

5대조 진검晉儉 할아버지는 너무 일찍 돌아가셔서 4대조인 고조부가 이 삼촌 앞으로 양자로 들어온 사연이 있는데, 약관의 나이였을 때 산청의 단성 남사마을에서 제자들을 가르쳤던 지역의 큰 학자 월포 이우빈李佑斌 문하에서 공부했다.

그러나 4대조 정섭廷燮 고조부는 여러 선생에게서 배웠다. 먼저 문중과 지역사회에서 이름난 학자였던 도연 방검邦儉처사에게 배웠고, 그 다음 만구 이종기李種杞, 물천 김진호金晉祜 그리고 면우 곽종석郭宗錫의 문하였다. 만구 선생은 한말의 큰학자였고, 물천 선생은 산청 단계에 살았는데 역시 한말 강우학맥의 큰선비였으며, 면우 선생이야말로 자타가 다 인정하는 한말의 대유학자였다. 거창에 은거하던 면우는 제자 심산 김창숙金昌淑과 함께 바로 임종의 해에 있었던 유림들의 기미독립탄원서인 '파리장서사건'의 주관자로도 유명한 분이다.

증조 지환志煥 할아버지는 역시 고조부의 선생인 만구, 물천, 면우에게서 대를 이어 배웠다. 증조부는 고조부의 장남이어서 부자간의 연령차가 불과 20세였다. 그리고 내가 들은 바로는 진주 수곡에 살았던 한말의 큰학자 회봉 하겸진河謙鎭과는 같은 면우 선생의 제자로서 종유했다 한다. 참고로 회봉의 큰사위는 삼성의 창업주 이병철의 형님인 이병각인데 그분은 살아생전에는 골동품 수집가로 널리 알려졌던 분이다. 또 한편 중재 김황金榥이 할아버지의 세거지요 나의 고향이기도 한 산청 신안면 청현리에서 멀지 않은 곳에 살았기에 같은 면우의 제자라는 연고도 있고 해서 증조부에게 후학의 예를 올릴 겸 자주 찾아왔다고 했다. 김황은 살아 있을 때는 이 시대의 마지막 유학자라고 일컬어졌던 분인데 증조부보다는 16세 아래였다.

조부 훈석薰錫 할아버지는 자유당 때에 총리를 지낸 변영태와 시인 변영로의 형님인 한학자 산강 변영만卞永晩의 제자였다. 그리고 한학자요 교육자인 위당 정인보鄭仁普가 스승인 회봉을 뵙기 위해 진주에 올 때에는 서로 나이가 비슷해 친구로 교유했다 하며, 또 한학자요 서예가인 육천 안붕언安朋彦은 같은 스승 변영만의 제자였기에 막역한 사이였다 한다.

아무튼 지금까지 알아봤듯 나의 직계 집안은 그런 나름으로 학자 집안인 것만은 사실이다. 그리고 고명한 학자나 아니면 제법 명망 있는 학자들이 스승이었던 것도 사실이다. 그렇다면 이왕 8대조 이후부터 벼슬을 멀리하고 학자 아니면 처사로 살아왔다면, 욕심 같아서는 제법 큰 이름의 학자가 나와야 마땅한데 없는 게 못내 아쉽다. 그러나 이보다도 더욱 아쉬운 일도 있다. 선대들이 남겨놓은 많은 글들이 임진란으로, 또 동학란으로 또 근세에는 수해로 시시각각 소실되거나 유실되고 말았다니 매우 가슴이 아프다. 선대들의 스승이란 인연으로 증조나 조부 때부터 우리 집에서 보관해 온 면우집, 괴천문집, 물천문집, 만구문집, 월포문집 등을 볼 때면 더욱 그런 생각이 들곤 한다. 세상일이란 그저 인력만으로는 참 잘 안 되는구나 싶은 생각도 든다.

나는 50여 년 간의 문단생활에서 과연 어떤 좋은 제자를 길러냈는지 자문해본다. 스승과 제자는 해와 달의 관계다. 훗날 서로 빛을 주고 빛을 받는 사례를 많이 보아왔다. 달이었던 제자가 훗날 해가 되어 크게 비추어 주는 경우도 보아왔다. 요는 스승복도 제자복도 있고 볼 일이다.

13대조 일신당 할아버지와 강학講學의 벗들

나는 합천 이씨 전서공파 후손이다. 나의 13대조 할아버지의 휘는 천경天慶이며 호는 일신당日新堂이다.

그런데 '벗'이라면 누구에게든 어릴 때 자라는 과정에서 사귄 죽마고우가 있을 것이고, 학업의 친구 그리고 사회 친구가 있을 것이다. 이 할아버지의 경우는 관직에 안 나갔기에 이른바 관직 사회의 친구는 거의 없을 것이다. 그러고 보면 죽마고우와 강학의 친구에 거의 한정되리라 본다. 할아버지는 평생을 산청에서 사셨다. 원당 마을과 청현 마을이다. 그 죽마고우들은 강학의 친구로서 후에 성인이 되어 모두 남명 조식의 문하가 되는 인연도 있다. 그런가 하면 아예 성인이 되어 남명 문하에 드나들면서 열 손가락 안에 드는 고족高足 제자 중의 한 사람으로서 그때 사귄 친구들도 있다.

먼저 죽마고우로서 강학의 친구들을 살펴본다. 나의 할아버지는 평생을 학문을 하며 제자들을 가르치다 일생을 마쳤는데 사후에는 이조참판으로 증직되었고 우리 집안 세계의 중시조이다. 이 할아버지는 현재 산청군 단성면 사월리 내원 마을의 원당동에서 태어났고, 거기서 30대 중반까지 살았다. 그 이웃 마을이 문익점의 출생지로 면화 시배지로 이름난 배양 마을이다. 참고로 이 사월리는 한말의 대유학자 면우 곽종석이 태어난 곳이기도 하다.

이 원당동과 배양 마을에서 태어났거나 아니면 성장했던 분 중에서 후일 한 시대에 비록 전국적 명성은 아니었지만 존경 받던 학자 아홉 분이 나온 내력이 있다. 주로 1530년대~ 40년대를 함께 사신 분들이다. 후일 뒷사람들이 이분들과 연고가 있는 이 마을을 기념하고 또 그분들을 기리기 위해 '구현동九賢洞'이라 하여 내원 마을 입구에 조그마한 표지석을 세웠는데 지금도 옛날 그 자리에 서 있다. '구현동'이란 말 그대로 아홉 분의 현인들이 살았던 마을이란 뜻이다. 근년에 이 아홉 분의 이름을 새겨넣은 큰 비석을 그 근방에 새로 새운 자초지종도 있다.

바로 이 아홉 분 중에 나의 할아버지가 들어 있다. 이분들 중에 죽마고우로서 친구요 강학의 친구가 될 만한 비슷한 나이 또래의 벗이 몇 사람 있다. 일단 먼저 이 아홉 분을 나이 순대로 소개해 본다. 남명 조식과 학문의 벗이었던 안분당 권규(權逵, 1496~1548), 남명과 퇴계와 서로 나이가 같으면서 벗으로 지내면서 평생 학문 연구에 일관한 청향당 이원(李源, 1501~1568), 안분당의 아들로서 문과 급제를 했지만 제수하는 벼슬을 끝내 뿌리치고 학문에만 치중한 원당源塘 권문임(權文任, 1528~1580), 청향당의 아들 송당 이광곤(李光坤, 1528~?), 청향당의 아우 아들로 조카요 또 겸재 하홍도의 외할아버지인 죽각 이광우(李光友, 1529~1619), 사헌부 감찰을 지낸 동곡 이조(李晁, 1530~1580), 그 다음이 바로 1538년생인 나의 할아버지다. 그 밑이 임란 시 공을 세우고 그 뒤 공조좌랑과 고부군수를 지낸 안분당의 손자 원당源堂 권제(權濟, 1548~1612), 마지막이 동곡의 아들로서 문과 급제 후 군수를 지낸 오월당 이유함(李惟函, 1557~1609)이다.

대충 위 소개에서 짐작은 가겠지만 원래 원당 마을과 배양 마을은 합천 이씨와 안동 권씨 집안 사람들이 모여 사는 곳이었다. 성주 이씨인 동곡 이조와 그 아들 오월당 이유함을 빼고 보면 모두 같은 두 성씨 후손으로 안분당의 경우는 아들, 손자간으로 연결되어 있고, 청향당의 경우는 아들과 조카 거기에다 집안간의 나의 할아버지가 연결되어 있다. 전통적인 옛 시골 마을의 풍속 일면이다. 이 아홉 분 중에서 남명의 벗인 연세 높은 두 분과 제일 나이가 아래인 한 사람을 제외하면 성인이 되는 과정에서 같이 모여 공부도 했을 것이고, 또 윗어른들에게서 같이 배우기도 했을 것이다. 그리고 또 훗날 모두 남명의 문하가 되어 서로 모여 강학도 같이하며 나라 걱정도 했을 것이다. 그뿐만 아니라 남명의 임종 후 다른 문하생들과 치상 문제는 물론 그 후 덕천서원 건립 문제도 상의했을 것이다. 특히 나의 할아버지와 서로 나이 차이 10여 년 안팎인 권문임, 이광곤, 이광우, 이조, 권제는 친구뻘 나이었으니 더욱 죽마고우로서 그 이후에도 친밀하게 지냈으리라 본다. 각각의 행적에 그런 기록이 보이고 있다.

다음은 이런 죽마고우로서 친구가 아니라 아예 성인이 된 이후 남명 문하에서 사귄 친구들이 있다. 수많은 남명의 제자 중 그 문하에 오가면서 사귄 친구야 물론 많겠지만 그중 나이가 비슷하면서 별도의 연이 있는 분들이 더러 있다. 그렇기에 더 절친했다고 본다. 가령 남명의 수제자로서 뒤에 이조정랑을 지낸 제일 맏형 격인 덕계 오건吳健이야 나이 차가 무려 17년이나 있으니 같은 문하생일 뿐 친구가 될 수 없었지만, 동강 김우옹金宇顒, 한강 정구鄭逑, 수우당 최영경崔永慶, 각재 하항河沆, 영무성 하응도河應圖는 비슷한 나이라 우정이 각별했으리라 본다. 두살 아래로서 뒤에 대사헌, 이조참판을 지낸 동강은 이런 인연으로 아들의 선생 인연을 맺게 되었고, 또 다섯 살 아래로 후일 대사헌을 지낸 한강 역시 아들의 선생 인연이 맺어졌고, 또 나의 할아버지가 돌아가셨을 때 만사挽詞를 짓기도 했다. 그리고 두 살 아래로서 진주판관을 지낸 영무성 하응도는 돌아가셨을 때 제문을 짓기도 했다. 그리고 남명의 덕천서원 초대 원장을 맡았던 동갑 각재 하항은 할아버지 당호에 대한 시 '일신당운'을 짓기도 했다. 그리고 9세 위로서 사후 대사헌으로 추증된 수우당 최영경과도 절친한 사이였다. 특히 수우당이 60세 되던 해인 1589년에 10월에 정여립의 기축옥사가 일어나 길삼봉이란 누명을 쓰고 이 사건에 연루되었다고 옥에 갇히게 되자 친구의 구명운동으로 여러 벗들과 앞장서 무고 상소를 올린 사연도 있다. 그 뒤 억울한 죽음이 안타까워 끈질긴 상소를 올려 몇 년 뒤 죄가 없다는 것이 밝혀져 소원은 풀었다.

이래저래 친구란 참 좋은 것이다. 그 누구보다도 동시대를 살면서 가까이에서건 멀리에서건 서로 끌어주고 밀어주고, 축하와 격려와 위로를 해주는 사람이 바로 친구가 아닌가. 세 살 차이로 서울 남산골 밑의 죽마고우 유성룡과 이순신, 오성과 한음으로 더 잘 알려진 이항복과 이덕형, 차로써 인연이 된 추사와 초이선사를 다시 한번 생각해 본다. 독불장군이 따로 없다고 볼 때 친구가 그 누구보다도 가깝지 않겠는가. 나는 과연 몇 사람의 진정한 친구를 두고 있는가 하고 자문해 보고 있다.

직계 선조가 종유從遊했던 벗들

'13대조 일신당과 그 강학의 벗들'을 이미 한번 써본 적이 있다. 평소 잘 몰랐던 사실들을 알게 된 기쁨도 있었고, 한편 흥미도 느꼈다. 이런 것이 바로 잠자고 있거나 묻혀 있는 인맥 차원의 '고고학'적 발굴이 아닌가 싶기도 하다. 문화재도 무형과 유형이 있듯, 넉살을 떨어보면 이것이 바로 한집안의 가계상에서 찾아내 볼 수 있는 '무형 고고학'이 아닌가 한다.

그런 맥락에서 이제는 다시 폭을 넓혀 직계 선조들의 벗들이 과연 누구였는지 자료를 찾아 살펴본다. 이른바 '교우록交友錄'이 없는 이상 일단 조각 자료들이나마 찾아 정리해 본다. 이 벗들은 우리 주변에서 쉽게 만날 수 있는 장삼이사張三李四같은 평범한 친구가 아니라 학문으로 사귄 벗들이다.

16대조에 이적(李迪, 1479~1544)이란 분이 있다. 호는 청호이다. 비슷한 지역에 살았던 남명 조식, 합천 이씨 족인 황강 이희안과 역시 같은 족인 청향당 이원보다는 거의 한 세대 앞이다. 단종 원년에 급제하여 중종조에 홍문관 교리를 끝으로 고향 단성으로 돌아와 제자들을 가르치다 65세에 돌아가셨다.

약관의 나이 시절, 같은 고향에서 동문수학하면서 어울린 세 사람이 있다. 그들이 바로 후에 다같이 문신이 된 관포 어득강漁得江, 신안 강현姜顯, 김수돈金守敦이다.

관포 어득강은 교리, 대사간을 거쳐 상호군을 마지막 벼슬로 하여 사직하고 나의 할아버지처럼 고향 진주지역으로 돌아와 살았다. 생몰년대가 비슷해 만년에 서로 오가며 끝까지 깊은 우정을 나누었으리라 본다.

신안 강현은 진주 강씨로 좌찬성, 대제학, 판서를 지냈다. 바로 이 강현의 아버지가 나의 할아버지의 외삼촌으로 전적 벼슬을 지낸 강문회姜文會이니 두 사람은 외사촌간이다. 나의 할아버지가 어릴 때 외삼촌 밑에서 공부도 했다 하니 더욱 친형제간처럼 친해졌을 것이고, 그러다 보면 한양의 관직생활 과정에서도 각별히 지냈으리라 본다. 참고로 강현의 조부 강행은 광양현감을 지냈는데, 나의 16대조 할아버지에겐 외조부다. 김수돈은 한림 벼슬을 지낸 기록 이외에는 없다.

그런데 앞에서 이 세 사람은 약관 시절부터 할아버지와 어울렸다고 했는데 젊은 날의 일화 하나가 있다. 하루는 향교에서 서로 공부를 하고 있는데 달이 하도 밝아 친구집에 맛좋은 술이 있다는 말을 이미 들은 것이 생각나 바로 그 집으르 몰려갔다. 젊은 객기에 술을 실컷 퍼마시고 홍에 겨워 네 사람 각자가 돌아가며 화답으로 시

한 구절씩을 읊었다. 그것이 후일 입에서 입으로 회자되었다 하는데, 바로 내가 가지고 있는 자료에도 나와 있다. 젊은 날 '우정의 시회詩會'였다고나 할까.

다음은 15대조 이야기다. 이름은 도남(圖南, 1496~1567)이고, 호는 대봉이다. 동래부사와 대사성을 지냈다. 신재 주세붕朱世鵬과 동갑으로 관직생활 중에 절친했다. 절친했기에 승문원 저작으로 있던 나의 14대조인 큰아들이 31세에 요절하자 그 만사輓詞를 지어 위로를 했다. 특히 만사를 지은 데에는 이런 이유뿐만이 아니다. 사망한 친구의 아들이 바로 자기 아들 처가로 보면 서로 친동서간이란 이유도 있었다.

그리고 나의 이 할아버지가 한때 보성 군수로 있을 때의 일이다. 신재가 떨어져 있다 보니 친구가 그리워 할아버지를 가리켜 '해변 어느 곳에 이적선李謫仙처럼 한가한가.'라고 시작되는 시 한 편을 지어 보냈는데 그것도 기록에 나와 있다. 그뿐만 아니라 한참 세월이 흐른 뒤의 이야기지만 신재의 종질 이요당 주이朱怡의 딸이 나의 13대조 할아버지와 혼례를 올려놓고는 그만 신행도 못하고 불행히도 병으로 일찍 돌아간 사연이 있다. 조부인 도남 할아버지는 생전이었고, 신재는 이미 저 세상 사람이 되어 있었지만 집안간으로 사돈의 인연도 맺어진 것이다. 참고로 주이는 교리와 예안현감을 지내고 만년에 고향 합천에서 제자들을 가르쳤던 분이다.

또 한 사람은 벽계수로 너무 잘 알려진 세종의 증손 이종숙李終叔이다. 동래부사를 그만두고 잠시 성균관에 머물고 있을 때인데 이제 나이도 70이 되어 모든 관직에서 물러나 고향으로 돌아갈 마음 준비를 하고 있을 때다. 당시 덕계 오건이 성균관 학유로서 할아버지를 모시기도 하면서 써둔 1565년도 일기를 보면 벽계수와 바둑을 두고 있더라는 장면이 서너 번 나오는데 이를 보아 그전에도 오랜 친구로서 바둑 친구이었음을 쉽게 짐작할 수도 있다.

그럼 다음대로 내려와 보자. 14대조 저작공 할아버지는 이미 앞에서 언급되었듯이 요절했기에 이렇다 하게 언급할 자료가 없고, 그 다음 13대조는 맨 앞에서 언급했듯이 지면에서 이미 소개되었기에 건너뛰고 바로 12대조로 와 본다.

12대조의 이름은 호(瑚, 1576~1647)이고, 호는 운포다. 가선대부 동지중추부사를 지냈다. 가장 절친했던 친구는 세 사람이다. 선생인 한강 정구의 문하에서 같이 공부한 동계 권도(權濤, 1575~1644)가 있다. 친했기에 친구의 아버지인 나의 13대조 할아버지가 돌아가셨을 때 만사를 짓기도 했고 또 아들인 나의 11대조 할아버지를 가르쳤다. 이분은 벼슬을 그렇게 탐하지는 않았지만 뒤에 대사간을 지냈다. 안동 권씨로 우리 집안의 세거지인 청현과는 먼 단계에서 태어났다. 다음, 한사 강대수(姜大遂, 1591~1658)가 있다. 물론 서로 나이 차이는 많았지만 학자로서 종유從遊의 벗으로 지냈다. 이분은 합천 출신으로 홍문관 교리, 진주목사, 병조 참의를 지냈는데 만년에는 관직에 있으면서 덕천서원 원임도 맡았다. 특히 고향 땅 진주에 와서 진주목사를 3년간 맡아 있을 당시, 촉석루에 올라가 지난날의 임진왜란을 회고하며 읊은 시가 지금도 촉석루에 걸려 있다. 다음이 학포 정훤(鄭暄, 1588~1647)이다. 영일 정씨 포은 정몽주의 후손으로 합천에서 태어났지만 뒤에 단성으로, 그 다음 진주 대평으로 가 그곳에 눌러앉아 살았다. 인조가 즉위한 후 벼슬을 여러 차례 내렸으나 모두 사양하고 오로지 성리학을 궁구하며 여생을 보냈다. 호가 학포學圃인 것은 선조 할아버지 포은을 닮도록 학문을 하겠다는 뜻이라니 어쩌면 그 실천을 했구나 싶다.

그 다음, 11대에서부터 7대조까지는 내가 가지고 있는 자료로선 이렇다 할 정보를 얻을 수 없어 바로 6대조로 내려와 본다.

6대조의 이름은 원영(元永, 1787~1862)이고, 호는 현암이다. 유학자로서, 금석학자로서 또 서예가로서 제자들을 가르치며 평생을 보냈다. 응와 이원조李源祚와는 상주에서 영남학파의 맥을 이어간 입재 정종로鄭宗魯 선생의 같은 문하이어서 우정이 각별했던 모양이다. 응와는 성산 이씨인데 19세에 문과 급제를 해서 60여 년의 관직생활을 마감했다니 아마 관직생활 최장수 기록 보유자가 아닐까도 한다. 주요 관직은 제주목사, 경주부윤, 대사간, 좌승지, 한성판윤을 지냈다. 할아버지와 이분 사이에 있었던 깊은 우정의 표시라면 그가 현직에 있을 때 유일로서 벼슬을 제수받도록 조정에 천거해 준 일이 아닌가 싶은데 일이 뜻대로 되진 않았지만 고마운 일이 아닐 수 없었을 것이다.

이왕 이야기가 나온 김에 이분에 관한 일화를 하나 더 소개해 본다. 나이 50대 초에 제주목사로 가 있을 때다. 마침 추사 김정희가 제주 서귀포의 대정으로 유배를 와 있기에 썩혀두고 있는 능력이 아까워 나이도 비슷해 한번 찾아가서 주민들의 글 공부를 시킬 협조를 얻어내 아예 서당까지 지어서 글공부를 시켰다는 이야기다.

그리고 또 한 분은 월포 이우빈李佑斌이다. 이황의 학설을 승계하고 주리설을 발전시켰다는 이분은 현재의 산청 단성면 남사리란 곳에서 살면서 벼슬을 단념하고 학문연구와 제자를 가르치며 평생을 마쳤다. 6대조 할아버지와는 나이가 비슷해 서로 오가며 가깝게 지냈는데, 이런 연고로 아들인 나의 5대조 할아버지를 가르치기도 했다. 한 가지 생각나는 일이 있다. 내가 좀 젊었을 때 이사를 다니면서 짐만 된다고 필요 없다 싶은 옛 문집들을 멋모르고 제법 많이 버린 적이 있다. 그 속에 그분의 문집 ≪월포집≫이 끼여 있었다는 사실을 국학에 대한 관심을 가지게 된 후에야 비로소 알게 되었다. 면우 곽종석이 편집하고 발문을 썼으니 약간은 아까운 생각도 든다. 무엇이건 아는 것만큼 보인다는 말이 딱 맞는 말이다.

다음은 5대조는 자료가 없어 곧 4대조인 고조부 대로 내려온다. 이 할아버지 이름은 정섭(廷燮, 1860~1919)이고, 호는 남강이다. 특히 친했던 친구는 회당 장석영張錫英이다. 회당은 경북 칠곡 출신으로 독립운동가요 유학자다. 을사조약의 파기와 그 오적의 목을 베어야 한다는 이른바 '청참오적소請斬五敵疏'를 이승희, 곽종석과 함께 올린 분이다. 또 '파리장서' 사건에도 깊이 참여했다. 친하기 때문에 나의 6대조 행장을 쓰기도 했다. 그리고 회당이 돌아가자 아버지의 친구인지라 증조부가 곧 만시挽詩를 쓴 사연도 있다.

그 다음은 증조부다. 이름은 지환(志煥, 1880~1927)이고, 호는 창재다. 회봉 하겸진河謙鎭과는 같은 면우의 제자로서 각별히 지냈다. 살고 있는 진주의 수곡과 산청의 청현을 서로 가끔씩 오가며 학문을 논하며 나라 걱정도 했다. 마침 할머니가 같은 하 씨 집안 출신이라 지난날 여러 이야기를 들려주시곤 했다. 할아버지 유고집인 ≪창재유고≫에도 여러 차례 서간이 오간 것을 발견할 수 있다. 또 심재 조긍섭曺兢燮이란 분이 있다. 이분도 같은 면우의 제자라는 점에서 친했다. 창녕인인데 지조 있는 학자로서 오로지 학문과 저술에만 힘썼는데 이 창재 할아버지가 청하여 나의 13대조 사당의 중건기를 쓰기도 했다.

제법 긴 여로의 친구 찾아내기 여정이다. 이제 목적지에 거의 다 왔다. 나의 조부의 이름은 훈석(薰錫, 1897~1949)이요, 호는 동암이다. 진주에서 한약방을 열고 있을 일제시대에 사귄 뜻 맞는 서너 명의 벗이 있다. 후일 한학자요 이름난 서예가가 된 육천 안봉언安朋彦, 그 당시 진주의 명사로 부호요 이름난 골동품 수집가인 유남 박재표朴在杓, 수로왕능 참봉 김종하金鍾河 등이다. 그리고 또 한 분이 있다. 바로 이 시대의 '마지막 유학자'였던 중재 김황金榥이다. 증조부와는 나이 차이가 16년인데, 다 같은 면우의 제자요, 또 고향의 후배로서 예를 다하기 위해 인사차 찾아오곤 했다. 특히 그런 과정에서 조부와는 서로 나이가 비슷해 친교가 더욱 두터워지기도 했다.

자. 이젠 운전대를 놓으며 한마디 나의 말을 하겠다. 힘은 좀 들었지만 이렇게나마 선대들의 '교우록'을 만들어 놓았으니 우스개

이긴 하지만 분명 할아버지들은 손자놈이 공부도 좀 하고 글도 쓴다더니 제법이구나 하고 기뻐하시리라 본다. 그럼 앞으로 내가 떠나고 난 후일, 나의 친구 중에 과연 누가 이 족보에 오를까 하는 것도 슬쩍 생각해 본다. 역시 학문의 '교우록'이니 글친구 몇 명이 오르지 않을까 싶다.

선대의 행장과 묘갈명을 쓴 명유名儒들

근년에 나는 이른바 '가계수필'이란 새로운 장르를 주창한 바 있고 또 동시에 이와 관련된 수필을 시도적으로 여러편 발표한 바 있기에 그 연장선에서 다시 여기 한 편을 소개해 본다.

알다시피 행장行狀이란 말 그대로 고인의 행적을 적은 글이고, 묘갈명墓碣銘은 묘비명과 같은 말이다. 그런데 이 묘갈명과 묘표문墓表文란 것에는 분명한 차이가 있다. 같은 비문이지만 묘표문에는 산문으로 된 글만 있는 대신, 묘갈명에는 앞에 산문으로 된 서序가 있고, 뒤쪽 꼬리 부분에는 말 그대로 운문으로 된 명銘이 나와 있다. '명'이란 '서'에 나온 내용에 대해 지은이의 마음을 시로써 간략하게 압축해 놓은 것이다

나는 나의 직계 선조들의 행장이나 이런 묘갈명을 과연 어떤 분들이 언제쯤 썼는지를 알아보았다. 현재나 당시로 보아 시대 최고의 명유나 명신 겸 학자는 아닐지 모르지만, 제법 이름 있는 분들과 연을 맺었거나 연이 닿아 있었다는 것을 확인할 수 있었다. 그렇다

면 과연 어떤 분이 어떤 연으로 어느 분에 관해 쓰게 되었는지를 알아보는 것도 과거의 개인사적 인간관계론의 한 측면을 엿볼 수도 있어 뜻이 있는 것 같다.

쓴 분의 시대 순에 따라 언급해 보기로 한다. 후손이 지었거나 또 설사 남이 지었다 할지라도 현재를 기준해서 지은 지가 오래지 않은 것은 일단 제외시켰다. 자료적 가치가 반감하기 때문이고, 조금 부풀려 말한다면 자료의 고증학적 가치도 떨어지기 때문이다.

이정(李楨, 1512~1571)은 대사성공 또는 동래부사공이라고 부르고 있는 15대조 이도남의 묘갈명을 지었다. 이분은 중종조의 문신이고 학자다. 현재 경남 사천 구암리 태생이라 자호도 구암龜岩이다. 남명 조식과는 친구 사이다. 49세 때 대사간에 올랐고, 58세 때에는 홍문관 부제학이 되었다. 남명과의 관계로 청주 목사 시절이었던 47세 때에는 남명의 두류산(지리산) 유람에 동행하기도 했는데, 이때 일행이 사천 그의 집에서 하룻밤 유숙하고 섬진강으로 가는 배를 탔다는 기록이 남명의 〈유두류록〉에 나와 있다.

이 묘갈명의 묘갈(비)은 대사성공이 돌아가시고 2년 후(1569)에 세웠는데, 누구의 청을 받아 썼다는 언급은 없다. 쓴 분의 관직이 '홍문관 부제학'이란 것을 보아, 아마도 그 시절에 나의 13대조 할아버지는 아버지 저작공을 이미 할아버지보다 앞에 떠나보내셨고, 또 본인의 나이도 32세나 되었기에 바로 유족인 장손자로서 할아버지의 묘갈명 청을 넣은 것으로 추정된다. 그 이유는 이정은 1512년에 태어나 1571년에 졸했고, 나의 13대조는 1538년생으로 1610년에 졸했으니, 아마도 서로 간에 한 사람은 남명의 친구요, 나의 13대조는 남명의 제자라는 연이 있기 때문일 것이다. 그러나 이런 청의 연도 연이지만, 더 깊은 연도 있으리라 본다. 바로 고인과 묘갈명을 쓴 분의 연이다. 고인은 이정보다 16세 손위다. 두 분의 고향이 모두 서부 경남이라 고향도 비슷한 데다 서로 오랜 관직생활을 하는 과정에 만나 친숙해질 수는 분명 있었으리라 본다.

이현일(李玄逸, 1627~1704)은 앞에서 이미 언급된 바 있는 13대조 일신당 이천경李天慶 할아버지의 묘갈명을 지었다. 호는 갈암이다. 숙종 때 사람으로 퇴계의 제자로서 뒤에 퇴계학파의 거두가 되었다.

이 묘갈명에서 고인이 돌아가신 지 90년이 되었다고 직접 밝히고 있는 것을 보면, 글의 청을 받은 때는 1700년경이다. 밝혀져 있는 관직이 '행이조판서'로 되어 있는 것과 또 글 속에 죄인의 몸으로 이 부탁을 받았다는 구절이 나오는 것을 보아서도 그렇다. 이에는 그 전후사정에 대한 약간의 설명이 좀 필요하다. 당시 갈암은 당쟁의 화를 입고 함경도로 2년간 유배를 갔다가 다시 전라도 광양으로 옮겨 와 있었는데 그 배소에서 약 3년간의 유배생활을 끝내고 고향으로 돌아가라는 이른바 방귀전리放歸田里의 명을 받았을 때다. 그래서 현재의 진주 지수면 청원리에 있는 같은 집안인 재령 이씨 문중에 잠시 머물고 있을 때다. 그는 유배생활을 하기 이전에 이미 대사헌, 병조참판, 우참찬, 이조판서를 지냈던 분이다. 청을 넣은 사람은 이 13대조의 증손과 주손冑孫인 현손자이다. 그 인연은 재령 이

씨나 나의 합천 이씨가 원뿌리 경주 이씨의 같은 집안에서 나온 분적종이라는 배려에서다. 또 이것이 계기가 되어 청을 넣은 그 현손자와 작은집 쪽의 현손자였던 나의 9대조 할아버지가 잠시 글을 배웠던 인연도 되었다.

이헌경(李獻慶, 1719~1791)은 13대조 이천경의 묘갈명을 지었다. 그는 영정조 때 말하자면 조선 후기의 문신 학자다. 대사간, 한성 판윤 그리고 이조판서를 지냈다. 문집으로는 자호를 딴 ≪간옹집≫ 24권이 있다.

이 묘갈명은 한성 판윤겸 오위도총부 도총관 시절에 쓴 것으로 되어 있는데 물론 후손들이 청을 넣었다.

최우형(崔遇亨, 1805~1878)은 16대조 교리공 이적李廸의 행장을 지었다. 호는 죽하다. 이 분은 순조조와 고종조의 문신으로 김해 도호부사, 승정원 우부승지를 거쳐 1866년(고종 3년) 이후로는 이조, 형조, 공조, 예조판서를 지내고, 1875년에는 숭록대부에 봉해지고 그 3년 후에 졸했다. 문집으로 ≪죽하집≫ 8권 4책이 있다.

이 16대조 할아버지는 중종 39년(1544)에 돌아가셨는데 참으로 오랜 세월 동안 다른 분에게서 받아둔 이렇다 할 행장이 없는 것을 안타깝게 생각한 후손들이 뒤늦게 청을 넣어 받은 것이다. 품계가 대광숭록대부 시절인 만년이다. 지난날 관직생활 초기에 한때 우리 집안의 세거지가 있는 단성 현감으로 잠시 와 있을 당시 우리 집안의 내력과 이 할아버지의 행적을 익히 알게도 되었고 또 부탁을 한 나의 집안의 어른과는 현감직에 있을 때 학문의 벗으로도 일찍부터 각별한 연을 맺고 있었기에 가능했다.

곽종석(郭鍾錫, 1846~1919)은 수안군수를 지낸 10대조 이사눌李思訥과 그리고 평생을 학자로만 제자를 가르친 6대조 이원영李元永 할아버지의 묘갈명을 지었다. 이면우 곽종석은 한말의 거유요, 파리에서 열리는 만국평화회의에 보내는 이른바 유림단체의 기미독립운동 청원서 '파리장서' 사건의 대표다. 두 묘갈명의 청은 나의 고조부가 넣은 것인데, 고조부로 보면 한 분은 6대조요, 다른 한 분은 조부로 면우 선생이 바로 고조부의 스승이란 인연이 있었기에 가능했던 것이다. 참고로 내가 좀 젊었던 시절에 신학문만 하는 처지라 이분에 관한 글을 보면서 '곽징군郭徵君'이란 호칭을 발견하고 무식한 소치로 종석이란 이름 대신 또 다른 이름이 있구나 하고 생각한 적이 있다. 뒤에 알고 보니 뛰어난 학행으로 벼슬길에 오른 사람을 지칭하는 말이란 걸 알고 실소를 한 적이 있다. 면우는 일찍이 두어 번 제수한 벼슬을 사양했는데, 1903년에야 처음으로 제수한 통정대부 품계인 비서원승직은 일단 배수했다. 상경해 10여 일간 고종의 어전에 독대하여 구국의 의견을 상주했는데 고종이 감복하여 곧 의정부 참찬으로 임명했으나 곧바로 사양하고 고향으로 돌아온 경력이 있다. 극히 일시이긴 하지만 징군 또는 징사徵士는 징사다.

장석영(張錫英, 1851~1929)은 바로 앞에 나온 6대조의 행장을 지었다. 이분은 한말의 독립운동가요 유학자였다. 파리장서의 초고를 썼고 면우 선생이 수정을 했는데 그 두 번째 순위의 서명자다.

손자인 나의 고조부가 서로 잘 아는 사이이라 서신으로 청을 넣어 아들인 나의 증조부가 서울에 올라와 받아온 것이다. 그에겐 ≪회당집≫이란 문집이 있다. 그리고 대원군 때 서원의 훼철로 유허만 남은 13대조 할아버지의 서원(청곡서원)을 1924년에 중건할 때 그 중건기를 쓰기도 했다.

김황(金榥, 1896~1978)은 17대조 선략장군 이백손李伯孫 할아버지의 모표문을 지었고 또 동지중추부사공인 12대조 이호李瑚 할아버지의 묘갈명을 지었다. 뿐만 아니라 13대조 일신당 할아버지의 사당을 중건할 때 그 상량문을 짓기도 했다. 호가 중재다. 인연은 저 윗대는 물론 당대에도 세교가 있었기 때문이다. 그는 스승인 면우 선생을 도왔던 파리장서 사건으로 잠시 옥고를 치르기도 했다. 선생은 한때 산청군 차황면에서 살다 우리 집안의 세거지와는 더욱 가까운 신등면으로 이사를 와서는 83세까지 장수하면서 전국 약 천여 명의 제자를 길러냈는데 한말의 마지막 유학자란 별칭을 얻기도 했다. 의성 김씨로 선조 때의 문신 동강 김우옹의 후손이다.

그리고 이왕 일신당 할아버지 사당 중건 상량문 이야기가 나온 김에 그 중건기를 쓴 분도 소개해 본다. 조긍섭曺兢燮이다. 호는 심재이고 창령 출신의 학자인데 김황처럼 두 사람이 다 곽종석의 제자다. 1910년에 을사조약이 체결되자 일체 외부와의 연을 끊고 오로지 학문과 저술에만 전념했다. 교유한 한말 지식인은 황현, 김택영, 이건창이다.

말 그대로 지금껏 알아본 내용은 주마간산이다. 행장이나 묘갈명은 고인이 살았던 당대나 후대에 유족이나 후손이 청을 넣어 받기 마련이다. 보다시피 나의 집안의 경우, 거의가 후대에 받은 것이다. 그나마 이런 기록을 남겨두었으니 일단 청을 넣고 청을 받아준 분들이 이 시대를 사는 후손으로서는 우선 고맙다. 행장이나 묘갈명을 살펴본다는 것은 조상들에 관한 정보와 청을 받아준 분들과의 인연도 알 수 있는 좋은 계기이다. 그리고 지난 시대처럼 양반만 찾는 시대가 아닌 이상 본인이나 남들도 조상 자랑이라고 폄하만 할 것이 아니라 자기성찰도 해 볼 수 있는 거울이라 생각해 볼 필요도 있다.

이런 점에서 우암 송시열의 경우는 묘갈은 물론 특히 묘표문만 해도 무려 240여 편이나 남겼다고 하니, 후대에 금석문 연구의 귀중한 자료가 되었음은 물론 그 관련 후손들에게는 240여 개의 거울을 선물했다고 본다.

산청山淸이 내 집안의 세거지가 된 사연

가령 민족의 이동이 있을 수 있다면 부족의 이동도 있다. 그렇다면 한 씨족이나 집안의 경우라면 오히려 더욱 자연스럽다. 나는 '가계수필'이란 차원에서 저 까마득한 윗대에서 부터 아랫대로 내려오면서 내 직계 할아버지들이 어디서 어떻게 옮겨 가며 살았는지를 조사해 봤다. 결국은 경남 산청 지방이 세거지임을 확인할 수 있었다.

나는 합천 이씨 전서공파 후손이다. 저 윗대 윗대 할아버지들이야 물론 관향이 합천이니 그 어느 때까지는 합천이 바로 세거지였음은 물어 보나마나다. 자료를 찾아보니 저 윗대 직계 20대조 할아버지가 처음으로 산청山淸에 입향했다. 휘는 운호云皓다. 고려말에 정치가 어지러워지는 것을 보고는 벼슬을 버리고 당시 단성현의 소이곡所耳谷에 와서 은거했다. 그때 남긴 절구시 한 수가 단성읍지에 실려 있다. 이 골에는 당시로 봐서 몇몇 인가가 있었지 않았나 추정된다. 역시 고려 말기 사람으로서 문가학文可學과 그 형이 이곳에 살면서 두 형제가 소싯적에 등과를 해 벼슬을 했다는 기록을 보았기 때문이다. 이 소이곡이 바로 현재의 산청군 신안면 소이리다. 할아버지 벼슬은 봉익대부 판도판서와 가선대부 호조전서를 지냈다. 할머니가 정경부인이었다니 꽤 높은 벼슬살이를 한 모양이다. 여기서 후에 영월군사를 지낸 19대조가 살았고, 18대조 하양현감, 17대조 선략장군 참군공, 16대조 교리공이 각각 태어나 성장했다. 그러고 보면 다섯 대에 걸쳐 인연을 맺은 곳이 된다.

그러고 나서 교리공인 16대조가 이 소이곡에서 단성현 원당동, 지금의 단성면 사월리로 이거移居한다. 여기서 후에 동래부사를 지낸 대사성공 15대조를 비롯해 저작공 14대조, 우리 집안의 중시조로서 사후에 이조참판으로 추증된 13대조가 태어난다.

그리고 또 이 16대조 할아버지는 두 번째로 처음 살았던 소이곡에서 아주 가까운 단성현 청현곡, 지금 신안면 청현리青峴里라는 곳으로 두 번째로 이거한다. 그러고 보면 그 이거는 소이곡—원당동—청현곡으로 이어진다. 그후 15대조는 자기가 태어난 곳인 원당동으로 다시 옮겨간다. 그런데 다음 다음 대인 13대조는 아버지인 14대조가 벼슬살이하던 중에 일찍 그곳에서 돌아가시고 또 조부마저 돌아가시고 보니 본인의 증조부, 나로 보면 16대조가 처음 들어와 살았던 청현곡으로 다시 들어와 산다. 여기서 12대조 동지중추부사공, 11대조 감찰공, 10대조 수안군수공, 9대 승의랑공, 그후로 8대, 7대조로 이어지면서 나의 대까지 합쳐 보면 대대로 14대가 살아왔다. 물론 4세 때 진주로 이사를 와 살았지만 나도 1차로 출생

연고가 있으니 나를 포함해서 14대라고 한 것이다.

그러고 보면 내 직계 선대는 20대에 걸쳐 소이곡—원당동—청현곡—원당동—청현곡으로 약 550년 내지 600년 가까이 옮겨가며 살았고 또 당시의 단성현, 지금의 산청군을 단 한번도 벗어난 적 없이 거의 10리 길 이내만 옮겨가며 산 것이다. 옛시절 단성현에는 지금 산청군에 속해 있는 4개 면인 단성면, 신안면, 생비량면, 신등면이 속해 있었다. 청현곡에서 가장 가까운 곳이 소이곡이고, 좀 먼 곳이 원당동이다. 지금의 행정구역으로 보면 소이곡과 청현곡은 신안면에 속하며, 오로지 원당동만 이웃 면인 단성면에 속해 있다. 그래서 합천 이씨 전서공파 중에서 우리 집안은 이른바 '청현파'로 불려지고 있다.

따라서 이런 거주 연고로 유택들도 거개가 산청군 내에 있다. 그리고 거의가 세거지 청현곡을 기준해 보면 10리 길 이내에 있다. 우선 청현곡 내에는 음달 산등선 중간쯤에 11대조 감찰공과 10대조 수안군수공 부자가 위 아래로 그리고 좀 아래쪽으로 내려오면 6대조가, 그 건너편 양달 산등성 마루에는 7대조가 서로 마주 보며 대화를 나누듯 잠들어 있다. 이곳을 살짝 벗어나면 바로 인접해 있는 생비량면에는 17대조 참군공과 12대조 동지공이 한 모역의 위아래로 또 가까운 지역 한 곳에는 청현 입향조 16대조가 또 다른 한 지역에는 9대조 승의랑공과 8대조 그리고 마지막 한 지역에 5대조의 유택이 그렇게 네 곳에 산재해 있다. 그 다음 10리 길쯤인 단성면 원당마을 선산에는 부자간인 15대조 동래부사공과 14대조 저작공이 잠들어 있다. 그 다음 세거지 산청을 벗어나 진주 가까운 한 곳에는 중시조 13대조 그리고 다른 한 곳에는 고조, 증조, 조부가 한 묘역 위아래로 들어 있다. 그러고 보면 선대 16기 할아버지의 유택이 청현곡에 4기, 이웃 생비량면에 6기, 원당동에 2기, 산청 지역을 벗어나서 4기가 있는 셈이 되니 이래 보나 저래 보나 산청은 세거지로서 또 선대들의 유택이 있는 곳으로서 나나 내 집안 사람들에게는 그 어느 곳보다도 소중하고 귀한 곳이다.

그런데 여기서 현재 이런 사정과는 아주 달라진 나의 입장을 좀 밝혀본다. 내 부모의 유택은 아예 고향을 떠나와 있다. 경기도 청평 가는 길에 있는 대성리 북한강 공원 묘원에다 부모 대와 나의 대 그리고 아들과 손자 대를 위해 일찌감치 16기 납골묘를 마련해 두었기에 거기에 이미 아버지와 어머니가 잠들어 있다. 나의 대에 와서 비로소 집안의 세거지인 산청과 그 주변 지역에서 완전히 벗어난 셈이다. 시대가 변해 고향이나 고향의 선산으로 반장返葬하는 풍습도 변했고 또 거기에다 납골묘나 납골당 그리고 납골공원 묘원이 일반화되어가는 추세라 여러 생각 끝에 고육지책이지만 큰마음 먹고 취해 본 결정이었다

그리고 이런 결정의 배경에는 물론 시대의 변화에 따라 보려는 마음도 있었지만 또 다른 이유도 있었다. 나는 할아버지와 아버지를 따라 세거지 산청을 벗어나 앞에서도 한 번 언급했듯이 진주로 세 살 때 이사를 와서 거기서 한 3년쯤 살다가 다시 대동아 전쟁을 피한다고 하동군 옥종면으로 이사를 하게 되어 거기서 가족들이

약 30여 년 살았다. 그 다음, 거기서 1970년대 초에 내가 장손인지라 온 가족을 서울로 솔가해 와 살아온 세월이 어언 40년이 좀 넘었다. 말하자면 현재 나와 아들들이 서울을 근거로 해 살고 있고 또 앞으로의 후대들이 서울에 살 때의 편이성을 위한 결정이요 그 이행이었다.

아무튼 세월무상이다. 지금은 고향이 너무나 많이 변해 있다. 6·25 이전인 초등학교 고학년일 때 할머니를 따라 고향 청현에 두세 번 가보았는데, 예부터 살고 지켜온 선조들의 세거지라 가히 집성촌을 이루어 살았기에 가깝고도 먼 친척이나 일가들이 제법 많이 살고 있었다. 그런데 세월과 함께 생활 따라 직장 따라 뿔뿔이 객지로 나가고 보니 이제는 시제차 가 보면 8촌이 아니라 10촌 이내도 몇 집 이내다. 대부분 외지에서 찾아온다.

지금 나는 내 머릿속에 영인 되어 있는 고향 청현마을의 그림을 떠올려 본다. 진주에서 산청으로 가는 길목 원지에서 자가용으로 10분 내지 15분 거리다. 그 길은 곧 단계와 생비량으로 통한다. 마을 안쪽 동쪽에는 집현산이 우뚝 솟아 있고, 마을 앞 서쪽에는 양천강이 흐르고 있으며, 그 마을로 들어가는 강 위에는 자그마한 청현교가 놓여져 있다. 그 골 안쪽 집현산 중허리쯤에는 경남축산진흥연구소와 축산시험장이 있으며, 골 양달 편에는 중시조 13대조를 숭모하기 위해 1642년 숙종 때 사액을 받아 세운 청곡서원靑谷書院과 일신재日新齋그리고 재실, 봉안소 등등이 다닥다닥 붙어 서 있으며, 조그마한 개울 양쪽으로는 조개껍데기 같은 집들이 엎디어 있는 그림이 떠오른다. 또 근년에 다리 건너 마을 입구에 후손들이 세운 중시조 일신당日新堂 천경天慶 할아버지의 신도비가 마을을 지켜주듯 우람하게 서 있다. "얘들아, 나의 증조부가 처음 이곳에 들어와 세거지 터를 닦았느니라. 그 다음, 내가 후에 다시 들어와 살기 시작해 나의 후손들이 자자손손 대대로 살았느니라."고 마치 주문을 외우고 있는듯 서 있다.

그러고 보니 문득 욕심 하나가 생긴다. 그곳에서 태어나 훗날 노상 외지 생활을 하며 세거지와 그 주변 그리고 기타 등지에 있는 선영을 7대 맞손자로서 잘 모셨건 또 아니면 돌놈으로 살았건 간에, 이 할아버지가 유학자로서 평생을 벼슬이나 명리를 탐하지 않은 채 오로지 가르치고 공부만 했듯이, 나도 가르치면서 또 문사로서 글을 놓지 않고 살아온 것만은 인정받고 싶다. 그리고 이런 것 말고도 아주 닮은 데가 많다고 아전인수 해석도 해 보고 있다. 첫째, 생년 1538년과 400년 후인 1938년이니 공교롭게도 숫자 '38'을 공유하고 있다. 어디 이런 것뿐이랴. 아버지를 일찍 여읜 것까지 닮았고 또 그나마 한 집안을 다스려 오며 비록 할아버지처럼 천하 이름난 효자는 못 되었지만 불효자나 불효손이란 소리는 안 들었으니 분명 이 할아버지가 어여삐 봐 주시리라 믿어본다.

청현 고향마을의 추억

나의 본관은 합천이고, 나는 우리 집안의 7대 맞손이다. 신식 공부를 한답시고 외지로 돌놈처럼 떠돌아다니다 보니 한동안은 집안의 내력에 관해 거의 무관심했다. 그러나 철 늦게도 중년이 되고부터 비로소 '뿌리'에 관심을 갖게 되었고, 또 집안일이나 선영에도 관심을 가졌다.

중시조는 일신당日新堂이란 호를 가진 이천경李天慶 할아버지인데 나에게는 13대조가 된다. 두류산(지리산) 덕산동에서 학문연구와 후진 양성에 전념했던 남명南冥 조식曺植 선생의 문도門徒였다. 말하자면 나의 집안은 세속의 공명功名을 등지고 살아온 세칭 '지리산 48가家' 중의 하나다. 내 친구인 최병렬 전 장관의 집안 역시 이에 속한다는 이야기를 들은 바 있는데 그의 중시조 수우당 최영경 할아버지와 나의 13대조 일신당 할아버지는 동문수학으로 교유交遊했던 사이이기도 하다. 13대조는 스승의 영향을 받아서인지 학문에만 열중하고 끝내 벼슬길에 오르지 않았다. 사후에 사림士林들이 뜻을 모아 내가 태어난 고향 산청군 신안면 청현리 마을에 '청곡서원淸谷書院'을 건립해 주었는데 십수 년 전에 중수를 해서 옛 기품을 드러내고 있다.

이 청곡서원이 있는 청현리는 나의 조상들이 대대로 살아온 집현산 발치의 골짝 마을이다. 그 시절엔 외가도 10여 리 떨어진 외고리 용홍부락에 있었는데 '심약국집'이라 불렀다.

청현리는, 진주에서 걸어서 집현산의 청靑고개를 넘어오면 되는데 이름 그대로 울창한 푸른 소나무가 있었기에 '청현靑峴' 즉 청고개라 불렀는데 내가 아호를 지을 적에 의식적으로 '청다靑多'라고 정해 본 것도 이 마을의 '청靑' 자와도 연관이 있기 때문이었다.

세 살 때라고 기억된다. 집 앞 개울의 얼음구멍에 빠져 허우적거리던 나를 마침 지나던 사람이 건져 주어 용케 살아났다 한다. 물에 빠진 심봉사를 건져 준 화주승처럼 그때 그분이 그곳을 지나지 않았다면 나는 어릴 때 이미 얼음구멍 귀신이 되어 있을 것임을 생각해 보면 야릇한 운명 같은 것을 느낀다. 지금 생각해보면 그나마 내가 살아 이런 글을 쓰게 되는 것도 조상님들의 음덕과 뒤쪽에 있는 집현산의 기氣라도 조금 받았기 때문이 아닌가 하고 자위도 해 본다.

그 당시 할아버지께서는 미리 진주에 와 한약방을 내고 계셨다. 재판소 앞의 최고 요지에다 명의(?)로도 소문이 났기에 많은 사람들이 들끓어 꽤 재산도 모으신 모양이다.

합권을 한다고 내가 세 살 때 진주로 이사를 왔다. 그리고 봉래유치원을 다녔다. 대동아전쟁이 일어나자 해방 3년 전에 하동군 옥종면으로 다시 이사를 가 거기서 초등학교를 다녔다.

그 시절 간혹 방학 때에 할머니가 고향마을 청현에 가실 때면 나와 삼촌들을 데리고 다니시곤 했다. 해방 후 그리고 6·25이전이라 마땅한 교통편이 없다 보니 주로 걸어서 고향 길에 올랐다. 옥종에서 칠정, 남사리, 단성, 원지를 지나 청현에 이르는 50리 길이었다.

단성쯤에 이르러서는 목화씨를 그곳에 시배했다는 문익점 이야기도 들었고 또 임란 시 이 지역에서 홍의를 입고 신출귀몰로 일본군의 간담을 서늘케 했다는 의병장 곽재우 이야기가 너무나 흥미진진해서 할머니의 치마꼬리에 바싹 달라붙었던 기억이 새롭다.

뿐만 아니라 남명 선생에 관한 이야기도 자주 듣곤 했다. 큰 학자로서 경상 좌도에 퇴계, 우도에 남명이 있었고 퇴계는 벼슬길에 나갔으나 선생은 끝내 벼슬길에 나가지 않았다는 이야기며, 초야에 묻혀 은일만 한 것이 아니라 필요 시는 위험을 무릅쓰고도 두 임금(명종과 선조)에게 세상이 잘못되어 감을 통탄하는 우국충정의 글을 올리는 꼿꼿한 기개를 보여 주었음은 물론 청빈하게 살면서도 곧고 의롭게 살았기에 사후 임진란이 일어나자 이를 본받은 많은 문인들이 목숨을 아끼지 않고 의병활동의 선봉에 섰었다는 이야기도 들었다.

그 후 진주고등학교 시절, 고전문학 시간에 처음으로 선생의 시조 2수를 접할 수 있었고 몰랐던 선생의 행적에 관한 몇 가지 이야기도 알게 되었다.

그 후 나는 선생에 관해 더도 덜도 알지 못했다. 신식공부를 한답시고 외지를 떠돌고 또 외지에서 직장생활을 하랴, 틈이 나는 대로 평론활동을 하려다 보니 나의 관심에서 저절로 멀어질 수밖에 없었다.

그러다 40대에 이르러 비로소 깊이 알게 된 계기가 있었다. 7대 맞손으로서 외지생활만 해 온 내가 자칫 '돌놈'이 될 것 같아 집안의 뿌리를 좀더 자세히 알려고 하다 보니 자연 남명선생을 다시 만나게 되어 자세한 행적과 학문세계 그리고 시문학의 세계를 어느 만큼은 깊이 알게 되었다.

그로부터 지금까지 나는 가능하면 '남명식 삶'을 살려고 은연중 노력도 해 보았다. 허명과 명리를 좇아 권세에 아부하거나 아세곡필을 해서는 안 되겠다는 생각도 해보았고, 설사 사정이 어렵고 딱하더라도 남의 신세를 져서는 안 된다는 자조적 결백성을 고수도 해 보았으며 또 손해를 보고 불이익을 당하는 한이 있더라도 옳은 일이라면 의롭게 생각하고 의롭게 행동해야 한다는 선생의 가르침이 떠오르곤 해 세속적으로는 더러 손해도 본 적이 있었는데 지금도 그것을 떳떳이 여기고 있다.

이렇듯 산청은 내가 태어난 곳이고, 나의 조상들의 숨결이 숨쉬고 있으며 또한 신안면과 생비량면에는 나의 조상들의 묘가 있는 곳이라 비록 외지 생활을 하고 있긴 하지만 맞손으로서 해마다 시제 때 그곳을 방문하고 있다.

비록 여명은 얼마 남지 않았지만 이른바 나의 안태본安胎本인 청현 고향마을을 자주 찾다보면 후일 또 어떤 다른 추억거리라도 생길지 몹시 궁금도 하다.

'가계수필' 집필을 통해 얻은 귀한 조각 상식

나는 족보를 연구하는 보학자譜學者도 아니고 사학자도 아니다. 그저 내 글을 쓰는 데 필요할 정도의 지식과 상식 정도만 갖고 있다. 이런 사정이지만 '가계수필'이란 새로운 장르를 개발해 본다는 뜻에서 나의 집 족보와 기타 자료 그리고 직간접으로 연관될 수 있는 자료들을 찾아서 공부를 해보았고 또 쓰는 과정에서 미심쩍은 것이 있다면 다른 자료를 뒤적이며 참고도 했다.

상당한 공부가 되었다. 가령 관직 제도와 그에 따른 관직명과 관서명, 과거제도, 주요 유배 지역, 계촌법에 따른 좀 낯이 설고 까다로운 듯한 호칭, 기타 주요 용어와 상식 등등 평소 잘 몰랐거나 막연히 알고 있었던 것을 분명하게 알게 된 계기였다. 얻은 귀한 소득이라고나 할까. 다만 나만 알고 있기에는 아까워 어딘가 상식으로라도 도움이 되지 않을까 소개해 본다.

먼저 우리가 잘 모르거나 이해가 잘 안 되는 관직 관련 이야기부터 해보기로 한다. 관직의 명칭 앞에 '行'과 '守'를 붙인 경우가 더러 있는데 이를 '行守法'이라 한다. '행'은 높은 품계에 있으면서 여러 사정이 감안되어 낮은 관직을 맡게 되면 붙여주는 머릿글자이고, 반대로 '수'는 품계야 낮지만 높은 관직일 때 붙여준다. 가령 종1품인 숭록대부가 정2품 이조판서 직을 맡거나, 반대로 종2품 가선대부가 정2품 대제학 직을 맡게 되면 각각 붙여준다. 또 이와는 사뭇 다르긴 하지만 관직명 앞에 '蔭'이나 '贈'자가 붙은 경우가 있다. 원칙적으로는 벼슬을 받을 수 없지만 부모 조상의 공으로 벼슬 길에 오른 사람을 '음관蔭官'이나 '음사蔭仕'라 하는데 바로 여기서 따와 가령 어느 누가 승의랑 직을 받게 되면 '음승의랑蔭承議郞'이라 했다. 자료를 보다 우연히 '남행南行'이란 단어도 발견하고 처음에는 그 뜻을 '남쪽으로 향한다.'라고 지레짐작도 해보았는데, 어렵소 그게 아니라 '음사'로 등용하는 일을 그렇게도 부른다는 사실을 알고 실소도 했다. '증贈'은 부조夫祖의 공으로 역시 얻은 벼슬이지만, 이는 사후 추증追贈 또는 증직되었다는 표시의 구분이다.

또 몰랐던 '청요직淸要職'이란 말과 '옥당玉堂'이란 말도 분명하게 알게 되었다. '청요직'이란 뜻 그대로 이권과는 전혀 관계 없는 맑고 깨끗한 요직이란 뜻이긴 하지만 무슨 직이 그런지는 몰랐는데, 알고 보니 홍문관, 사헌부, 사간원, 성균관 등의 직책을 말하는바 벼슬아치들이 무척 명예롭게 생각했던 자리다. 이 중 홍문관, 사헌부, 사간원을 '삼사三司'라고 한다는 것도 덤으로 알게 되었다. '옥당'은 홍문관의 별칭인데 여기에는 물론 대제학 이하 부제학, 교리, 수찬, 저작 등이 포함되어 있다. 나의 집안으로 보면 저 윗대 3대가 연이어 내리 이곳에 있었거나 또 한때 몸을 담았기에 별 큰 자랑은 아니지만 '삼옥당 집안'이라 불려지기도 했다.

그리고 '문형文衡'이란 말은 학덕이 높은 대제학의 별칭이고, '낭관郎官'은 정5품 정랑과 정6품 좌랑을 지칭하는데, 각 조에 이들이 배치되어 있었다. 특히 이조와 병조의 낭관은 비록 당하관이지만 이조의 낭관은 당하관인 전 문반들 그리고 병조의 낭관은 무반들의 인사 문제를 좌지우지했기에 그 권세가 아주 높기도 하고 또 그 후임자를 천거하는 권한도 부여되어 있어 정말 세력이 막강했다. 이중 병조 낭관이야 그렇다 치고 이조의 낭관이야말로 전 문반 벼슬아치들의 인사 문제를 거머쥐고 있었으니 그 위세는 대충 짐작이 간다. 후일 그 누구보다도 참판, 판서, 좌우의정으로 먼저 오를 수 있었다 한다. 성균관직을 '관직館職'이라 약칭한다는 사실도 알았다.

또 관직명과 품계도 한번 별도로 알아보았다. 잡직의 직명은 아예 제외하고 문무관 직명을 보니 무려 300여 가지가 넘어 입이 딱 벌어졌다. 3분의 1은 그런 나름으로 알 만한 것이고, 3분의 1은 알듯 말듯, 들었는 듯 만 듯하고, 나머지 3분의 1은 전혀 생소한 명칭이었다.

다만 여기서는 우리가 가르치고 글을 써는 문사임을 감안하여 '훈도訓導' '박사博士' '교수敎授' '문학文學'이란 관직명만 알아보기로 한다. '훈도'는 정9품 직으로 각 소속 관서나 지방 향교에서 해당 필요 과목 이를테면 천문학, 의학, 한학, 왜(일본학, 몽학(몽골)학 등을 가르치는 교사다. '박사博士'는 정7품으로 지금의 주사급이다. 이 관직명은 물론 고구려에 태학박사가 있고, 백제에 왕인박사도 있었다. 지금으로 말해 보면 이 관직명이 이제는 학위명이 되어 있는 셈이다. '교수教授'는 정6품으로 사무관급이다. 지금은 직업명이지만 조선시대는 전문인의 관직명으로 법을 다루는 율학교수, 천문학교수, 지리학교수, 의학교수, 한학교수 등이 있었다. '문학文學'은 정5품으로 서기관급이다. 지금 우리가 문학, 문학 하고 있지만 세자시강원에 속해 있으며 세자에게 글을 가르치는 벼슬이다.

이를 볼 때 말하자면 시대에 따라 같은 말이 관직명에서 학위명칭이나 직업 명칭 아니면 어떤 분야의 다른 이름으로 바뀐 것을 보며 꼭 같은 단어가 그 쓰임새가 달라지는구나를 확인도 했다. '영감'이란 조선시대의 바로 대감 밑의 높은 벼슬아치들의 존칭이었지만 이제는 늙은이나 또는 비하하는 말로 그 쓰임이 바뀐 것을 아울러 생각해 보는 것이다. 그런데 오늘날 '박사'나 '교수'가 그런 나름으로 괜찮은 대접을 받고 또 기회가 있으면 장관도 되는데 비해 조선시대에는 기껏 7품이나 6품을 받고 있었다니 좀 자존심이 상한다 싶다.

그리고 조선시대 관청의 조직도와 그 부서나 기관을 보면, 역시 종잡을 수 없을 정도로 이름도 많아 도대체 이곳은 무슨 업무를 관장하고 있는 곳인가 싶어 그저 어리둥절하다. 사실은 그 많은 이런 이름 중에 아직도 살아 있는 이름이 있다. 우리가 늘 경복궁 주변의 종로를 지나다니며 그저 별뜻도 생각해 보지도 않고 내자동, 내수동, 사간동, 도렴동, 소격동이라고 하지만, 알고 보면 그 이름에는 그 연원이 있다. 내자동은 궁중 내의 술, 간장, 기름, 꿀, 채소 등의 공급과 잔치를 맡았던 '내자사內資司', 내수동은 역시 궁중에 포목, 잡화, 노비 등의 조달 업무를 맡았던 '내수사內需司', 사간동은 국왕에 대한 간언기관 '사간원司諫院', 도렴동은 궁내의 필요한 직조물' 염색을 맡았던 '도염서都染署', 소격동은 삼청전의 제사를 담당하는 '소격서昭格署'가 각각 있었던 데에서 유래되었다.

또 과거제도에 대해서도 분명하게 알게 되었고 또 몰랐던 것을 알게도 되었다. 문과 시험제도를 보니 공식적으로 3년마다 한번 치는 시험을 '식년시式年試'라 하는 것과 그 시험 과정도 소상히 알게 되었다. 소과와 대과로 구별되어 있는데, 대과 급제를 하려면 소과에서 초시, 복시 두 단계를 거쳐, 다시 대과 초시, 복시를 거쳐 최종 단계, 이른바 전시에서 왕이 직접 합격자 33인의 등급을 정했다. 그러고 보면 소과와 대과 모두 다섯 단계에서 급제 결판이 났으니 정말 어려운 일이 아닐 수 없다. 이 급제자는 성적 등급 순에 따라 갑과 3명, 을과 7명, 병과 23명으로 구분되어 거기에 걸맞은 관품이 주어졌다. 여기서 또 장원급제라면 그얼마나 영광스러웠겠는가.

그리고 특별히 보학 공부도 좀 했다. 이를 통해서는 맞손자를 '주손冑孫'이라 하는 것과 또 유복친 이외의 할아버지뻘 되는 친척의 할아버지를 '大父'라고 칭한다는 것을 알게 되었다. '卒記'는 죽은 이의 약력이다. 비석에 대해서라면 '墓碑銘 并序'가 무엇인지 분명히 알았다. 비석의 비문 앞쪽에 죽은 이의 인적사항과 행적의 산문글 '序'를 남기고, 그 다음에 그 내용을 운문으로 압축하여 자기의 생각을 덧붙인 '銘'을 붙인 글을 그렇게 부른다는 것이다. 다시 말해 그 어느 한 가지만이 아니라 이 두 가지가 어우러져 있다는 뜻이다. 이조판서를 지내고 뒤에 퇴계학파의 거두가 된 이현일이 나의 13대 조의 비문을 지었는데 거기서 확인한 사실이다. 이는 '모갈명 병서'라고도 한다. 신도비에도 '神道碑銘 幷序'라고도 한다.

다음은 유배에 관한 것이다. 물론 유배 길의 결정은 관직에 있는 사람이라면 의금부요, 일반 죄인이라면 형조에서 담당한 것은 알고 있었지만, 유배지가 주로 어디 어디에 있었는지는 드러나 있는 불과 몇 곳만 알고 있었다. 찾아 보니 죄의 정도에 따라 600리 밖, 750리 밖, 900리 밖으로 나와 있고, 유배지로 가장 먼 곳은 함경도 삼수갑산이나 경성, 평안도 국경지역, 제주도이다. 제일 가까운 곳이라면 왕이나 왕족들 그리고 송강 정철이 유배 갔던 강화이다. 그 외에 유배지로 잘 선택되던 곳은 경상도 남해와 거제, 지금의 경북 포항 장기지역, 저 남쪽 전라도 지역의 광양, 신안, 고금도, 진도, 흑산도, 추자도, 해남, 순천 등이다. 유배지로는 집중적으로 현 전남 지역이 많은데 공교롭게도 현재의 전북 지역이 거의 제외된 것은 유배지로서 그 입지 조건이 맞지 않아서일 것이다. 섬 지역으로 보낸다는 이른바 '島配'의 견지에서 보아서는 아무래도 제주도를 빼고 보면 아마도 다도해 쪽이 제격이었으리라 본다.

끝으로 내가 역시 자료를 조사하다가 잘 이해가 안 되었던 용어를 몇 가지 더 보충해 보고자 한다. '三韓甲族'은 '삼한에서 가장 으뜸 가는 집안'이란 뜻인데, 이때의 삼한은 신라, 고려, 조선을 통틀어 말한다. 다시 말해 이 말은 이 삼조三朝'에 걸쳐 세세연년 드러난 명문 문벌 집안이란 뜻이다. 그리고 처음에는 '敎旨'와 '牒旨'의 구분이 잘 안 되었는데 알고 보니 '교지'는 4품 이상을 임명할 때 내리고 임금의 옥새가 찍힌 사령장이고, '첩지'는 5품 이하에 내리며 관인이 찍힌 사령장이다. '遺逸'은 벼슬에 뜻이 없어 초야에 묻혀 사는 선비를 말하며, '徵君'은 '徵士'와 같은 뜻으로 뛰어난 학행學行으로 벼슬을 한 사람을 말한다. 그런데 처음 나는 한말의 대유학자요 나의 고조부와 증조부의 선생이기도 한 면우 곽종석의 관련 자료를 보다가 '곽 장군'이란 것을 발견하고 이분의 또 다른 이름인가 하고 어의없는 착각을 일으킨 해프닝도 있었다.

이렇듯 나는 '가계수필'을 쓰기 위한 공부를 해오면서 위에서 예시해 본 것은 물론이거니와 다른 많은 것도 알게 되었다. 새로운 조각 상식이나 지식을 얻은 좋은 기회였다. 그런 덕으로 이제는 나이도 있고 해서 기회가 있을 때면 제법 보학자나 사학자가 된 양, 고생한 반대급부의 보람을 느끼며 내 아는 것을 풀어내 신나게 설명해 주는 재미의 즐거움도 맛보고 있다.

셋째 마당

정든 땅 언덕 위

진달래꽃의 사연

내 고향 하동 옥종의 봄은 먼 논벌에서부터 왔다. 바다에 면한 어촌이 아니라 오로지 농사에만 의존하던 시골이라 산바람과 함께 가난한 마을에도 해마다 봄은 찾아왔다.

논벌에서 고동을 주워먹으려고 끼룩거리며 찾아들던 두루미나 황새 떼들이 어디론가 자취를 감추면 서서히 봄은 찾아오는 것이었다.

논두렁에는 쑥이 파랗게 돋아나고 들에는 냉이, 소루쟁이, 씀바귀, 질경이, 달래, 비름이 돋아나면 댕기머리를 한 처녀들은 봄 아지랑이의 유혹에 못 이긴 듯 나물 캐러 간다고 들로 산으로 나가기 시작했다.

내 또래의 어린 조무래기 소년들도 이에 뒤질세라 삼삼오오 떼를 지어 들로 산으로 봄맞이를 나갔다.

어언 70년이 흘러간 옛 시절의 이야기가 떠오른다. 먹을 것이 귀한 시절이라 우리들은 봄의 미각을 입안에 주워 담거나 봄을 따먹으러 열심히 들로 산으로 헤메어 다녔던 것이다. 일종의 군것질 사냥(?)인 셈이다.

들판에 나가 양지바른 쪽의 흙속을 파헤치면 국수발같이 생긴 하얀 '메'가 쏟아져 나온다. '메'란 메꽃의 뿌리인데 식용이나 약용으로 쓰인 만큼 우리들에게는 근사한 사냥감이 아닐 수 없었다.

그리고 머슴들이 무논바닥을 쟁기로 갈아 누일 때면 바싹 그 뒤를 따라다니면서 무슨 큰 보물이라도 줍듯 올무를 주워 먹어대곤 했으며 논두렁에 돋아난 삐러기를 뽑아 먹기도 했다. 이런 일에 지치면 뒷동산으로 올라가서는 찔레순을 꺾어 껍질을 벗겨 먹거나 소나무 가지를 꺾어 송기를 해먹기도 했다.

그러나 이런 것보다 더욱 강한 인상으로 나의 뇌리에 남아 있는 추억은 꽃 따먹기의 습속이었다

바람과 하늘을 보며 자란 천진한 소년들은 봄이면 뒷동산에 올라 울긋불긋 교태를 부리는 진달래꽃을 찾아 꽃 따먹기에 더 없는 매력을 느꼈다. 개꽃이다 참꽃이다 하여 참꽃 찾기에 여념이 없었고 해거름이 되어서야 비로소 소년들은 진달래꽃(참꽃)의 시큼한 미각을 한입 가득히 느끼며 흙투성이가 되어 집으로 돌아오곤 했다 그리고는 왜 사람들이 같은 진달래과에 속하는데도 참꽃보다 더 아름다운 철쭉꽃을 '개꽃'이라 이름하는가에 의문을 품은 채 그대로 잠들기도 했다.

꽃을 먹는 소년. 이제서야 나는 그 추억의 비밀을 알 수 있을 것 같다. 가난했던 지난 시절, 어른들은 '먹을 수 있는 것'과 '먹을

수 없는 것'을 '참'과 '개'란 접두어로 구별했던 모양이다. 개비름이 그렇고 개고사리, 개머루, 개쑥갓이 모두 그렇지 않은가. 꽃의 아름다움이 판단의 기준이 아니라 먹을 수 있느냐 없느냐에 따라 진달래과의 꽃도 '참꽃'과 '개꽃'으로 구별된 것이다. 그래서 아름다운 '개꽃'은 일부러 피해가며 열심히 '참꽃'을 찾아 헤맨 것이다.

넉넉한 환경 속의 외국 아이들이 초콜릿과 케이크로 위를 즐겁게 해주고 있을 때, 그리고 형편이 좋은 도시의 아이들이 비가와 구슬사탕으로 입안의 침샘을 자극시켜 주고 있을 때, 보릿고개의 한숨소리를 들어온 시골의 가난한 아이들은 꽃을 따먹으면서 허기진 위의 무게를 가늠하려 했던 게 아닐까.

그렇다. 꽃이나 풀을 보면 항상 먹는 것을 연상했던 가난한 할아버지와 아버지가 아니었던가. '개구리밥' '꿩의 밥' '떡버들' '떡쑥' '떡진달래' '며느리밥풀꽃' '바위떡풀' '국수버섯' '국수나무'란 이름에는 서러운 훈장처럼 떡, 국수, 밥 등이 자주 등장하지 않았던가.

이런 서글픈 환경 속에서 자라난 시골의 아이들도 언제부터인지는 모르지만 봄이면 꽃을 꽃으로서가 아니라 먹을 것으로 생각하여 꽃 따먹기의 그 슬픈 습속을 배워 온 게 아닐까. 초근목피의 역사에 비하면 꽃 따먹기의 습속은 그래도 낭만(?)이라도 있다고 말하면 지나친 감상일까.

이제 세상은 너무도 많이 변했다. 부모들의 영양과다 보호로 아이들이 뒤룩뒤룩 살이 쪄가고 집집마다 냉장고에는 먹을 것이 차곡차곡 채워져 비명을 지르고 있는 세상이 아닌가. 어디 그뿐이랴.

어른들 사회에서는 과소비가 문제라고 연일 신문에 대서특필되는 세상이다.

이런 세상에서 잠시 떠올려본 나의 꽃 따먹기 추억은 어쩌면 먼 옛날의 전설 같기만 하다.

내 고향 뒷동산에서는 아직도 철없는 아이들이 봄이면 꽃 따먹기의 놀이를 하고 있을까? 봄이 오면 봄바람에 그 소식부터 물어 보련다.

초가지붕의 서정

가을이 왔다.

내 유소년시절의 고향 마을 정경이 필름처럼 떠오른다. 살며시 눈을 감아 본다. 옹기종기 모여 앉아 옛 이야기를 나누고 있는 듯한 초가지붕들이 추억처럼 멀리 보인다. 어미 소가 하품을 하는 듯 '엄매' 하고 우는 게으른 울음소리가 들려오는 듯하고 초가지붕 위로 모락모락 피어오르는 연기에서는 아궁이에 불을 지피느라 타는 솔가지 냄새가 나는 듯하다.

잿빛을 띠고 있는 지붕, 지붕을 침대 삼고 멍석을 요 삼아 가을볕에 온몸을 내맡기고 일광욕을 즐기며 누워 있는 빨간 고추, 석양에 원무를 추고 있는 고추잠자리 떼, 박 덩굴과 박 잎사귀의 녹색은 가히 절묘한 조화를 이루어 한 폭의 그림이 되고 한 편의 서정시가 된다. 고추잠자리의 날개 위에는 동심이 떠다니고 빨갛게 익어 가는 고추와 탐스런 이마를 쑥 내밀고 여물어 가고 있는 박에는 정성 들여 가꾼 만큼의 농심이 담겨져 있고, 달밤에 활짝 피어 있는 박꽃에는 자연의 미소가 눈짓한다.

이럴 때 어른들이 할 일, 아이들이 할 일은 따로따로 있다. 어른들은 고추잠자리가 낮게 나느냐 높이 나느냐를 두고 그때그때 일기예보의 날씨 점을 치곤 했다. 낮게 날면 비 올 징조요 높이 날면 쾌청이다. 대신 어린 우리는 고추잠자리 잡기에 여념이 없었다. 채집용 잠자리채가 없으니 긴 설대 끝에 설대나무 가지로 된 둥근 채를 매어 거미줄을 감아 붙여 만든 잠자리채를 가지고 잠자리 떼를 향해 허공을 가르듯 이리저리 휘젓고 다니기도 했고, 또 암놈을 잡아 실에 매달아 날려보내 수놈이 달라붙기를 기다리며 '흘레 붙어라, 흘레 붙어라'란 말을 주문을 외우듯 외쳐대곤 했다.

또 지붕 위에 말리려고 널어 놓은 고추를 보고 어른들이 살림을 흘려 대처로 나간 아들딸들을 생각하며 김장 걱정을 할 때, 풋고추를 달고 있는 나와 같은 유소년들은 어서 커서 저런 약오른 빨간 어른 고추가 빨리 되었으면 하는 실없는 바람의 상상도 해 보았다.

또 그 당시 박은 귀중한 생활용구나 기물이 되었다. 집집마다 지붕 위에 두세 포기의 박 덩굴을 올려 지붕을 치장시켜 주기에 크고 작은 박이 제자리를 차고 앉아 무슨 경연대회마냥 모양새를 뽐내고 있을 양이면 할아버지들은 손자들을 데리고 긴 담뱃대로 사또가 기생 점고하듯 이 박 저 박을 가리키며 그 용도를 미리 점지해 둔다.

제일 크고 단단한 듯한 박이라면 곡식을 될 때 쓰이는 '말박'이요, 그보다 좀 작다면 농사철에 밥을 담아 나르는 '밥바가지'나 곡식을 되는 데 사용하는 '됫박'이 된다. 또 어떤 것은 샘물을 길어 올리는 '두레박'이 되고 또 어떤 것은 부엌에서 쓰이는 '물바가지'가 된다. 또 어떤 것은 음식을 담아 먹는 '쪽박'이 되고, 또 어떤 것은 걸인에게 밥을 담아 주던 '빌박'이 된다. 또 못생기고 투박하다 싶으면 똥오줌을 푸는 '똥바가지'나 '오줌바가지'로 낙착된다. 작고 앙증맞게 생긴 놈이라면 선비들 개나리 봇짐에 매달려 있는 '표주박'이나 간장 독에 떠 있는 '장쪽드랭이'가 된다.

그런데 이렇게 크기에 따라 다용도로 쓰이던 박 바가지도 6·25 이후부터 별수 없이 차츰 사양길의 운명을 맞이한다. 철모나 철모 속에 끼어 쓰는 하이버가 대용으로 쓰이기 시작하자 또 그 이후 설상가상으로 나이롱 바가지나 PVC 바가지가 나오자 완전히 퇴물 신세가 되어 말 그대로 아주 '쪽박 찬' 꼴이 되고 말았다. 이제는 겨우 박 공예에서 용도의 명맥을 유지하는 신세가 되어 있다.

그러고 보면 가을과 초가지붕 그리고 그 풍경을 한결 인상 깊게 북돋아 주는 빨간 고추와 박이 주렁주렁 달려 있는 박 덩굴과 지붕 위를 맴도는 잠자리 떼의 원무는 정말 잊을 수 없는 가을의 운치요 정치며 서정이다.

그런데 이제는 기차여행을 하면서 눈을 닦고 보아도 지난 시절의 정경들을 거의 볼 수가 없다. 시골 길가의 집이야 말할 것도 없지만 멀리 산자락에 조개껍질마냥 엎디어 있는 집들을 보아도 하나같이 기와와 슬레이트 아니면 양철지붕으로 세대 교체되어 있다. 내 고향 마을도 사정은 마찬가지다.

농로를 넓히고, 변소를 개량하고, 우물물이나 샘물 대신 상수도를 설치하고, 농지를 바둑판처럼 반듯반듯하게 정리한 것은 이른바 1970년대부터 시작된 새마을운동의 공로라 하겠으나 지붕개량사업으로 시작된 초가지붕의 퇴출만은 좀 다르다. 해마다 겨울철이면 새 지붕을 잇기 위해 이엉을 엮어야만 하는 번거로운 일손을 던 공로야 있긴 하지만 아무래도 유죄란 측면은 있다.

문명은 산문을 가져다주고 대신 시를 앗아갔다. 이 가을에 나는 내 유소년 시절의 가을을 생각하며 초가지붕의 그 서정을 못내 그리워해 본다. 그 시절, 풋고추였던 내가 어느새 귀밑에 흰 서리가 무심히도 내리고 있구나 싶으니 적막도 하다.

여름밤과 소년시절의 반딧불 추억

우리나라 사람들의 똥에 관한 연상력과 상상력은 예민하고 유별나다. 벌레 이름과 새 이름만 보아도 온통 똥을 연상시킨 이름이 많다.

이런 똥의 상상력을 발휘하여 밤하늘의 유성조차 별똥별이라 했으며, 콧방귀를 뀐다고도 했고, 잇똥, 불똥, 귓똥이란 말도 있는 걸 보면 눈꼽똥이나 손톱똥 그리고 발톱똥이라 하지 않았던 것이 오히려 이상스러울 정도다. 이런 똥의 상상력은 우리의 농경사회와 직접적인 관계가 있으리라 본다.

여기서 개똥벌레란 이름을 한번 생각해 보자. 물론 일명 반디라고도 불리지만 밤하늘을 호롱불처럼 장식해 주는 이 벌레가 노상 개똥벌레라 불리고, 또 가수 신형원의 노래에서조차 개똥벌레라고 불리고 있으니 좀 억울한 감이 든다.

개똥벌레는 귀뚜라미와 매미가 수컷만 우는 것과는 달리 암수가 다 발광체를 가지고 있다.

숲에서 숲으로만/ 무엇을 찾아선지/ 파릇한 불을 달고/ 깜박깜박 떠다니는/ 반딧불 외로운 흐름에/ 어릴 적이 되살아!

이태극님의 시조다. 나도 반딧불을 생각하면 소년시절이 생각난다. 발광기에서 나오는 인광을 반짝거리며 여름밤 물가의 풀밭 위를 이리저리 날아다니는 반딧불이야말로 더없는 여름밤의 서정을 자아내게 하는 밤의 전령들이었다. 우리는 저녁만 먹으면 봇도랑으로 나가 반딧불 잡기에 여념이 없었다. 풋고추들인 우리들만의 놀이가 심심할 때에는 옆집의 순이도 영이도 불러내 마냥 쏘다니며 병에다 잡아넣고선 반딧불을 꺼내어 순이의 이마에도 영이의 이마에도 붙여 주며 좋아라 웃어댔다. 지그시 눈감은 두 볼에다 연지를 찍듯 붙여도 주고, 콧등에다 등불을 매달듯 달아 주며 내 색시인양 바라보던 천진난만한 시절이었다.

그런 어느 날 밤이었다. 우리는 들판의 한복판으로 흐르는 냇물가로 멀리 원정을 나갔다. 그곳은 저녁을 해먹고 난 후 마을의 처녀들이 하루 종일 흘린 땀을 씻으려고 삼삼오오 몰려 나와 옷을 훌훌 벗어 던지고 등물을 치거나 멱을 감는 은밀한 즐거움이 있는 곳이기도 했다.

반딧불을 찾아 나선 우리들은 멀리 몇 점의 불들이 깜박이고 있어 그곳을 향해 살금살금 걸어갔다. 냇물 저쪽에서는 깔깔거리는 웃음소리가 나고 텀벙텀벙 물 헤엄치는 소리도 들렸다.

풋고추들이라 해서 호기심의 발동이 없으란 법은 없다. 아랫도리에서 이상한 힘이 뻗칠 나이는 아니지만 야릇한 홍분을 느끼며 그곳으로 가보았다. 처녀들은 꺄르르 웃어댔다. 아마도 알몸으로 멱을 감는 처녀들이 서로서로 등을 문질러 주다가 어느 민감한 부위에 손이 닿았는지 자지러지듯 웃어댔다. 금단의 지역을 염탐하는 꼬마 기사처럼 더욱 가까이 접근해 가보았다.

그런데 이게 웬일인가. 가까이 가보니 멀리서 깜박이던 불빛이 반딧불이 아니라 담뱃불들이 아닌가. 먼발치에서나마 멱감는 처녀들의 알몸을 훔쳐보려고 미리부터 은밀히 숨어든 동리의 총각들이 담배를 빼금대고 있었다. 숫내를 피울 만한 총각들이 달아오르는 그 숫기를 못 참아 차마 불한당처럼 달려들지는 못 하고 담배로서 삭임질을 하고 있었다고나 할까.

우리에게 돌아가라는 신호를 재촉하듯 보내왔다. 훔쳐보기가 심히 부끄럽기도 했겠지만, 자기들만의 그 행복한 순간을 더 만끽하고 싶었을 테니까. 우리들은 도둑고양이 앞의 생쥐처럼 슬금슬금 뒤로 피해 가지 않을 수가 없었다.

돌아오는 길에 생각해 보았다. 처녀들의 물기 머금은 허어연 살결이 달빛을 받아 번들거릴 때 그들은 그 얼마나 담배연기를 내뿜으며 한숨을 내쉬었을까 싶었다.

그 후 우리들의 풋고추도 차츰 약이 올라갈 때쯤 되자 여름밤이면 그곳을 찾아가 총각들의 그 훔쳐보기 흉내를 내보곤 했다. 짜릿한 충동이었다.

사람들에게는 어른 아이 할 것 없이 훔쳐보기의 본능적 충동이 있나 보다. 김홍도의 풍속화 〈빨래터〉란 그림을 보면 허벅지를 내놓고 앉아서 빨래하는 여인과 감은 머리를 빗질하고 있는 여인 등 네 명의 여인이 있고 점잖은 양반인 듯한 사람이 부채로 얼굴을 반쯤 가리고는 도둑고양이처럼 그 장면을 엿보고 있다. 그리고 신윤복의 풍속화 〈단오풍정端午風情〉에는 여인들이 젖가슴을 내놓고 머리를 감거나 세수를 하는 장면을 두 소년이 생쥐처럼 엿보고 있다.

그리고 이와 비슷한 예를 다른 나라에서 찾아보면, 옛날 영국에서 전해내려 왔다는 '피핑 톰(Peeping Tom, 훔쳐보는 아이)'의 설화만 봐도 그렇다. 아름답고 마음씨 고운 백작부인 고다이버가 남편의 가혹한 세금 거두기에 반발하여 말을 타고 벌인 나체 시위 때의 이야기다. 마을 사람들은 자기들을 위해 감행하는 그 갸륵한 시위에 감복하여 그 장면을 안 보기로 약속을 했다. 그런데 그중 톰이라는 사람이 하도 아름다운 그 부인의 나체를 훔쳐보고픈 호기심에서 그만 약속을 깨고 창문 틈으로 훔쳐보고 말았다. 그리고 그 자리에서 벌을 받아 장님이 되었다. 여기서 유래되어 '훔쳐보기를 좋아하는 사람'을 '피핑 톰'이라고 부르게 되었다 하지 않았던가.

그러고 보면 소년 시절의 나도 목욕터의 '피핑 톰'이었나 보다. 옷을 숨기는 짓궂음은 없었으니 우량급(?)이었다고나 할까. 우리의 설화 〈선녀와 나무꾼〉에 나오는 나무꾼이나 인도의 세계적 그림 '목욕하는 목녀들의 옷을 훔친 크리슈나'와 같은 용기(?)도 없이 그저 호기심 많은 '훔쳐보는 아이'였을 뿐이었다.

다시 고향 땅을 밟으며

옥종은 비록 내가 태어난 곳은 아니지만 30여 년간의 연고가 있는 곳이다. 유년기도 보냈고 초등학교 시절의 소년기도 보냈다. 엄밀히 말해 요람기의 연고만이라면 태생지일 뿐 고향이랄 수는 없다. 아무 생각도 없는 젖먹이 시절이 아니라 유년 시절이나 더 나아가 청소년시절의 추억 같은 기억들이 심어져 있는 곳이 바로 고향이다.

그런 의미에서 옥종은 나의 실질적인 고향이지만 내가 장남 겸 종손이라 삶의 터전을 따라 1972년도에 솔가하여 서울로 이사를 오고 보니 부끄럽지만 서너 번 다녀온 것이 고작이다. 나의 속사정을 잘 모른다면 '버린 고향'이라 할 만하다.

실제로 가까운 인친척이라곤 한 집도 없고 또 거기에다 윗대를 모셔놓고 있는 선산도 없다 보니 그랬다. 혹시 경조사가 있다거나 아니면 성묘 차 들를 경우라도 있었다면 달라졌을 것이다. 한양 천 리 길이라 별다른 목적 없는 순수한 방문은 여간 쉽지 않았다.

초등학교 동창모임과 지나는 길에 두세 번 들른 것이 전부였다. 그래서 일부러 한번 계획을 세워 다녀온 적이 있다. 정말 뜻있는 방문이었다.

나는 2002년 10월에 열렸던 제2회 평사리 토지문학제에 초청되어 '문학작품 속에 나타난 하동의 地誌學'이란 제목으로 개막강연을 한 바 있다. 이것을 계기로 2004년부터 2006년까지 3년간 문학제 추진 위원장을 맡게 되었는데 2006년도 행사에는 내가 이끌고 있는 서울 '청다문학회' 회원과 옥종 출신의 서울 '옥우회' 몇몇 회원들과 함께 전세 버스를 이용하여 1박2일 일정으로 참가할 수 있는 기회를 마련해 보았던 것이다. 그 길에 옥종을 다녀오자는 계획이었다.

출발 이틀 전에는 김재권 옥종면장에게 미리 전화를 해두었다. 서울의 문인 일행이 행사에 참여한 후 이튿날 오후 옥종에 들렀다가 산청을 거쳐서 서울로 돌아올 계획이라고 알려주었더니 고맙게도 방문을 환영하겠다는 퍽 반가운 목소리였다.

아니나 다를까 늦은 오후 개막식 행사장에까지 일부러 면장이 우리를 만나러 왔었다. 잠시 내일 스케줄을 이야기했더니 기꺼이 마중까지 나와 안내도 하겠다는 것이다.

이튿날 우리 일행은 점식식사를 마치고 곧바로 옥종으로 향했다. 또 고맙게도 멀리까지 미리 마중을 나와 우리를 기다리고 있었다. 옥종에 도착해서는 뒤에 안 사실이지만 나의 초등학교 후배인 최재만 부면장도 마중 나와 주었다.

지나가는 길의 방문이라 시간이 넉넉지 않아 아쉽지만 두 곳 만들르기로 했다. 그러자 일행 중 몇몇 분이 일부러라도 문학단체에서 '작가의 고향'을 문학기행도 하는 판국에 다른 곳은 놔두고서라도 나의 옛집은 꼭 방문해 보아야 이번 기행의 또 다른 뜻도 있다고 했다.

그래서 나의 고향 마을 바로 앞에 있는 이름난 정자인 '하한정夏寒亭'이란 곳에 들러 주변 경관도 둘러보고 곧 바로 나의 옛집으로 올라갔다.

문득 고향의 마을 땅을 밟고 있구나 싶으니 만감이 서려오기 시작했다. 이곳에서 뛰놀던 소년이었던 내가 어느새 머리에 흰 서리가 내려앉은 중늙은이가 되었구나 싶으니 세월이 야속하다 싶었다. 또 청소년 시절, 미래의 여러 가지 풋꿈을 품어보았던 내가 결국은 글쟁이 겸 교수로 낙착되어 돌아왔구나 싶으니 참 미래의 일이란 아무도 점칠 수 없는 일이 아닌가도 싶었다. 또 금의환향이라면 얼마나 좋았을까 하는 실없는 상상도 해보았다. 그러나 이렇게라도 천 리 밖에서 내로라 하는 문인들과 그중 전직 장관 출신도 두 분이나 동참해 주었구나 싶으니 그나마 위안은 된다 싶었다.

이 생각 저 생각을 하며 걸어오다 보니 어느새 나의 집에 다다랐다. 집을 둘러 본 일행들의 말도 조금은 위안이 되었다. 산자수려한 곳에 터를 잡았다는 것이다. 뒤쪽으로 완만한 능선을 자랑하며 옥산봉이 우뚝 솟아 큰 병풍처럼 마음을 감싸주고 있고, 왼쪽으로는 마치 쭉 편 팔처럼 뻗어내린 산자락 끝에 똥뫼처럼 하한정이 떠 있고 더 멀리는 마치 앞 병풍인 양 미산美山이란 작은 마을이 그 뜻처럼 그림같이 감싸고 있으니 그런 말이 필시 나옴 직하다 여겼다.

그러나 나는 건성으로만 그런 말을 흘려들으면서 한편으로는 약간 비감에 젖기도 했다. 할아버지께서 일제 말기에 명당을 찾아 이곳 저곳을 둘러보신 다음 이곳에다 제법 큰 공사로 몸채와 사랑채를 지어놓으시고 이렇다 할 큰 영광도 보시지 못하고 얼마 지나 일찍 돌아가시고 또 곧이어 설상가상으로 6·25때 아버지마저 떠나 보냈구나 싶으니 가슴이 못내 아파왔다.

그러나 속으로만 아픈 가슴을 달래며 그다음 우리는 곧바로 차를 타고 얼마 멀지 않은 곳에 있는 정수리 마을의 불소유황온천으로 향했다. 장거리 여행으로 모두들 피곤도 하실 테니 몸이나 풀고 가시라는 면장의 깊은 배려요 호의였다. 이 온천은 1998년도에 개장하여 국내최고의 알칼리 온천수로 이름이 나 있다.

그런데 도착을 하고 보니 우리를 놀라게 한 일이 있었다. 온천장 앞 길가에 옥종면민 일동 이름으로 우리 일행의 방문을 환영한다는 현수막이 보란 듯이 걸려 있지 않는가. 현수막 환영도 받는다 싶었는지 일행들의 얼굴이 한층 상기되었다. 애초부터 고향 방문을 스케줄에 잡아 놓길 참 잘했구나 싶었다.

목욕을 마치고 귀경길에 오르려는 순간 4kg짜리 옥종 '어머니쌀'을 선물까지 받았으니 모두들 더욱 황공스러워 했다. 즉석에서 답례로 미리 준비해 간 나의 책 몇 권을 기념으로 면장에게 전달했다.

돌아오는 차 속에서 몇몇 분이 이번 방문에서 느낀 소감을 한마디씩 말해 주었다. 이런 기회가 아니라면 악양땅과 옥종땅을 밟기가 여간 쉽지 않을 것이고 또 진심 어린 환영도 받았으니 참 좋은 여행이었다는 평도 들었다. 순간 쌓인 피로가 어느새 가시는 듯했다.

고향에 면가面歌를 선물하고

1994년도 1월호 ≪수필문학≫지에서 고향 소개 특집을 꾸민 바 있는데 거기에 〈내 고향 하동 옥종〉을 발표한 바 있다. 그 당시는 이른바 우루과이라운드로 농촌이 홍역을 앓고 있는 때라 일부러 그 글의 끝에다 내가 직접 작사해 본 가칭 '옥종면가'를 넣어 마음만이라도 힘과 용기를 북돋아 주려 해 보았다. 그리고 기회가 온다면 곡을 붙여 선물해 볼 생각이라는 것도 덧붙였다.

사실 출향인으로서 고향을 위하는 일이라면 여러 가지 일이 있을 수 있다. 번듯한 회관이나 도서관을 지어주는 일 아니면 학교 도서관에 좋은 책을 다량 기증해 주는 일도 있을 것이다.

그러나 나 같은 글쟁이 교수로서는 회관은 언감생심이지만 책 기증도 좀 벅찬 일이다. 가능한 일이라면 고향을 소재로 좋은 글을 많이 써 고향을 빛나게 해 주는 일이거나 아니면 면가라도 지어 선물하는 일 정도다. 그래서 쉽게 지면 약속을 했던 자초지종이 있다.

그러나 마땅한 작곡가를 찾기가 쉽지 않아 차일피일하다 그만 너무나 많은 세월이 흘러 자칫하면 공수표가 될 뻔했다.

작년 2007년에 우연히 좋은 작곡가 겸 가수를 만날 기회가 있었다. 1970년대에 잠시 가수로 활동하다가 근년에 작곡가 겸 가수로 다시 활동하고 있는 김성봉이란 분이다. 케이블 TV '스카이라이프'의 '시와 음악세상'에 고정 멤버로 출연하던 분인데 마침 내가 그 방송의 '시인의 뜨락' 프로에 초대손님으로 출연할 기회가 있어 녹화에 참여했다가 알게 되었다. 잠깐 이야기를 나눌 수 있는 시간이 있어 평소에 나도 노래에 많은 관심을 가진 사람임을 일부러 강조해 봤다. 환심을 사보자는 숨은 뜻도 없지는 않았다. 1989년도에 일간 ≪스포츠 서울≫에 8개월간 '유행가에 나타난 세태'란 테마에 세이를 연재한 바도 있다고 소개하면서 기회가 오면 선물해 볼 생각으로 마침 고향면가를 작사도 해 두긴 했지만 마땅한 작곡가를 아직 찾지 못하고 있다고 했다. 그러자 즉석에서 관심을 보이는 것이다. 나의 주어진 이런저런 사정을 듣더니 그러면 작사한 것이라도 일단 보내달라는 것이다. 나의 꿍심이 성공이다 싶어 속으로 기분이 좋았다. 그러나 순간 앞으로 사례는 어떻게 해야 할지 약간 걱정도 되었다.

집에 돌아와 다시 고맙다는 인사말과 함께 즉시 e—메일로 보냈다. 한달 후에 본인의 작곡에다 직접 노래까지 취입한 CD가 왔다. 들어보니 제법 그럴듯했다. 고마워서 전화로 사례문제를 비쳤더니 좋은 일을 하시는 데 자기도 도움을 드리고 싶어 한 일이니 신경쓰지 마시라는 것이다. 대신 술이나 한잔 사라고 했으니 참 고마운 분이다. 그 다음 곧바로 면장 앞으로 악보와 면가를 선물하게 된 배경을 담은 편지와 함께 CD를 보냈다. 보내면서 일단 나의 호의는 받아들일 수 있기도 하고 그렇지 않을 수도 있다는 것을 우선 생각해 보았다. 아무리 선물이라 해도 면가는 개인 선물이 아닌 이상 많은 사람들의 의견을 수렴한 후 결정할 사항이니 채택이 안 될 수도 있는 일이 아닌가. 만약 채택이 안 될 경우라면 '이 아니면 잇몸'이라고 조용필이나 패티김이 서울노래를 불렀듯이 '옥종찬가'로 하면 되겠다 싶은 마음의 여유도 가져보았다.

중간에 면장으로부터 연락이 왔다. 의견 수렴 중에 있으니 좀 기다려주면 좋겠다는 양해였다. 보낸 지 3개월 만인 금년 3월 1일부로 드디어 제정 확정이 되었다는 전갈이 왔다. 면내 기관, 각 마을과 학교, 사회단체, 전국 향우회, 각 동창회 등에 음반을 보냄과 동시에 의견 수렴 과정을 거치다 보니 이렇게 늦었다는 것이다.

참고로 그런 과정을 거친 가사 내용이나마 여기 소개해 본다.

1절: 지리산 정기 받아 옥산봉 솟고
덕천강수 넘실대는 내 고향 옥종
솔바람 댓닢소리 풀피리 소리
선인들 큰 뜻 서려 우리를 지키네
마음 좋고 인심 좋은 이 터전에서
우리는 힘차게 오늘을 산다

2절: 지리산 정기 받아 사림봉 솟고
월횡강수 노래하는 내 고향 옥종
넓은 들 황금벌판 웃음꽃 피네
백토가 지천인 유서 깊은 이 터전
대문 열고 마음 열고 큰 뜻도 세워
우리는 정답게 내일을 연다

나는 이 가사를 지을 때 여러 측면을 고려해 보았다. 먼저 내용은 면민들의 자긍심과 애향심을 두루 고취시키면서 화합과 단결을 도모할 수 있는 내용이어야 함을 염두에 두었다. 그리고 1절 2절의 글자수 맞추기와 노래하기가 쉽도록 상충이나 충돌없는 단어의 배열도 신경 써보았다. 내용은 면을 상징할 수 있는 대표적인 산과 강을 넣고 영속성을 지닌 인문환경이나 자연조건도 넣어 과거의 삶, 현재의 삶, 미래의 삶도 생각해 보았던 것이다. 후대에 가서 가변적일 수 있는 특산물 따위는 아예 배제했다.

아무튼 면가제정 확정결정이 났다니 이제는 작사가 입장에서 가능하면 고향 홍보도 해보아야겠다는 생각이 들었다. 내가 자문위원으로 있는 인터넷 방송인 '한국문학방송(DBS)'의 주간에게 이 소식을 알렸더니 좋은 일을 하셨으니 면의 전경사진을 비롯해 자료 일체를 보내주면 편집을 하여 내보내겠다는 것이다. 보내고 나서 얼마있지 않아 방송에 들어가 보니 옥종면 전경을 바탕으로 한 화면에 가사가 뜨면서 동시에 노래가 힘차게 흘러나왔다. 그 방송을

클릭하고 들어온 전국 회원에게 조그마한 일개 면이 널리 알려지겠구나 싶으니 정말 뿌듯했다.

또 이에 힘얻어 고향 현지인이 운영하는 '옥종사람들'이란 인터넷 카페에도 올렸더니 일정 홍보 기간 동안은 밤낮으로 흘러나왔다. 그리고 면사무소 홈페이지 '옥종면 소식'란에 올려져 있음은 물론이다.

뿐만 아니라 이 일이 널리 알려지자 '하동신문'에 제법 큰 박스 기사로도 나갔다. 전국에 89개 군이 있고 1211개 면이 있는데 물론 각 군마다 군가는 있겠지만 면가는 처음이 아닌가 하여 뜻도 있고 그것도 출향인의 애향심에서 이루어진 일이니 더더욱 뜻이 있다는 내용이었다. 개인적으로는 선물한 보람도 느꼈다. 뒤에 들은 이야기지만 이 보도로 타 면의 면장들이 우리도 면가가 있어야겠다고 우스개로 샘을 내더라는 말을 면장이 전해 주었다.

얼마 전에는 나의 모교 옥종초등학교 총동창회 및 기별 친선체육대회에서 이 노래가 흘러나왔고 면단위의 행사시는 물론 각 마을의 아침방송에도 흘러나오리라 싶으니 뿌듯도 하다.

나의 바람은 이 면가의 가사처럼 고향 사람들이 열심히 살고 또 화합과 단결도 하여 하루속히 전국 제 1등면이 되었으면 한다.

지금도 간혹 나는 면가가 소개되어 있는 사이트에 들어가 노래를 들어본다. 고향의 산하에 진 빚을 갚았구나 싶으면서 몸은 비록 멀리 떨어져 있어도 마음만은 벌써 고향땅에서 뛰논다.

끝으로 면가가 탄생되도록 도움을 준 김성봉님에게 다시 한번 고마움을 표한다.

가족의 소중함을 생각해 보며

'가정의 달'을 기해 가족의 소중함을 다시 한 번 생각해 보았다.

사람들은 대개 가족이 옆에 있고 가정이 있다 보면 그 소중함이나 중요성을 잊기 쉽다. 마치 공짜와 다름없는 물과 공기의 가치성을 잊어버리고 사는 경우와 비슷하다고나 할까. 그러나 물이 없고 공기가 없다고 상상해보자. 가족과 가정은 인간생활의 안전판이요, 보호망이다. 만약 어느 누가 결손가정에서 자라거나 아니면 가정이 없다고 가정해보자. 그 얼마나 가정이 그립고 남들처럼 당연히 있어야 할 아버지나 어머니가 없다면 또 얼마나 그립겠는가.

여기서 공자의 경우를 한번 생각해 보자. 어머니 안씨는 70세가 넘은 아버지 공숙양흘과 열다섯 살 처녀 나이로 극히 비정상적인 관계의 결혼을 했고 또 세 살 때 아버지를 잃고 말았다. 18세에 과부가 된 어머니를 공자가 24세 때 여의었던 것은 그나마 다행이었다. 그러고 보면 공자는 성장과정에서 어머니 사랑은 받았겠지만 아버지 사랑만은 받지 못한 처지였다. 아버지의 얼굴을 기억도 못

할 나이에 돌아가셨으니 얼마나 아버지를 그리워했겠는가. 다른 아이들은 아버지, 아버지라고 부르며 아버지를 따르고 아버지의 귀여움을 받는데 아버지가 없었으니 한이 맺혔을 것이다.

그래서 어떤 연구가는 공자가 후년에 유교의 가르침에서 부권사상을 그렇게 강조한 것도 결국은 알고 보면 그가 받지 못했던 아버지의 사랑이 그립고 또 한이 맺혔기 때문이라 해석하기도 했다.

또 하나의 예가 있다. 세계인의 애창곡으로 널리 불려지고 있는 'Home, Sweet Home', 우리말로 〈즐거운 나의 집〉으로 알려진 노래에 얽힌 이야기이다. 이 곡은 영국의 유명한 작곡가 헨리 비숍이 1823년에 작곡을 했는데 후에 미국의 극작가이며 기자, 문인으로 활동했던 존 하워드 페인이 노랫말을 붙인 내력이 있다.

즐거운 곳에서는 날 오라 하여도
내 쉴 곳은 작은 집, 내 집뿐이리
내 나라, 내 기쁨, 길이 쉴 곳도
꽃 피고 새 우는 집, 내 집뿐이리

사실 이런 내용의 가사를 붙인 작사가 페인은 가정을 한 번도 가져본 적 없는 사람이다. 그래서 생전에 한 번도 누려보지 못한 가족사랑이나 가정에 대한 원망願望의 꿈을 이 노래에 담아 대리만족이나 대리충족의 꿈을 꾸어 보았던 것이다. 그의 처지가 충분히 이해가 되고 남음이 있어 동정이 간다고나 할까. 뿐만 아니라 이 노래에는 또 다른 에피소드가 하나가 더 있다. 미국의 남북전쟁 당시 가장 치열했던 전투 중의 하나인 버지니아의 레파하녹크 리버 전투에서 있었던 일이다. 이 전투에서 양쪽 진영은 강 하나를 사이에 두고 대치하고 있었다. 낮에는 전투를 하고 밤이 되면 군인들의 사기를 북돋우기 위해 양쪽의 군악대는 매일 밤 음악회를 열었는데 어느 날 밤, 이변이 일어난 것이다. 북군의 군악대가 〈즐거운 나의 집〉을 연주하기 시작하자 울컥 가족이나 고향생각이 난 군인들이 텐트 밖으로 뛰어나와 노래를 따라 부르기 시작했다. 강 건너편에 있던 남부군 진영에도 울려 퍼졌다. 남부군 군악대도 덩달아서 이 음악을 연주하자 남부군도 다 함께 합창했다. 그리고 그들은 상대방이 적이라는 것도 잊어버리고 강으로 뛰어나와서 서로 얼싸안고 모자를 던져 올리며 환호했다는 에피소드가 전해지고 있다.

말하자면 이런 예화는 동서고금을 막론하고 가족이나 가정이 얼마나 소중하며 또 그리움의 대상이 되는지를 새삼 확인할 수 있는 경우라 하겠다.

가족이란 성性과 혈연의 공동체요, 주거의 공동체며, 가계家計의 공동체요, 애정의 공동체가 아닌가.

그런데 요즘 우리의 가정이 흔들리고 있다는 소리가 높아지고 있다. 하우스(House)는 있되, 홈(Home)은 없어져가고 있다는 우려의 소리도 들려오고 있다.

뭐니 뭐니 해도 애정의 결합에서 금이 가고 있다는 증거이다. 이혼율이 높아만 가고 있는 부부관계도 그렇고, 또 부모와 자식관계나 형제간에 그렇다는 이야기다. 이는 핵가족화, 개인주의나 이기주의의 팽배, 물질주의와 편의주의의 만연에 따른 현상임은 두말할 여지가 없다.

가족의 소중함이란 누구나 개개인이 건강하고, 도모하는 일들이 잘 되어 갈 때는 절실하지 않을 수도 있다. 그러나 불행한 일을 당하거나 아플 때에는 가족 이외에는 그 누구도 없다. 가령 영화나 연극 속에서 자주 보아왔듯이 어떤 가장家長이 버려두었던 가족이나 가정을 늙고 병들어서 찾아오는 최후의 보루가 바로 가족이요, 가정이 아니었던가. 본능적 사랑으로 무조건적으로 보호해주고, 감싸주며, 이해해주는 사회의 기본구성체가 다름 아닌 가족이요, 가정이다. 타인과의 관계란 일시적 거래나 이해관계에서 끝나기 마련이다. 아무리 친구가 좋고, 아무리 남이 좋다 한들 가족만은 하겠는가.

그렇다면 평소 가족관리나 가정관리를 잘 해두어야 할 일이다.

바쁜 현대생활이 되었건, 또 맞벌이 생활이 되었건 의식적으로 가족모임이나 가족회의도 갖고 볼 일이다. 또 상대의 처지나 입장을 보다 더 이해하고 민주적 가정으로 이끌기 위해서는 서로의 처지나 입장을 바꾸어 생각해 본다는 이른바 역지사지易地思之의 미덕도 발휘해 보아야 하리라 본다. 또 지나친 욕심이나 기대가 가족간의 불화를 자초할 때가 많다는 점도 타산지석으로 삼고도 볼 일이다.

내 가정의 경우를 잠시 말해 보면, 적어도 이런 점만은 철저히 지키고 이행해 보려고 노력해왔고 지금도 하고 있다. 한때는 할머니와 어머니를 모시고 4대가 한 집에서 생활한 적도 있었으며, 지금은 우리 부부만 살고 있다. 그나마 오순도순 화평스럽게 살아왔고 살고 있다. 아주 오래전 할머니가 살아계실 때엔 고모님들이 찾아오면 한바탕 농담의 즐거움도 있었다. 할머니를 대왕대비마마로, 어머니를 왕대비마마로 불렀으니 나는 일시에 상감(?)이 되고 아내는 중전이 되었던 즐거웠던 기억이 새롭다.

어머니는 청상이다 싶은 나이에 할머니와 함께 삼촌들과 우리 4남매를 키우고 공부시켰다. 그런 지난 시절을 문득문득 역지사지로 떠올려 보며 살아계실 때 나와 나의 아내는 잘 해드려야겠다고 노력도 해 보았다.

그러면서 나는 늘 '가화만사성家和萬事成'이란 옛말을 되새김해 보았다.

종친회와 나의 인연

나는 전서공파 34세손으로 이른바 '청현 동지공파'로 통하는 세계의 중시조인 13대조 즉 일신당 이천경 할아버지 지손 집안의 7대 맞손이다. 그동안 교수로서 정년 퇴임 이전이나 이후는 물론 또 50년이 넘는 문필인으로서의 생활에서 넓게는 합천이씨 윗대 할아버님 분들과 좁게는 내 집안 윗대 할아버지들께서 이어온 학자 겸 문사의 전통을 이어보려고 은연중 노력해 왔고 하고도 있다.

이런 가운데 지난 시절 서울에서 중앙종친회가 처음으로 결성되자 자연스럽게 동참하게 되었다. 1984년도에 이회성 종친이 초대 회장을 맡고, 현 이대봉 회장이 모든 사무 업무를 총괄하며 이창수 종친이 보좌해 주던 시절이었다. 타향과 다름 없는 이곳 서울에서 이렇다 할 인친척도 없는 처지라 마침 이사로 선임되었다기에 그후 2, 3년간 여러 모임에 열심히 참여하여 일부 종친들과도 각별한 종친의 정을 나눈 바 있다. 그중 특히 이대봉 종친과는 서로간에 나이 차가 크게 없을 뿐더러 그의 고향이 합천 대병이고, 나의 출생지가 산청 청현이라 상대적으로 가깝다는 지연적 연고로 더욱 가깝게 지냈다. 그래서 본인이 사장으로 있던 태평로의 사무실을 다른 종친들과 두세 번 방문했던 기억도 난다.

어쩌면 이때의 이런 인연으로 생각지도 못한 덕도 보았다 싶은 일이 하나 생각난다. 1998년도에 '뿌리찾기운동본부(민중서원 간)'에서 펴낸 〈우리집의 족보〉 시리즈 중 그 7권째인 '이씨편(경주 이씨와 그 분적종)'을 어느 날 우연히 보게 되었다. 이 중에서 합천이씨 쪽의 저명인사 소개 명단도 보게 되었는데 황공하게도 거기에 내 이름이 끼여 있지 않은가. 관계, 정계, 경제계, 언론계, 교육계 인사 30여 명 명단 중에 문학인으로서 작가 이병주와 나 두 사람이 나란히 한 자리 차지하고 있어 기분이 안 좋았다면 나는 분명 거짓말쟁이다.

결국 이런 덕도 내가 일찍부터 종친회와 맺어진 인연 때문이라 본다. 만약 내가 교수와 문필인으로서만 활동하고 종친회와 아무런 연분이 없었다면, 과연 누가 나를 챙겨주었고 또 누가 과연 내가 합천이씨인 줄 알았겠는가.

그런데 생각지도 못한 이런 덕도 보긴 했는데 공교롭게도 종친회와 멀어질 일이 하나 생기고 말았다. 초창기의 참여도는 그마나 A학점 정도는 되었는데 그만 F학점으로 탈락할 일이 생겼다. 결정적인 일은 좀 늦게 시작한 박사학위 이수 과정 공부 때문이다.

사실 강의하랴, 글 쓰랴, 문학단체에도 좀 깊이 관여하랴 하다 보니 별 여유로운 짬도 잘 나지 않았는데 거기에다 박사과정 공부까지 겹치다 보니 종친회에 대한 관심이 자연 차츰 멀어질 수밖에 없었던 사정이다. 우선 '내 코가 석 자 아니 넉자나 빠진' 격이 변명이라면 변명이 되리라 본다. 또 거기에다 한동안 집을 두어 번 옮겨 다니다 보니 사무처와 서로 연락이 두절된 것도 부수적인 이유 중의 하나다.

그러다 보니 종친회와 나와의 단절이 무심결에 어느새 오랜 세월이 흐르고 말았다. 정년 퇴임 후는 가끔 생각도 났으나 내가 가로 늦게 다시 찾기에는 새삼스럽다 싶어 일체 모든 생각을 접어버리고 지냈다. 그러던 중 작년 초가을쯤에 현 사무국장 이병용 종친으로부터 생각지도 못한 전화가 걸려왔다. 결과는 이산가족 찾기가 아니라 '이산종친 찾기'가 되었다. 평소에 종친회를 간혹 생각해 본 터라 사무국에서 나를 직접 찾아 주었으니 이심전심 같아 매우 반가운 대화를 나누었고 이왕 대화를 나누었으니 그럴 게 아니라 종친회 소식도 더 알 겸 직접 만나 보자고 내가 먼저 제안해 곧 두어 번 만나 보았다.

결과적으로는 이 일이 계기가 되어 끊어진 인연이 복원이 된 셈이다. 작년 하반기 이사회에 참석해 달라는 통지도 오고 또 직접 전화도 왔다. 고문으로 선임 되었으니 그 자격으로 참석해 달라는 요청이었다. 처음에는 한편 기쁘긴 했지만 어리둥절해 그런 자격이 없다고 고사도 했다. 그러나 국장 왈, 현 고문단에는 관계, 정계, 경제계 출신 일색인지라 교수 출신에다 문필인이 한 사람 있으면 구색도 맞지 않겠느냐고 하기에 그만 그 고마움에 감복하여 나의 저서 10여 권을 들고 기쁜 마음으로 참여했다. 평소 알고 지내던 종친도 만나고 또 몰랐던 종친과 인사를 나누었던 즐거운 자리였다. 그리고 또 금년 2월 초순에 있었던 신년 하례식에도 새로운 종친들을 더 만날 수 있다는 기대와 기쁨으로 참여해 상당수의 새로운 종친들을 만나 즐거운 담소도 나누었다.

사실 이곳 서울은 1970년대 초부터 나에겐 지연이나 학연으로 보아 이렇다 할 연고 없는 외지와 다름없었다. 그래서 오랜 문단생활 과정에서 혹시라도 종친이라도 만날 수 있는 가능성도 있겠지 하는 기대로 서로 인사를 나누거나 명함 교환을 할 때, 만약 그 사람이 이 씨라면 습관적으로 어디 이 씨냐고 간혹 물어도 보았다. 참 귀하다 싶었다. 물론 문단인 중에 합천 이씨가 귀해서이겠지만 남녀 합쳐 꼭 세 사람을 만나는 기회밖에 없었다. 대신 경주 이씨가 되었건 다른 분적종이 되었건 다같이 시조 표암공 할아버지 후손일 경우라면 다른 사람들보다는 더욱 가깝게 느껴져 혹시 내가 손을 잡아줄 일이 있거나 도울 일이 있으면 성의를 다해 보기도 했다.

이왕 이 자리가 종친회와 종친 이야기를 하는 자리이니 내친 김에 종친회를 통해서이건 아니건 간에 종친으로서 나와 깊은 인연이 있었던 문인 네 분을 소개할까 한다.

먼저 작고문인 두 분이다. 아동문학가 향파 이주홍 종친님과의 만남은 1960년대 초다. 그때 수산대 교수로 재직하면서 부산문인협회 초대 회장을 맡고 계실 때다. 그 당시 나는 신출내기 새파란 신진 평론가인데 하도 평론가가 귀하고 귀하다 보니 과분하게도 평론 및 수필분과 위원장을 맡게 되다 보니 지근 거리에서 뵈올 수 있었다. 누굴 통해 합천 이씨란 걸 알고 어느 날 모임 후의 회식 자리에서 저도 합천 이씨라고 정중히 소개드리자 그 후론 종친이라고 무척 아껴주셨다. 그 한 예가 2년간에 서울의 문예지에 8편의 평론을 발표하고 또 부산의 양대 일간지에 칼럼 아니면 문학시평을 쓰는 것을 보시고 부산시문화상 중 문학상을 공로상 아닌 작품상으로 바꿔 나를 낙점도 해둔 일이다. 너무 연소하다 하여 뜻대로 되진 않았지만 그 배려에는 나의 활동도 활동이었지만 '손은 안으로 굽는다.'는 종친의식이 알게 모르게 작용했으리라 본다. 연세는 나보다도 32세나 높아 큰아버지뻘이었는데 1987년도 81세를 일기로 돌아가셨다. 현재 부산과 합천에 문학기념관이 세워져 있다.

나림 이병주 종친은 만천하가 다 아는 다산의 작가이다. 공교롭게도 1960년대 중반 내가 편집기자로 일하던 종합지 ≪세대≫지를 통해 〈소설 알렉산드리아〉로 데뷔하여 친숙하게 되었다. 그 당시로 보아서는 아주 늦은 나이에 문단에 나왔는데 그후 수많은 작품이 쏟아져 나왔기에 '소설공장'이란 별명 아닌 별명을 얻어 듣기도 했다. 어떻게 보면 나림 선생과 나와의 사이에는 세 겹의 인연이 얽혀져 있었다. 종친으로서의 인연, 문단 데뷔 시의 인연, 또 거기에다 선생의 고향이 하동 북천이고 나의 성장지가 면계인 옥종이라 이래저래 각별한 관계가 아니 될 수 없었다. 북천면에 문학기념관이 있다.

이제는 살아 있는 두 사람 이야기다. 종친회가 작사자로 우리

종친 회원들이 익히 알고 있는 아동문학가 이진호 종친이다. 문단은 나보다는 좀 늦었지만 우리는 나이가 비슷해 한국문인협회 임원으로 여러 모임에서 만나며 종친의 정을 두텁게 쌓아 왔다. 교직 정년 후 그가 이끄는 문학단체의 행사에 축사자로 또 심사위원장이나 위원으로 매년 참여해 누이 좋고 매부 좋은 식으로 종친으로서 서로의 면을 세워 주고 있다. 그리고 한때 지금은 나오지 않지만 그가 주재하던 계간 문학지에 글로서도 더러 인연을 맺었다. 더욱이 작년과 금년의 종친 모임에서 각별히 만나고 보니 이것이야말로 순수한 종친으로서의 만남이구나 싶어 정이 한결 새롭다 싶었다.

이병수 종친은 현재 부산종친회 고문직을 맡고 있는데 내가 한때 깊이 관여했던 수필전문지를 통해 교직 정년 후 늦깎이 수필가로 데뷔했다. 교직을 떠나 문학계로의 입성은 그의 직접적인 표현을 빌리면 '인생 이모작'이 된 셈인데 그 열의가 대단해 불과 20여 년 만에 10권의 수필집을 엮어냈다. 1년에 두세 차례 있는 해당 잡지나 그 단체의 모임에 거의 빠짐없이 참여하고 있는 것을 듣고, 보고 하는데 노익장의 열성과 열의 그리고 건강에 아래 세대 사람들은 혀를 내두르고 있다. 작년이 미수米壽였다. 나와는 1년 중의 행사에서 적어도 한 번씩은 꼭 만나는 기회가 있는데 각별히 종친이라 간혹 발간된 부산종친회지 ≪강양≫을 전해주는 성의도 보여주어 고맙게 생각도 했다.

현재 우리종친 문인 수는 눈을 닦고 닦으며 찾아 보아도 위의 두 분을 합쳐 내가 아는 바로는 불과 열 손가락 미만이다. 이 중에는 문단 데뷔시 내가 손을 잡아준 시인 이만수 종친도 있다. 참고로 그나마 경주 이씨와 그 분적종 출신 문인들의 모임인 '표암문학회'라도 있어 다행이다 싶다. 앞으로 더 많은 문사들이 나와 개인별 집안은 물론 종중 전체의 문운文運을 더욱 빛내 주었으면 한다.

내 개인적 입장을 말해 보면 나는 특별히 이런 점도 고려하여 근래에 내가 주창해 본 적이 있는 이른바 '가계家系수필'이란 새로운 장르 개발에 매달려 보고도 있다. 어느 집, 어느 후손이건 족보나 기타 행장류는 한번 보고는 그저 보관만 하고 있을 다름이다. 이럴 게 아니라 직계나 또는 방계의 집안 이야기 자료를 종횡으로 훑어 찾아 보면 분명 수필감이 될만한 좋은 자료를 찾아 낼 수 있겠다 싶어 그 작업을 하고 있다. '구슬이 서 말이라도 꿰어야 보배'란 말을 실감하며 모아 놓은 자료들을 수필로서 재가공, 재생산해 보고 있다고나 할까.

얼마 전에 일은 시작하고 볼 일이다 싶어 모 수필전문 격월간지에 먼저 연재부터 시작했다. 비록 내 직계나 방계의 집안 선조들의 이야기지만 넓게는 우리 합천 이씨 출신 선조들의 이야기이니 만큼 간접적으로는 종친회와도 관련이 있다 싶고, 좁게는 그저 잠만 자고 있는 나의 집안 이야기를 그래도 '가계수필'이란 형식을 빌려 전국적으로 알리는 계기도 되리라 보아 글을 만지는 후손으로서 사명감 비슷한 것을 느끼고 있다.

부산문단 시절의 나 그리고 그 이후

1. 1960년대 부산문단의 풍경

나의 문단 데뷔가 마치 엊그제 같은데 이제 벌써 50년 하고 제법 토를 달았다. 세월은 무심결에 흐르고 나이는 먹어가지만 마음만은 늙지 않는다는 말이 맞구나 싶다.

이런 세월 동안에 부산은 제일 먼저 내 문학활동의 태생지요 텃밭이어서 마치 첫 순정의 기억 같은 일들이 제법 많다. 나는 1961년도에 문단에 나왔다. 학보병 군복무를 마치고 복학한 대학시절이다. 졸업 해인 1964년도에 서울로 올라와 약 2년간 기자생활을 했다. 이것을 빼고 보아 데뷔 전의 대학생활까지 합해 보면 부산생활은 약 10여 년이 된다. 현재로 보아 대충 내 문학인생의 약 5분의 1이 부산과의 인연이랄 수 있다. 처음은 새파란 신출내기 평론가로서 또 그 다음은 좀 연조가 쌓인 신진 중견 평론가로서 제법 많은 부산의 문인들과 공식, 비공식으로 어울리고 또 인연도 맺다 보니 할 이야기도 많고 추억도 많이 생겼다.

2011년도에 나는 '작고문인 61인 숨은 이야기'란 부제로 ≪이유식의 문단수첩 엿보기≫를 낸 바 있다. 글의 성격은 주로 상대 문인과 나 사이에 얽힌 쌍방 간의 '문학인 이면사'인데 여기에 바로 1960년대 부산문단에서 인연을 맺은 열세 분이 나온다. 만약 나에게 '60년대의 부산문단'이란 것이 없었다고 가정하면 어떻게 그런 분들의 글을 쓸 수 있었겠는가. 요는 쌍방 간에 얽힌 소중한 자료가 있었기에 그 대상이 된 것이다. 유치환, 이주홍, 김정한, 김상옥, 조향, 정상구, 양병식, 최계락, 안장현, 박문하, 김민부 그리고 잠시 부산에 내려와 있었던 천상병과 구자운이 바로 그 면면이다.

부산 아닌 진주 출신의 내가 데뷔 초기부터 이런 문인들을 가까이에서 알게 된 직접적인 배경은 뭐니 뭐니 해도 바로 1962년도에 창립된 부산문인협회에 첫 발을 내디딘 것이 계기였다. 초대 회장으로 향파 이주홍 선생을 추대하여 약 30여 명의 회원이 가입되어 있었다. 지금 생각해 보면 정말 호랑이 담배 먹던 시절이다. 한국의 제2도시 부산에 문인의 수가 고작 30여 명이었으니 참 문인이 귀한 시절이고 그에 비례될 정도로 대접도 받았다. 이런 시기에 털고 털어 봐야 평론가가 극히 희소한지라 과분하게도 수필 및 평론분과 회장을 얻었으니 나에겐 외지인으로서 부산 문인들을 더 넓게 더 깊이 알게 되는 참 좋은 기회였다.

이로 인해 좋은 일도 생겼던 기억이 우선 떠오른다. 다시 말해 평론가란 상대적 유리점과 그 덕으로 두 가지의 과분한 기회도 생겼다. 그 하나가 나의 등단 추천 완료작이 실린 ≪현대문학≫이

나오고 얼마 지나 아동문학가인 민주신보 이종기 문화부장 측으로부터 등단 인터뷰 요청이 들어온 것이다. 난생처음 신문과의 인연이라 약간 들뜬 마음으로 응하기도 했다. 요즘과는 천양지차다. 문학의 주가가 하락하고 평론가의 수도 상대적으로 많아져 있는 지금은 과연 어느 누가 콧방귀라도 뀌겠는가. 그 당시로는 문단 등단이 곧 문단 고등고시로 대접을 받던 시절이라 가능했다. 또 그후 동아대 강사였던 시인 노영란과 함께 문학 좌담까지도 하게 되었다.

다른 하나는 1963년도 유치환 시인이 회장을 맡고 있을 당시 사무국장을 맡았던 이동섭 시인과 친분이 생겨 그후 그가 부산 교육청의 장학사로 가 있을 때의 일이다. 68년도 1월이다. 겨울 방학을 이용한 중등 교감 자격 연수회에 강사로 초청되어 현대 문학비평론을 며칠간 강의하는 기회도 얻었다. 그 당시 나는 모 고등학교 일개 평교사에 불과했는데 연수 받는 분들은 거의가 중고교 중진 교사로 교무주임이나 학생주임 신분이었는데 마침 우리 학교 중학의 학생주임도 와서 강의를 받고 보니 나중에 학교에까지 그 사실이 알려져 나의 위상이 보다 더 단단해진 일도 있다.

또 문인협회의 아동분과 회장인 국제신보 문화부의 최계락 부장도 알게 되어 그 신문에 칼럼, 문학시평, 월평 그리고 연재수필을 쓸 수 있는 기회도 생겼다. 그리고 예술평론가들의 모임에 나가 영화평론가인 부산일보 문화부의 허창 부장도 알게 되어 그 지면의 문화면에 역시 칼럼과 월평을 쓸 수 있는 인연도 생겼다. 이 모임은 일종의 친목 모임이었는데 제일 연장자인 음악평론가 유신 선생을 좌장으로 무용의 강이문, 영화의 허창, 미술의 김강석, 문학의 이유식이 바로 그 멤버였다. 우리는 부정기적으로 한 번씩 만나 친목을 다지고 술타령도 하며 평론가들인 만큼 각 장르 나름의 현안문제를 말하고 듣고 토론도 하곤 했다. 좋게 요즘식으로 말하면 서로 해당 장르의 문을 열고 예술 장르의 통섭을 시도해 보았다고나 할까. 서로가 각 장르의 낯선 정보도 얻는 좋은 계기였다.

또 어울림을 통해 문정을 쌓아가는 즐거운 시간도 보냈다. 물론 나이 차이가 별반 크게 나지 않은 문인들과 비슷한 동료의식에서 시내에 나오면 더러 어울렸다. 시인 임수생, 김민부, 박응석, 박태문, 임명수, 양왕용, 아동의 이영찬 등이었다. 그리고 나이가 좀 위였거나 상당한 차이가 있었던 분 중에서는 평론가 박철석과 김종출, 시인 김규태, 소설의 최해군, 윤정규도 생각난다. 특히 김규태 시인은 문화부 기자여서 그 지면인 국제신보에 내가 자주 글을 올리는 것이 계기가 되어 자연스럽게 더 자주 어울릴 수 있는 기회도 있었다.

그리고 부산대 재학 중이었던 신인 평론가 시절인데 문학 지망의 부산대 후배들을 모아 '간선幹線문학회'를 만들어 뒤에서 도와준 일이 있는데, 그들이 후에 시인, 작가, 수필가로 등단하여 활동하는 것을 보며 은연중 보람의 기쁨 같은 것을 느껴도 보았다. 장양수, 임종찬, 김창근, 최화수, 정진농, 이향지 등이 그 면면이다.

또 나이로 보아 나와 도토리 키재기 비슷한 나이인 강남주, 이문걸, 김용태, 최상윤, 박홍길, 정재필, 여해룡 등이 데뷔가 좀 빠르고 늦고의 차이야 있지만 잊지 않고 문학의 세계로 돌아와 활동하는 것을 멀리에서나 가까이에서 지켜보는 재미도 있었다. 특히 이런 어울림의 친구나 후배 중에서 뒤에 부산 문화계의 중추역을 맡거나 아니면 직장에서 큰 대들보가 되어 있는 것을 보며 한편으로는 마치 나의 일처럼 자부심도 느껴졌다.

그리고 또 하나의 일이 생각난다. 동아대 국문과 학생들의 동인 모임인 '오후'가 있었다. 그 멤버에는 소한진, 김용태, 김석, 송상욱, 박현태 등이 있었다. 나는 비록 졸때기로 이른 바 기성 문인은 되어 있었지만 다같은 학생 신분이라 더러 어울려 보았다. 그들도 후에 모두 문인이 되었고 또 김용태를 제외하고는 모두 서울로 올라와 생활했기에 간혹 서울에서 만날 기회라도 있으면 지난날의 문정을 다시 확인해 보곤 했다. 또 뒤에 시조시인이 된 연세대 부산분교 시절의 오동춘도 생각난다.

지금 나는 별도로 1960년대 초 이른바 부산문협 창립 회원의 그 명단을 훑어보고 있다. 세월이 어느새 50여 년이 흐르다 보니 생존해 있는 분이 극소수이다. 하기야 제일 막내급이었던 나도 이제 희수를 맞이했으니 어쩌면 세월 탓 나이 탓이 아니냐 싶다. 그리고 또 현재의 회원 수도 알아 보니 무려 850명을 넘어섰으니 실로 격세지감이다. 초창기 30여 명이 불과 50여 년 만에 약 30배로 양적 평창이 되어 있으니 나와 인연이 있었던 60년대가 바로 핵가족 아니면 소가족 시대였다면, 이제는 대대가족을 넘어 수퍼 대가족이 되어 있다 싶다.

이 순간 나는 일말의 인생무상 같은 것도 느껴보고 있다. 물론 창립 멤버야 열외로 하더라도 1960년대 중에 만났던 비슷한 또래의 상당수의 문우들이 이미 저세상으로 갔다 싶어 좀 마음이 허허롭다. 언젠가 나도 그들을 따라 가겠지만 그들이 다시 살아나 다시 만날 수만 있다면, 우리는 1960년대 그 청춘 시절의 추억을 회상하며 20대의 열정을 다시 살려 〈돌아와요 부산항〉에라도 한번 합창을 하고도 싶다.

그리고 1960년대 나의 부산문단 시절은 뭐니 해도 앞에서도 한번 언급했듯 평론가가 귀해 나이가 젊은데도 예외적으로 이 신문 저 신문 그리고 방송 등 이른바 메스컴의 사랑을 제법 받아 은연중 문학하는 보람 같은 것을 느껴본 시절로 각인되어 있다.

2. 그 시절의 여러 이야기들

제법 여러 가지 일을 직접 경험한 일도 많고 또 보고 듣고 한 일들도 많다. 그중에서 내가 직접 경험했던 일 6가지부터 먼저 하나하나 가닥을 잡아 풀어 나가 볼까 한다.

청마 선생이 문협 지부장을 맡았던 그 다음 해인 1964년 여름이었다. 임시 간부 회의를 마쳤는데 볼 일이 있던 두세 분은 미리 가고 몇 사람이 남아 있는데 청마 왈, 집에 마침 맛있는 동동주가 준비되어 있으니 초대한다는 것이다. 신출내기로서 대가의 집에 초대되다니 영광이 아닐 수 없었다. 그 집이 수정동이었는지 좌천동인지 확실치는 않지만 도착하여 자리에 앉고 얼마 지나 술상이 번듯하게 차려져 나왔다. 술상 가운데는 오지 술항아리가 놓여 있고 표주박이 걸쳐져 있지 않은가. 민속주점류가 갓 생겨나던 시기였지만 그런 곳만은 거의 출입이 없던 나의 입장에서는 가히 신선놀음이요 또 멋과 풍류가 넘친다 싶었다. 평소에도 그의 시 〈바위〉에서처럼 별반 말이 없었던 그분은 잔만 비었다 싶으면 직접 잔을 채워주시면서 '드시게.', '많이 드시게.'란 권주 말씀만 하셨다. 그러던 중 어느 한분이 그분의 애주의 변을 듣고자 질문을 불쑥 던졌다. 청마 왈, '술은 마음을 세탁하지.'라고 답했다. 순간 참 좋은 비유의 술 아포리즘이다 싶어 매우 인상 깊게 즉석에서 각인되었다. 그날의 과외 소득은 술대접도 대접이지만 바로 이 말이었다. 그러기에 훗날 서울 생활에서 문우들과 혹시 술좌석에 어울릴 때가 있으면 말하자면 부산에서 수입해 온 이 '세탁설'을 더러 써먹기도 했으며 또 기분이 더 나면 자랑 삼아 청마와의 술자리에서 얻어 들은 풍월이라고 주석까지 달아도 주곤 했다.

요산 김정한 선생과는 그 관계가 좀 특별하다. 요산은 대학시절 국문과와 영문과 합반의 문학개론 담당교수이셨다. 어느 날 습작한 평론을 한 편 갖다 드렸더니 수업 시간에 그걸 가지고 강의를 하시면서 자세히 촌평을 해주셨다. 학부의 학생인데도 좀 더 길게 늘이면 대학원 학위 논문감이 될 수 있다고 예상치도 못한 극찬 가까운 평을 해주셨다. 이에 용기를 얻어 마치 바람난 고양이처럼 평론 공부와 습작에 전력투구하게 된 계기가 되었다. 그 결과 자력으로

초회 추천을 받고 곧 연이어 그것도 다른 장르 아닌 평론으로 그 당시로 봐서는 거의 초유의 일로 석달 만에 전격적으로 추천 완료를 받아 내 주변의 어느 호사가의 표현에 의하면 혜성처럼 데뷔하게 되었으니 그분은 내 재능의 최초 발견자요 용기를 주신 분이다. 데뷔 완료작인 두 번째 평론이 실린 책을 한 권 사들고 그 당시 부산일보 논설위원으로도 계셨기에 신고 겸 고맙다는 인사도 드릴 겸 논설위원실로 찾아가 뵈었다. 하시는 말씀이 평론이란 어렵고 힘은 들겠지만 더욱 열심히 해보라는 축하와 격려를 아끼지 않으시면서 단 자기처럼 도중하차는 하지 말라는 당부도 잊지 않았다.

그후 세월이 좀 지나 서울에서 부산으로 다시 내려와 고교 교사 생활을 할 때인 66년 말경이다. 마침 두 잡지에 월평을 쓰고 있을 때다. 26년간의 절필 후 작단 복귀의 회심의 역작이라 여겨졌던 〈모래톱 이야기〉가 발표되었기에 그 은공에 대한 고마움도 있고 해서 두 지면에다 성심 성의껏 평도 해드렸는데 뒤에 들은 이야기로는 퍽 만족하시더라는 것이다.

다음은 뒤에 가곡 〈기다리는 마음〉의 작사가로 더 유명세를 얻은 김민부 시인과 나와의 자칫 난투극으로까지 번질 뻔한 언쟁사건이다. 1963 년도였다. 그 당시 부산에 있는 고교 문예반 학생들이 모여 '부산문우회'를 만들어 문학행사를 하고 있었는데 바로 손 위의 연배 평론가랍시고 문학의 밤 행사에 문학강연 초청을 받았다. 한참 세월이 지난 뒤에 안 사실이지만 그 참석자 학생 중에는 후에 평론가가 되어 동국대 교수를 지낸 김선학, 소설가가 된 유익서와 김민숙, 시인이 된 오규원, 유자효, 김형영 그리고 극작가가 된 양인자가 있었다.

바로 그날 밤 그 자리에 시인 김민부도 와 있었다. 약 20여 분의 짧은 강연을 마치고 친구들과 같이 밖으로 나서려는 순간 곧바로 뒤따라 나온 그가 다짜고짜 공연한 시비를 걸어왔다. 혈기왕성한 젊은 시절이라 곧 치고 받을 정도의 일촉즉발의 순간이 되었는데 그와 나 양쪽을 잘 아는 친구들이 한사코 말리는 바람에 다행히 몇 마디 주고 받은 언쟁으로 끝나긴 했다. 물론 그와 나는 이 이전에는 안면만 있을 정도이다 보니 말하자면 그것은 좀 배가 아팠던 시비였고 텃세였다. 그가 그 당시 부산의 고교 문예반 학생들에게는 거의 우상으로 보이던 때인지라 부산 아닌 진주고 출신인 내가 부산고 출신으로 그의 텃밭으로 생각하는 학생들 앞에서 문학이 어떻고 시가 어떻고 하며 일갈했으니 무척 자존심이 상해 아니꼬웠던 것이다. 그러나 전화위복이란 말이 있듯 그후 우리는 곧 친숙해진 사이가 되었다.

그리고 하나 다른 이야기는 문협 회원은 아니었지만 1960년대 초반에 서울에서 거의 낭인생활을 하던 천상병이 서울 생활을 접고 부산으로 내려와 부산 철도청 공무원이었던 큰형님 댁에 기식하고 있을 때 이야기다. 특히 늦은 밤시간이면 상당한 고통을 당했다. 그의 형님집과 내가 기식하고 있던 삼촌집은 그렇게 먼 거리는 아니었다. 그 당시 그의 버릇은 시내에 나와 술 한잔을 걸쳤다면 집까지는 제법 먼 거리인데도 거의 버스를 타지 않고 걸어다녔다. 언은

푼돈으로 중간 중간에서 술이 깬다 싶으면 소주 한두 잔 사 마시고 다녔으니 어쩌면 소주는 걸어다니는 그의 몸이란 차체의 휘발유였던 셈이다. 저녁 늦게 집으로 돌아가는 길에 일주일이 멀다 하고 문을 두드리거나 이름을 마구 불러댔다. 참 귀찮고 성가시며 곤욕스러웠다. 나에게 용돈의 여유가 좀 있을 때면 벌떡 일어나 술집으로 데려가 간단히 대접해 주긴 했지만 그것도 한두 번이 아니다 보니 이럴 수도 저럴 수도 없어 참 난감했다. 어떤 때는 에라 모르겠다 싶어 일부러 자는 체도 해보았다. 이런 그도 이제는 그의 시 〈귀천〉처럼 하늘나라로 돌아가 지난 날의 그런 버릇을 고쳐 편히 살고 있는지가 참 궁금은 하다.

이제는 이런 이야기와는 사뭇 다른 두어 가지 상처 받은 이야기를 풀어내 볼까 한다. 그 하나가 제법 큰 뜻으로 시작해 본 나의 처녀 문학 강연회 건이다. 악운과 악운의 연속으로 결국은 실패로 끝난 행사였다. 1962년도다. 장소는 대청동의 미문화원 강당인데 세상 물정을 모르는 시절이라 집회계를 당일 중부 경찰서에 내고 보니 집회 불허라는 것이다. 바로 5·16 혁명이 일어난 그 다음해 4월경이니 그렇잖아도 청중들의 모임이라면 경찰서 정보과에서는 바짝 긴장을 하고 있는 시기였으니 당일 제출한 집회계라 불허는 불문가지다. 그 다음은 장소를 바꾸어 대신동 부산대 의과대학 강당에서 7월 여름에 열었다. 이 또 무슨 궤변인가. 전날에 좋았던 날씨가 간밤에 폭우로 변해 당일에는 태풍경보까지 내려졌으니 청중 겨우 한 50명 모아 놓고 울며 겨자 먹기 식으로 끝내고 말았으니 인생 만사가 다 제 뜻대로 안 된다는 사실을 인생 초년생으로 크게 한번 경험했다.

다른 하나는 1963년도 부산시 문화상 건이다. 서울의 중앙 문예지에 꾸준히 열심히 평론 발표한 것과 또 양대 부산의 신문에서도 나의 이런 글 저런 글을 지켜보신 이주홍 선생과 김정한 선생이 그런 점을 예쁘게 보시고 문화상 문학 부문의 상을 작품상이란 명목으로 나를 미리 낙점해 두었다. 이 정보가 새어나가 일부 선배 문인들의 반발이 있었는데 겉으로의 명목은 아직 나이가 연소하다는 한 가지 이유였다. 내심으로는 자존심도 걸려 있어 하도 강하게 반발하자 그럴 바에야 아예 아무에게도 상을 주지 않기로 결정해 결국은 나에게 올듯도 한 상이 '좋다 만' 상이 되고 말았다. 사실 그 당시 나의 나이나 문단연조로 보아 아무리 해당 연도의 작품상이라지만 그런 상을 받을 만한 충분조건은 갖추지 못했다 할지라도 껄끄러운 욕심에서나마 그런 큰 상을 한 번 받아봤으면 하는 생각이 없었다고 시침을 뗀다면 나는 분명 이중인격자요 거짓말쟁이다. 그후 이런 일이 거울이 되어 서울생활에서는 가능하면 남의 일에 재 뿌리는 일은 극히 삼가하고 조심도 해보았으니 대신 잃은 것이 있었다면 얻은 소득도 있었다고나 할까.

직접 현장에서 목격한 일이라면, 초정 김상옥 시인이 아동문학가 조유로에게 당한 봉변기다. 부산문협이 안착되기 전인 과도기 시절인 1962년도다. 예총 문협 경남지부의 모임이 있던 어느 날이었다. 초정 선생이 회의를 주재하고 안건은 앞으로 명칭을 경남지부로 할 것인가 아니면 부산지부로 할 것인가를 두고 회원들 사이에 열띤 논의가 있었다. 바로 그때 가까이에 앉아 있던 초정과 조유로 아동문학가 사이에 언쟁이 붙었다. 두 사람 다 성질이 급한데 일어나 언쟁을 하던 조 선생이 순간 앉아 있는 초정 선생을 향해 뒤로 홱 돌아서더니 다짜고짜로 뺨을 갈긴 해프닝이 일어났다. 서로 멱살을 잡고 난투극이 벌어질 일보 직전에 겨우 말렸던 사건이다. 이 해프닝은 한때 부산문단은 물론 문화계에까지 소문이 나 설왕설래가 있어 술좌석의 좋은 안줏감이 되었던 것이다.

들은 이야기로는 조향 시인의 염문 이야기다. 이는 김춘방이란 시인과의 연애사건으로 한때 부산 문화계에서 화제가 되다 보니 뒷자리의 말 안줏감이 되었다. 김 시인은 경기여고 출신의 재원이었는데 6·25 전란 중에 뜻하지 않게 어쩌다 중국인과 결혼을 하게 되었고, 그후 동아대학교 대학원 국문과 제자가 된 것이 인연이었다. 그녀는 제법 지적으로 생겨 광복동의 멋쟁이로 통했다. 까만 스카프에 까만 원피스를 입고 다녔는데 조향의 시에 자주 나오던 '검은'색을 직접 의상에다 감고 다닌다고 수군대기도 했다. 내가 김 시인을 처음 만나게 된 자리는 조 시인이 주재하던 '일요문학'이란 모임에서다. 사실 조 시인은 내가 졸업한 진주고의 전신인 구제 진주중학의 대선배였다. 이런 연고로 그 멤버 중의 어느 한 분의 권유도 있고 해서 객원으로 참여했던 자리다. 조봉제, 구연식, 문재구 등이 바로 그 멤버였는데 그 뒤 한두 번 더 참여하다 보니 친숙해졌다. 그녀는 1970년대 초에 서울로 이사를 왔는데 그 속사정이야 내가 알 바 아니지만 그마나 부산 시절에 알았던 사람이라고 전화가 왔기에 한번 만나는 보았는데 뒤에 결국은 자살로서 인생을 마감했다는 소식을 듣고 좀 가슴이 아팠다. 검은 스카프, 검은 원피스 여인의 자살이라 문득 그보다 앞서 일어났던 수필가요 번역가인 전혜린의 죽음도 떠올랐다.

3. 서울 그리고 타향살이

1970년대 바로 초에 마음속으로 작정한 바 있어 그동안의 부산 생활을 정리하고 생활 터전을 서울로 옮겼다. 그러나 뿌리를 내리기 전엔 한동안 타향살이와 다름 없었다. 서울과 인연이라야 약 2년간의 기자 생활 이외에는 아무런 인연이 없다 보니 외로운 나그네 같은 심정이었다고나 할까. 이렇다 할 지연이나 학연이 없다 보니 혹시 지연이나 학연이 울이 되거나 도움이 되고 있는 일부 문단인들을 보면 약간은 부럽기도 했다. 또 이것도 아니라면 진주나 부산 출신의 이렇다 할 선배 문인이라도 있다면 하는 생각도 품어 보았는데 그것 역시 적막강산이었다. 결국은 자력의 개척 이외는 다른 묘안이 없어 마음을 다잡아 먹었다. 심지어 메이플라워호를 타고 종교의 자유를 찾아 생판 낯이 선 미국으로 건너간 '필그림 파더스(순례자의 아버지들)'라는 청교도들을 생각도 하며 용기도 얻었다.

그리고 우선은 생활 수단이 있어야 하겠기에 약간의 영어 교사 생활 경험을 살려 외국어학원을 시작해 보았다. 학원 운영이야 그런 나름으로 꾸려갔다. 이왕 문학의 본거지인 서울로 왔으니 더욱 본격적인 문학 활동을 펴보기로 했다. 그동안 짬짬히 읽어 두었던 수백 편의 소설 메모 자료를 바탕으로 이른 바 살아 있는 현장소설 이론을 정립시켜 본다는 각오로 '한국소설론'이란 타이틀로 1970년도 4월호부터 간헐적으로 연재를 ≪현대문학≫지에 시작해 보았다. 의외로 반응이 좋아 벽이 높기만 해 보이는 동아일보 그리고 조선일보에서 예외적으로 책도 아닌 일개 문학지의 해당 글이 소개되는 기회도 얻었다. 연고도 닿지 않은 그런 지면에 그런 기회가 왔으니 큰 용기도 생겼다. 그리고 그 이듬해 그 당시 누구나 한번 타보았으면 하는 현대문학상도 타게 되었다. 차츰 옮겨 심은 나무의 몸살 같은 것도 극복되고 생활적으로나 문학적으로나 안정이 되어 갔다.

그후 약 10여 년간 운영해 오던 학원을 남에게 넘기고 대학으로 자리를 옮겼다. 생활과 마음이 더욱 안정이 되어 글도 계속 열심히 쓰면서 평론집이건 수필집이건 제법 많은 책을 엮어내 보기도 했다. 그런 가운데 또 다른 욕심도 생겼다. 1989년도부터 먼저 한국문인협회의 평론분과 회장을 두 번 맡아 보았다. 그 다음 지연과 학연 그리고 장르를 초월해 더 폭 넓은 인간 관계를 맺어 보자는 생각에서 1995년도 문협 선거에서 부이사장으로 출마해 보았다. 지금의 문협이나 펜클럽 선거는 러닝메이트제지만 그때는 개별 단독 출마의 직접선거였다. 부이사장 다섯 자리를 두고 12명이 출마했으니 문협 사상 가장 치열한 선거였다. 회원 수로 보아 군소 장르인 평론에서 나와 또 한 명이 더 출마도 했는데 그나마 예상 외로 높은 득표수도 얻어 당선되었으니 나로서는 참 천만다행이었다.

누가 과욕은 과욕을 부른다고 했다던가. 얌전히 연임만 생각했다면 다음 선거의 부이사장 자리는 거의 따놓은 당상일 수도 있었는데 그만 욕심이 부채질하고 말았다. 설사 안 되더라도 다음을 위한 예행연습 아니면 예비선거라도 되겠지 하는 욕심에서 불쑥 겁도 없이 이사장 선거에 출사표를 던졌다. 3명이 출마했는데 결과는 2등으로 낙마하고 말았다. 좀 지나 그런 뜻을 완전히 접고 글에만 전념했다. 그리고 이사장이란 감투 대신 그 반대급부로 얻은 보상이 그 이후에 엮어낸 나의 저서들이었다.

그리고 2004년도 2월에 대학에서 퇴임도 했다. 퇴임과 동시에 등단 43주년도 겸해 ≪반세기 한국문학의 도정≫(이유식의 문학과 인간)이란 기념식용 문집을 만든 바 있는데 바로 이 책 '인간편' 63인의 글 중에 부산 시절에 인연이 있던 7명과 내가 서울생활을 할 때 인연을 맺은 부산 문인 2명이 고맙게도 정성이 담긴 글을 보내주었다. 부산대와 수산대 통합시절의 인연인 강남주 시인, 대학 동기동창인 김보희 수필가, 대학의 후배요 간선문학회 회원이었던 김창근 시인과 정진농 수필가, 동아대 문학 동인 시절에 인연을 맺은 김용태 평론가와 소한진 시인, 고교 문학 동아리로 인연이 된 김선학 평론가 그리고 서울에서 첫 만남의 인연을 맺은 정순영 시인과 박양근 수필가가 바로 그 면면들이다.

특히 이 중에서 박양근 교수가 쓴 〈그 겨울 저녁〉이란 글을 보면 그가 부산에서 올라와 문협 서울 문학 행사에 참여했다가 다시 부산으로 혼자 저녁에 내려갈 때 내가 일부러 서울역까지 동행해 준 호의적인 사실에 대해 언급하고 있다. 그날 저녁의 추운 날씨와는 다른 예외적인 훈훈한 감동을 받았다는 점을 매우 감격적인 필치로 서술하고 있으면서 그 이유를 여러 가지로 추정해 보고 있는 장면이 나온다. 나의 속마음은 박 교수 자신이 그 당시만 해도 많은 문단인을 알고 있는 처지가 아니라 왠지 이방인처럼 마음이 쓸쓸하고 허전할 것도 같아 내가 일부러 취해 본 배려인데 사실은 내 자신도 서울 상경의 초기에는 그와 비슷한 심경을 경험했기에 나온 배려였다. 내가 아파 봐야 남의 아픔도 안다는 동병상련 같은 것이었다고나 할까.

그리고 정년 후 10여 년간도 계속 내 나름으로 문단 활동과 문필 활동을 해 왔다. 사실 나는 석사나 박사과정의 전공과는 달리 어쩌다 대학에서 영어를 가르치는 선생이 되고 보니, 때때로 그 계통의 연구실적을 내어야만 했기에 문필 활동에 상당한 지장을 받았다. 그래서 정년 후는 설욕하는 기분으로 문필 및 저술 활동에 매달려도 보았다. 내 문학 인생에서 거둔 3분지의 1의 수확이 바로 이 시기의 소산이다. 50년의 문단생활에서 그나마 이렇게 글을 놓지 않고 앞자리가 되었건 뒷자리가 되었건 현역으로는 살아왔다. 중도하차했거나 아니면 이름만 걸쳐 놓은 사람에 비하면 그 얼마나 큰 다행이 아닌가도 싶다.

이젠 나의 나이는 물론 문학인생도 저물어 가고 있다. 남겨놓은 문학의 양과 질로 보아 자평해 보면 그렇게 성공한 인생도 아닌 것 같고 그렇다고 실패한 인생은 물론 아니지 않겠느냐 싶다. 아쉬움이 있다면 4년제 대학에서 현대문학을 직접 가르치는 기회가 있었다면 더 많은 글, 더 좋은 글을 쓸 수도 있었지 않았겠느냐 싶고 또 학연과 지연으로 얽힌 선후배간의 덕을 좀 보았다면 나의 문단 경영이나 인생 경영이 훨씬 수월해져 어떤 프리미엄이라도 생겼지 않았을까도 싶다. 또 더 욕심을 부려보면 서울대 출신의 일부 평론가들처럼 힘 있는 문학지의 편집 동인으로라도 참여할 수 있는 여건이라도 마련되었다면, 그 인연의 후견세력이라도 생겨 설사 외형적일지라도 그 위상도 좀더 달라졌지 않았을까도 싶다.

그러나 아쉬움은 아쉬움일 뿐 욕심을 부리려면 한이 없다. 이 모두 팔자소관이라고 치부할 수밖에 없다. 그나마 부산에서 올라와 서울에서 이렇게라도 뿌리를 내려 살아왔고 살고 있으니 그것만도 큰 다행이라 감지덕지해야 할 일이 아닌가도 싶다. 또 앞에서 이미 언급된 나의 기념문집 속의 글에서 고맙게도 신라대 총장을 지내고 다시 교수로 재직할 시 김용태 교수가 젊은 날 부러웠던 이유식 평론가라 평해 주었고 또 부경대 총장 재직 시 강남주 교수가 나를 두고 '성공한 인생이 아니라고 누가 감히 말할 것인가'라고 단언적 평이라도 해주었으니 그것도 자위는 되고 큰 위안은 된다 싶다. 그러나 자만만은 금물이다. 뭐니 해도 앞으로도 건강이 허락하는 한 끝까지 현역으로 남고자 하는 욕심은 가져 본다. 결과야 어찌

되건 글의 탑이나 한층 한층 더 쌓아 놓아야 하겠기에 지금도 안간힘을 써가며 이런 글 저런 글에 매달리고 있다.

이제 마지막 한마디가 있다. 맨 앞에서 한번 언급했듯 부산이 내 문학의 태생지요 그 첫 텃밭으로서 제1의 고향이었다면, 이제는 이곳 서울이 제2의 고향 겸 본적지가 되어버렸다.

다리는 인생의 소극장

다리는 육지와 육지를 연결해 주는 관문이요, 땅과 땅의 중매쟁이요, 허리띠며, 길과 길의 악수다. 다리는 새로운 세계로 뻗어 나가고자 하는 욕망의 콤마요 접속사며, 잠시 경관의 아름다움에 도취케 하는 탄성의 감탄부호며, 종착지의 마침표를 향해 가는 욕망의 간이역이다.

다리는 늘 두 다리를 뻗고 부동 자세로 서 있는 견인주의자다. 육로가 산문이라면 다리는 시다. 자연 경관을 배경으로 물새가 날고 물의 음악이 흐르며 달빛이 흐르고 햇살이 반짝거린다.

자연의 조화造化가 하늘의 무지개라면 인간의 조화는 다리다. 지상에 놓여진 다리를 보아 왔던 몽상가들이 문득 하늘의 은하수를 보고 상상해낸 창작품이 바로 오작교다. 지상의 다리가 하늘에 투영된 것이 이른바 '견우 직녀 이야기'가 아닌가.

그런가 하면 시인 아폴리네르는 일찍이 〈미라보 다리〉란 시에서 "미라보 다리 아래 센 강은 흐르고/ 우리네 사랑도 흘러내린다/ 내 마음에 깊이 아로새기리/ 기쁨은 언제나 괴로움에 이어 온다"고 노래하며 인생의 잠언적 진리를 명상해 보기도 했다.

확실히 다리 위에는 많은 인생 이야기가 서리어 있고 아로새겨져 있다.

인생의 소무대요 소극장이다. 낭만성이 있는가 하면 비극적 낭만성이나 낭만적 애수가 깃들고 있는 곳이다.

그것은 다리라는 공간이 그 어떤 다른 공간보다도 이별의 장소, 기다림의 장소, 만남의 장소로 사랑을 받아 왔기 때문이다. 다리의 차별성이나 변별성이 바로 여기에 있다. 약속 장소라면 서로가 찾아가 만나는데 쉽게 찾을 수 있는 편리한 지형 지물地形地物이 되고, 재회의 약속 공간이라면 유일성唯一性 때문에 혼동이 일어날 리 없이 기억 속에 쉽게 그리고 오래 각인될 수 있으며, 전송이나 이별의 경우라면 가장 인상적인 장소라 설사 세월이 흘러도 기억의 잔영 속에 오래 남아 있을 수 있는 장점이 있고, 막연한 기다림이라면 찾아오고 지나갈 수 있는 유일한 길목이라 기다림의 상대를 쉽게 찾거나 만날 수 있는 개연성이 가장 높은 공간이다.

물론 이별의 공간, 만남의 공간, 기다림의 공간이야 어디에건 있을 수 있는 일이다. 시골의 경우를 떠올려 보면, 이별도 영마루의 이별, 산모롱이의 이별도 있을 수 있지만 그래도 다리의 이별이 훨씬 시적詩的이라 나루터 이별과 그 정감적 부피와 질감이 맞먹는다. 약속이나 재회의 만남도 지서 앞도 있고, 학교 앞도 있고, 장터 앞도 있고, 면사무소 앞도 있고, 삼거리도 있고, 방죽 거리도 있고,

조금은 음침한 복선이 있는 듯한 물레방앗간이나 뒷동산도 있지만 설령 비밀스런 공간이 아니라면 삼거리나 방죽거리를 제외하면 너무 산문적이고 사무적인 인상이 짙다. 뭐니 해도 다리의 만남이 역시 시적이다. 그리고 기다림도 여러 공간이 있을 수 있지만 다리목의 기다림은 역시 나루터의 기다림처럼 더 애절하고 열모熱慕의 정이 깊다.

뿐만 아니라 설령 다리에는 누가 이별의 슬픔이나 기다림의 실의에 빠진다 할지라도 위로나 위무를 해 주는 그 무엇이 있다. 어쩔 수 없는 이별을 감수해야 하거나 또는 지난날의 연인이 재회약속을 헌신짝처럼 버렸다면, 되돌아서는 무거운 발걸음을 옮기며 하염없이 흘러가는 다리 밑의 물길을 물끄러미 바라보면서 세상사의 덧없음을 한숨처럼 되새겨 보며 무겁고 심란한 마음을 다시 한 번 추슬러 볼 수도 있을 것이다. 그런가 하면 동병상련처럼 울어대는 물새소리를 귓전으로 들으며 마음의 위무를 받을 수 있는 곳이 바로 다리이다.

다리 위에는 이렇듯 만남과 재회가 있고, 이별과 기다림이 있다. 그리고 이별의 우수와 슬픔, 만남의 환희와 눈물, 기다림의 설렘과 실의 그리고 애틋한 그리움과 사랑이 있다.

그래서 다리는 많은 문학 작품이나 영화의 배경이나 소재가 되어 왔고, 되고 있다.

우선 도스토예프스키의 걸작 단편 〈백야白夜〉가 생각난다. 불행한 가정 환경 속에서 성장한 주인공 나탈리아라는 처녀의 순정이 우리의 가슴을 찡하게 해주는 작품이다. 자기 집에 하숙 든 청년과의 짧은 사랑 그리고 서러운 이별이 그려지고 있는데 여기에 재회의 약속 장소로 다리가 나온다. 그러나 약속된 그 수많은 기다림의 밤이 지나도 그는 끝내 나타나지 않는다. 그런데 어느 날 밤 그 애타는 기다림에 보상이라도 하듯 그 청년이 다리 위에 모습을 나타낸다는 이야기다.

이때의 다리는 헤어짐의 애달픔, 기다림의 설렘과 실의 그리고 재회의 기쁨이 교차하는 장소로 설정되어 있다.

영화에서라면 제일 먼저 원명이 〈워털루 브리지(Waterloo Bridge)〉라는 〈애수哀愁〉가 떠오른다. '올드 랭 사인'의 아름다운 선율과 비극적인 라스트 신으로 아직도 우리의 기억에 남아 있는 추억의 명화다. 1차 대전에 휘말린 런던을 무대로 한 청년 장교와 미모의 발레리나와의 너무나도 슬픈 사랑이 만인의 가슴을 뭉클하게 했던 영화다.

그들이 운명적으로 만난 곳도 런던역 부근의 워털루 다리였고 또 이룰 수 없는 사랑에 대한 가슴 아픈 회한에 이끌려 여주인공이 다시 찾아 온 곳도 추억의 그 다리였다. 그러나 안개 짙은 그 다리 위를 실성한 여인처럼 걷다가 밀려오는 자동차에 치여 몸숨을 잃고 만다는 비극적인 이야기이다.

또 영화라면 〈퐁네프의 연인들〉과 〈매디슨 카운티의 다리〉도 빼놓을 수 없다. 〈퐁네프의 연인들〉은 걸인 곡예사 알렉스와 걸인 화가 미쉘과의 기구한 삶과 사랑을 그리고 있는데 그들이 처음 우연히 운명적으로 만나게 되는 곳도 퐁네프라는 이름의 다리에서이고 또 기약 없는 헤어짐이 있고 난 3년 후 크리스마스에 둘은 약속이나 한 것처럼 다시 이곳에서 만나 잊힌 사랑이 아님을 확인한다는 내용이다. 〈매디슨 카운티의 다리〉는 사진기자 로버트와 시골 유부녀 사이에 있었던 3일간의 불꽃같은 금지된 사랑이 주된 내용인데 그후 평생 동안 가슴속에 묻어 두었던 두 사람만의 애틋한 사랑이 보는 이마다 눈시울을 붉게 해 준 영화였다. 두 주인공을 만나게 해 준 인연의 고리가 바로 다리였고, 또 그들의 사랑이 무르익어 간 곳도 이 다리 위에서였다.

이렇듯 다리란 교통의 요충지나 관문으로서만이 아니라 남녀 관계의 순수한 여러 일들이 연출되는 무대요 그런 것을 제공해 주는 소극장이다. 그래서 거기에는 꿈결 같은 한순간의 삶의 이정표가 있고 기억의 이정표가 있다.

그러나 때론 이런 정적인 일들만이 교차하는 곳만은 아니다. 살벌한 전쟁의 교두보나 필사의 방어선으로서 팽팽한 긴장이 감도는 곳이기도 하다. 6·25의 한강 다리, 영화 〈콰이 강의 다리〉나 〈누구를 위하여 종은 울리나〉에서 우리는 이를 보아 왔다.

이런 것만 빼놓으면 다리는 영원한 노스탤지어의 대상이요 누구에게나 잊을 수 없는 추억거리가 있을 법한 감미롭고 슬픈 기억의 공간이기도 하다.

다리는 역시 아름답다.

이유식 수필집

새로운 장르, 새로운 수필의 향연

인쇄 2016년 04월 10일
발행 2016년 04월 25일

지은이 이유식 **이메일** yslee3809@empas.com

발행인 서정환
펴낸곳 수필과비평사
주소 서울시 종로구 삼일대로 32길 36(익선동 30-6 운현신화타워 빌딩) 305호
전화 (02) 3675-3885, (063) 275-4000 · 5633
팩스 (063) 274-3131
이메일 sina321@hanmail.net essay321@hanmail.net
출판등록 제300-2013-133호
인쇄 · 제본 신아출판사

ISBN 979-11-5933-022-3 03810
값 15,000원

이 도서의 국립중앙도서관 출판시도서목록(CIP)은 서지정보유통지원시스템 홈페이지(http://seoji.nl.go.kr)와 국가자료공동목록시스템(http://www.nl.go.kr/kolisnet)에서 이용하실 수 있습니다.(CIP제어번호: CIP2016010163)

Printed in KOREA